主　　编　孙晓勇　国家法官学院院长
　　　　　　　　　最高人民法院司法案例研究院院长
副 主 编　彭永和　最高人民法院司法案例研究院副院长
　　　　　刘　畅　最高人民法院司法案例研究院规划部主任
　　　　　黄　斌　国家法官学院科研部负责人
主编助理　边疆戈　国家法官学院科研部编辑
　　　　　赵文轩　最高人民法院司法案例研究院规划部编辑
　　　　　刘丽媛　最高人民法院司法案例研究院规划部编辑

《中国法院年度案例》编辑人员（按姓氏笔画）
刘　畅　朱建伟　朱　琳　李晓果　杨小利
罗胜华　胡　岩　赵文轩　唐世银　袁登明
曹海荣　梁　欣　程　瑛

本书编审人员　梁　欣

中国法院
2021年度案例

国 家 法 官 学 院
最高人民法院司法案例研究院◎编

刑事案例三
（侵犯公民人身权利、民主权利罪、侵犯财产罪）

中国法制出版社
CHINA LEGAL PUBLISHING HOUSE

《中国法院年度案例》通讯编辑名单

序

党的十八大以来，以习近平同志为核心的党中央高度重视法治在推进国家治理体系和治理能力现代化中的重要作用，中央全面依法治国工作会议更是明确习近平法治思想在全面依法治国中的指导地位，为全面依法治国提供了根本遵循和行动指南。近年来，人民法院始终将加强司法案例研究作为推进全面依法治国的重要途径，通过发布具有普遍指导意义的典型案例，统一法律适用、提高审判质量，不断推进人民法院严格公正司法。《中国法院年度案例》丛书，旨在完善中国特色案例指导制度，总结提炼典型案例的裁判规则和裁判方法，发挥司法规范、指导、评价、引领的重要作用，大力弘扬社会主义核心价值观，增强全民法治意识和法治素养，展现新时代我国法治建设新成就。

《中国法院年度案例》丛书自2012年编辑出版以来，已连续出版9套，受到读者广泛好评。近年来，为更加全面地反映我国司法审判执行工作的发展进程，顺应审判执行实践需要，响应读者需求，丛书2014年度新增金融纠纷、行政纠纷、刑事案例3个分册，2015年度将刑事案例调整为刑法总则案例、刑法分则案例2个分册，2016年度新增知识产权纠纷分册，2017年度新增执行案例分册，2018年度将刑事案例扩充为4个分册。自2020年起，丛书由国家法官学院与最高人民法院司法案例研究院共同编辑，每年年初定期出版。在全国各级人民法院的大力支持下，丛书编委会现编辑出版《中国法院2021年度案例》系列丛书，共23册。

《中国法院年度案例》丛书以开放务实的态度、简洁明快的风格，在编辑中坚持以下方法，努力把案例书籍变得“好读有用”：一是高度提炼案例内容，控制案例篇幅，每个案例基本在3000字以内；二是突出争议焦点，剔除无效信息，尽可能在有限的篇幅内为读者提供有效、有益的信息；三是注重对裁判文书的再加工，大多数案例由案件的主审法官撰写“法官后语”，高度提炼、总结案例的指导价值，力求引发读者思考，为司法工作提供借鉴，为法学研究提供启迪。

《中国法院年度案例》丛书编辑工作坚持以下原则：一是广泛选编案例。国家法官学院和最高人民法院司法案例研究院每年通过各高级人民法院从全国各地法院汇集上一年度审结的典型案例近万件，使该丛书有广泛的精选基础，优中选优，可提供给读者新近发生的全国各地多种类型的典型性案例。二是方便读者检索。为体现以读者为本，丛书分卷细化，每卷下还将案例主要根据案由分类编排，每个案例用一句话概括裁判规则、裁判思路或焦点问题作为主标题，让读者一目了然，迅速找到目标案例。

中国法制出版社始终全力支持《中国法院年度案例》丛书的出版，给了作者和编辑们巨大的鼓励。2021年，丛书将继续提供数据库增值服务。购买本书，扫描前勒口二维码，即可在本年度免费查阅往年同类案例数据库。我们在此谨表谢忱，并希望通过共同努力，逐步完善，做得更好，真正探索出一条编辑案例书籍、挖掘案例价值的新路，更好地服务社会主义法治国家建设、服务法治社会建设、服务学习研究法律的读者。

《中国法院年度案例》丛书既是法官、检察官、律师等法律工作者的办案参考和司法人员培训的实用教材，也是社会大众学法用法的经典案例读本，同时是教学科研机构案例研究的良好系列素材。当然，案例作者和编辑在编写过程中也难以一步到位实现最初的编写愿望，客观上会存在各种不足甚至错误，欢迎读者批评指正。我们愿听取各方建议，不断扩宽深化司法案例研究领域，实现中国特色案例研究事业的新发展。

国家法官学院

最高人民法院司法案例研究院

2021年2月22日

目　录

Contents

一、侵犯公民人身权利、民主权利罪

（一）故意杀人罪

（二）过失致人死亡罪

（三）故意伤害罪

（五）强制猥亵罪

（六）非法拘禁罪

（七）侵犯公民个人信息罪

二、侵犯财产罪

（一）抢劫罪

（六）挪用资金罪

（七）敲诈勒索罪

（八）拒不支付劳动报酬罪

一、侵犯公民人身权利、民主权利罪

（一）故意杀人罪

1

故意杀人罪与故意伤害罪在主观故意上的区分

——李某峰故意伤害案

【案件基本信息】

1. 裁判书字号

广西壮族自治区柳州市中级人民法院（2019）桂02刑终325号刑事裁定书

2. 案由：故意伤害罪

【基本案情】

被告人李某峰与被害人刘某宏系同居男女朋友关系，刘某宏在柳州市柳南区革新路工人医院西院做护工。案发前李某峰怀疑刘某宏移情别恋，两人因情感问题多次发生争执。2018年5月29日20时许，李某峰因联系不上刘某宏，遂携带菜刀来到柳州市柳南区革新路工人医院西院住院部12楼13床病房找到刘某宏，两人因情感问题又发生争吵。两人从病房出来后在过道里边走边吵。在争吵过程中，李某峰几次举起菜刀想砍刘某宏又放下。后李某峰认为刘某宏说话太气人便用菜刀朝被害人刘某宏头部、肩膀等处乱砍，将刘某宏砍倒在地，并说要砍死刘某宏。刘某宏从地上爬起来后，李某峰持刀尾随刘某宏到过道拐角处将刀丢弃，然后到该楼层护士站旁的休息区等候。当日20时30分许，公安人员接警后到案发现场提取了李某峰作案使用的菜刀，并将李某峰带到公安机关处理。李某峰到案后如实供述了自己的犯罪事实。刘某宏受伤后到柳州市工人医院住院治疗，诊断为右手4、5指不全离断；右肩部皮肤裂伤；颅骨骨折；头皮裂伤。经鉴定，刘某宏所受损伤程度为轻伤一级，构成十级伤残。

【案件焦点】

1. 被告人主观上是杀人的故意还是伤害的故意；2. 被告人是否构成自首。

【法院裁判要旨】

广西壮族自治区柳州市柳南区人民法院经审理认为，被告人李某峰故意非法损害他人身体健康，致人轻伤，其行为构成故意伤害罪。对于公诉机关关于被告人李某峰犯故意杀人罪的指控，本院认为，首先，本案系李某峰与被害人刘某宏情感纠纷引发，李某峰归案后一直供述其砍伤刘某宏是因为两人争吵时刘某宏说话太过分，其只是想教训刘某宏，并没有想杀死她；其次，从现场监控视频记录的李某峰作案过程来看，李某峰到医院见到刘某宏后并没有立即用刀砍她，两人发生争吵过程中李某峰几次举起刀又放下，刘某宏被砍跌倒在地爬起来后，李某峰拿着刀只是尾随刘某宏，并没有继续去砍刘某宏。如果李某峰真的想杀死刘某宏，在当时并无他人阻止的情况下完全可以杀死刘某宏；最后，从后果来看，李某峰的行为只造成刘某宏轻伤，如果被告人李某峰真的想杀死刘某宏，不可能只造成刘某宏轻伤的后果，这说明李某峰行凶时有所节制。从被告人李某峰的供述及本案的起因，作案过程和后果来看，不能认定李某峰有杀死刘某宏的主观故意。虽然李某峰行凶时说过要砍死刘某宏的言语，但不能由此认定被告人李某峰有杀死刘某宏的故意。认定被告人李某峰是否有杀人的主观故意，应按主客观相一致的原则判断。因此，公诉机关指控被告人李某峰犯罪的事实清楚，证据充分，但指控被告人李某峰犯故意杀人罪的罪名不当，本院予以变更。被告人李某峰的辩解及辩护人相关辩护意见，本院予以采纳。被告人李某峰明知他人报案后在现场等候处理，到案后如实供述自己的罪行，是自首，本院依法对其从轻处罚。辩护人请求对被告人李某峰从轻处罚的辩护意见，本院予以采纳。据此，依照《中华人民共和国刑法》第二百三十四条第一款、第六十七条第一款之规定，判决如下：

被告人李某峰犯故意伤害罪，判处有期徒刑二年。

广西壮族自治区柳州市中级人民法院同意一审法院裁判意见，裁定：驳回抗诉，维持原判。

【法官后语】

本案中，最主要的争议焦点是李某峰的行为构成故意杀人罪还是故意伤害罪。公诉人一方认为，被告人连续砍被害人七刀，并且力度非常大，并且在此之后继续跟随被害人，其危险性一直存在，使用菜刀这类利器使劲连续砍人头部，完全可能造成压人死亡结果的发生，证明被告人要剥夺他人生命的意图非常明确，并且积极追求死亡结果的发生，在主观上有杀人的故意，客观上实施了故意杀人的行为。不能因为被害人只是构成轻伤一级就不认定其故意杀人，被告人具有主观的故意。辩护人则认为被告人与被害人双方是因感情原因发生的争执，没有深仇大恨，并且被告人是在酒后所做的过激行为，只是想吓唬和教训被害人，并不是想杀害被害人，不能以被告人口头过激的言语来推断被告人主观上有故意伤人的目的。并且被害人构成轻伤一级，没有导致被害人构成重伤至死亡的后果，并且被告人砍伤被害人后就把刀丢掉了，更能证实其没有杀人的故意。

笔者认为，故意杀人罪的故意内容是剥夺他人生命，希望或者放任他人死亡结果的发生。而故意伤害的故意内容只是要损害他人身体健康，即使伤害行为客观上造成被害人的死亡，也往往是由于行为时出现未曾预料到的原因而致打击方向出现偏差，或因伤势过重等情况而引起的。行为人对这种死亡后果既不希望也不放任，完全是出于过失。

反观本案，根据视频等其他证据显示，李某峰与被害人系因情感问题产生纠纷，遂持凶器去找被害人，并与被害人发生争执。但李某峰并未立即抽刀砍击被害人，之后其砍击被害人头部等部位致被害人轻伤后，持刀尾随被害人，在无人阻止、被害人不能反抗的情况下，并未继续伤害被害人。因此，本案在案证据尚不足以证实李某峰主观上有积极追求被害人死亡后果的直接杀人故意。本案中，不宜认定为被告人具有杀人的故意，应按照故意伤害罪来认定更为适宜。因无法直接得知作案时被告人的主观故意究竟是如何，因此需要在判断的时候充分考虑客观条件所能反映的信息，正确地运用经验法则进行分析，做出合理的判断。

编写人：广西壮族自治区柳州市柳南区人民法院　梁黛

2

无罪案件证据不足的认定标准

——黄某某故意杀人、奸淫幼女案

【案件基本信息】

1. 裁判书字号

广西壮族自治区高级人民法院（2018）桂刑再1号刑事判决书

2. 案由：故意杀人罪、奸淫幼女罪

【基本案情】

原一、二审、再审审理查明：1995年4月16日11时40分左右，被告人黄某某从打工的崇左县城“亨士利”崇左分公司回家吃午饭后到屹立旧屯与新屯之间的自家责任田看田水。当行至“磨败”（地名）时遇见屹立旧屯的女学生李某某（被害人，殁年13岁）独自路过此地，黄某某顿起歹念，即对李某某说一起找野果吃，趁机靠近李某某，后乘李某某不备将其拖入路边的树丛里，并用手捂住李某某的嘴，强行把李某某拖至路边约20米的树丛处，然后解李某某的裤子欲对其进行奸淫。李某某进行反抗时，黄某某用牛角刀把李某某的上衣从背后衣领处割分成两片，用衣领堵住李某某的嘴，用余下的衣布把李某某的双手反绑到背后，脱下李某某的裤子到踝关节处后对李某某进行奸淫。后黄某某怕罪行败露，即用牛角刀向李某某的胸部、腹部连刺18刀，又把李某某翻过身来，向其背部、腰部各捅1刀，后逃离现场。李某某被捅刀后当场死亡。黄某某归案后，供认了其在4月16日中午在“磨败”处强行奸淫李某某后杀人灭口的犯罪事实。黄某某的供述与公安机关现场勘查及尸检情况相一致。黄某某供认犯罪后带公安人员指认了现场。

2018年第二次再审审理查明：1995年4月16日中午，崇左市太平镇中渡村屹立旧屯的女学生李某某（殁年13岁）从屹立新屯李某兰家离开，独自回家。次日19时10分，李某某的父亲李某安向公安机关报案，称李某某于4月16日中午回家途中失踪，经多方寻找，于次日18时30分，在本村的“磨败”（地名）山岭上发现李某某的尸体。经法医检验，死者李某某胸部、腹部被刺18刀，背部、腰部各被捅1刀，系被他人强奸后杀死。

【案件焦点】

原审定罪的主要依据是被告人的有罪供述，以及有罪供述与在案其他证据印证一致，但缺乏能够锁定被告人作案的客观证据，能否认定被告人构成犯罪。

【法院裁判要旨】

原广西壮族自治区南宁地区中级人民法院经审理认为，被告人黄某某作了二次有罪供述后又翻供，但其有罪供述的细节与现场勘查、尸体检验相吻合，且黄某某是在其弟传字条后翻供，现场也未扩散，本案基本事实清楚，基本证据充分。黄某某强行与未满十四周岁的幼女发生性关系，奸淫幼女后害怕罪行败露而杀人灭口，非法剥夺他人生命权利，其行为构成奸淫幼女罪和故意杀人罪。依法应数罪并罚。1997年7月，一审判决认定黄某某犯故意杀人罪判处死刑，缓期二年执行，剥夺政治权利终身；犯奸淫幼女罪，判处有期徒刑十年，决定执行死刑，缓期二年执行，剥夺政治权利终身。

宣判后，被告人黄某某以原判认定事实不清，其没有作案，要求改判无罪为由提出上诉。

二审法院广西壮族自治区高级人民法院认定的事实、证据与一审一致。裁定：驳回上诉，维持原判。

2004年本院再审查明的事实与原判认定的事实一致。认定原审被告人黄某某故意杀人、奸淫幼女的犯罪事实有零某康等证人证言，报案记录、现场勘查笔录及照片、尸检鉴定结论、物证检验鉴定结论以及黄某某指认作案现场和藏匿凶器牛角刀的笔录和照片等证据证实。黄某某对其犯罪事实作了二次供述，其中一份是亲笔供词，所供作案动机和时间、地点、对象、使用的凶具、行凶部位及情节与现场勘查、尸检所见情况相符。裁定维持原裁判。

2018年最高人民法院指令广西壮族自治区高级人民法院再审本案。广西壮族自治区高级人民法院再审认为，原审认定黄某某犯奸淫幼女罪、故意杀人罪的主要依据是黄某某的有罪供述，以及有罪供述与在案其他证据印证一致。但综观全案，本案缺乏能够锁定黄某某作案的客观证据，黄某某被抓获之时无证据或线索指向其与李某某被害案存在关联，将其确定为犯罪嫌疑人依据不足；黄某某是否有作案时间无法确定；物证检验鉴定结论不具有唯一性和排他性；提取的牛角刀与本案关联性不足；发现被害人李某某尸体的现场是否为强奸、杀人的第一现场，现有证据无法确定；黄某某有罪供述的真实性存疑；黄某某虽作过有罪供述，但有罪供述不稳定且与其他证据存在矛盾，间接证据也不能够相互印证，原审据以定案的证据没有形成完整锁链，没有达到证据确实、充分的法定证明标准，也没有达到基本事实清楚、基本证据确凿的定罪要求，认定黄某某犯故意杀人罪、奸淫幼女罪事实不清、证据不足，依法宣告黄某某无罪。

【法官后语】

黄某某案历经一审、二审、第一次再审、第二次再审，历时23年，最终由最高人民法院指令本院再审依法改判无罪。黄某某案再审判决的法治意义无疑是多方面的，尤为重要的是证据裁判规则与方法的确立以及细化，防止冤假错案的产生。

刑事审判的核心环节是对证据的审查认定。证据时常纷繁复杂，甚至真假混杂，如何运用证据裁判，不仅要求法官对收集的证据进行分析、研究和判断，锻炼出火眼金睛鉴别真伪，更要形成统一规范的证据裁判具体要求，为个案办理提供指引。黄某某案年代久远，在没有新证据出现的情况下，通过重新裁判原有证据得出新结论，必然要求更为全面、客观和细致地分析和论证原有证据。无罪案件证据标准应着重从以下几个方面认定：

1. 证据全面审查。依法全面收集能够证明被告人有罪或无罪，罪轻或罪重的各种证据，是刑事诉讼法对案件办理的要求。客观、公正地进行证据裁判，必然要求对被告人有利与不利两方面都要充分考虑，不能顾此失彼。黄某某案中，既有证明有罪的证据，也存在与有罪证据相矛盾的反证。例如，案发现场并没有发现与黄某某有关联的衣物、血迹等客观证据，在黄某某家提取的牛角刀检验不出血迹，案发现场亦无目击证人，且黄某某作出有罪供述后又翻供，有罪供述关键性情节与其他证据存在矛盾，全案无法形成完整证据链等。再审判决既要高度重视审查有罪证据，也要高度重视审查无罪证据，尤其是申诉人多年坚持无罪申诉，控辩双方均认为原审判决事实不清、证据不足的情况下，更应加大对无罪证据的审查力度。

2. 证据关联性审查。证据关联性是证据进入诉讼的第一道“门槛”，是证据的首要属性，故在刑事诉讼中运用每一项证据时，应首先关注其有无关联性，证据与待证事实之间有无关联，这种关联是客观的，不以人的意志为转移。本案被害人被发现赤身裸体死在一处山岭上，生前遭性侵，身上20处刀伤，奸杀可能性大。案发次日晚，警方在该村召开村民大会，对14岁至60岁之间男性村民进行身体检查，在检查中发现黄某某神情紧张，左膝有两处新鲜划痕，因此将其确定为重大嫌疑人。黄某某膝盖上的两处伤痕，如果是被害人反抗抓伤，可对被害人指甲中的皮屑进行鉴定，但并未对此进行鉴定，伤痕成因不清，黄某某关于该伤痕系因工作期间被木箱刮擦所致的辩解无法否定，因此伤痕与本案关联的证据不足。

3. 客观证据审查。客观证据是指以人外之物为证据内容载体的证据，包括物证、书证、鉴定意见、勘验、检查、辨认笔录、视听资料和电子数据等。从证据裁判角度，任何定案证据都要经过法定程序查证属实，但由于客观证据具有较强的稳定性和可靠性，故刑事诉讼中对客观证据的审查工作尤为重要，对判断行为人是否实施了犯罪行为起到关键性的作用。本案案发现场并未发现与黄某某有关联的任何物品、血迹等，在黄某某家里提取的牛角刀检验不出血迹，黄某某案发当天所穿衣物亦未提取到案，被害人阴道内容物的鉴定并不具有唯一性等，缺乏锁定黄某某作案的客观证据，认定黄某某是本案凶手证据不足。

4. 有罪供述审查。定案证据应是客观真实的，证据的客观性审查是证据裁判的重要方面。对于客观证据缺乏，主要依据供证一致定案的案件，更要加大对被告人供述客观性、真实性的审查力度。本案定案主要依据是黄某某的口供，如果能保证黄某某有罪供述的真实性，结合其他在案证据，仍可作出有罪判决。但恰恰黄某某的有罪供述真实性存疑。黄某某作了二次有罪供述后又翻供，供述不稳定，且供述的关键性情节与现场勘查情况不符：(1) 第一次供述白背心用来抹余精，后又供述白背心用来抹血，现场勘查笔录和物证检验鉴定结论反映白背心上有被害人血迹，无精斑；(2) 第一次供述牛角刀抛向河中，后又供述牛角刀经过处理后放在家里，最后虽然在黄某某家中提取了牛角刀，但刀上未检出血迹；(3) 先供作案后把被害人的衣服和鞋子绑成一扎全部抛入河中，后供将上衣割成两片用来绑手，用围领、背心塞嘴，杀人后割下一片背心擦拭刀上血迹并丢之于现场附近，而现场勘查笔录则反映被害人裤子脱绑到小腿下方，衣服被割撕反绑双手。因此，在本案缺乏客观证据印证，在被告人有罪供述真实性存疑的情况下，认定被告人有罪显然证明力不足。

5. 疑罪从无认定。随着我国社会发展和法律体系不断完善，应在刑事诉讼中彻底贯彻疑罪从无原则。彻底与否关系到能否真正发挥这一原则优势，关系到保障人权是否能真正付诸司法实践。疑罪从无原则强调的是对犯罪嫌疑人、被告人权利的保护，也是避免冤假错案的重要措施。所谓“疑罪”，是指定案的事实不清、证据不足。黄某某案再审是按照疑罪从无宣告被告人无罪的，黄某某案发生于1995年，应依据当时的“两个基本”来判断。“两个基本”是指认定有罪必须达到“基本事实清楚、基本证据确凿”。“两个基本”主要是强调办案不要纠缠案件事实证据的细枝末节，而要卡死案件的基本事实和基本证据，并不是证明标准的降低，因此，“两个基本”与1979年刑事诉讼法实施以来我国坚持的“证据确实、充分”的证明标准并无实质差异。刑事案件证明标准可从正反两方面把握，作出有罪认定，要保证所有证据指向被告人，既要从正面证实的角度做到内心确信，又要从反面证伪角度排除合理怀疑，得出唯一结论。黄某某案关键证据存在诸多疑点，无法排除合理怀疑，无法达到“两个基本”定罪要求，应依法宣告无罪。对这样一起历经二十多年的历史悬案，果断依法宣判被告人无罪，坚定地实践了党的十八届四中全会提出的证据裁判、疑罪从无原则。

编写人：广西壮族自治区高级人民法院　徐丽　朱子聪

3

相约自杀中放弃自杀者刑事责任的认定

——李某某故意杀人案

【案件基本信息】

1. 裁判书字号

四川省广元市中级人民法院（2019）川08刑终96号刑事裁定书

2. 案由：故意杀人罪

【基本案情】

2018 年 8 月 9 日晚，被告人李某某与其女友高某某因感情纠纷在高某某租住房内发生争吵和抓扯，二人赌气并称精神压力太大，由李某某提出一同自杀。当晚23时许李某某驾驶面包车和高某某行驶至宝兴大厦附近清江河大桥西侧约63 米处时，高某某让李某某靠边停车，李某某问停车干什么，高某某说不是要一起自杀吗？高某某与李某某相继下车后，李某某用手机往桥下晃了下说“水都没有咋个死嘛，要死也到前面水深的地方去死”，说完李某某返回车上将车继续向前开约几十米后又停车往回步行，快接近被害人时，只听见高某某说了一句“我是个旱鸭子哦”后跳入河中。之后李某某未实施报警等任何救助行为，驾车离开。

8 月 10 日 3 时许，李某某多次电话咨询朋友和律师其行为可能承担的责任和如何不被公安机关发现。李某某来到宝轮派出所报警求助，谎称其女朋友高某某与其吵架后离开，现下落不明。当日，高某某家人发现高某某失踪后多次向李某某询问高某某去向，李某某继续隐瞒高某某已跳河的事实，坚称高某某与其吵架后离开，不知道其去向。8 月 11 日 13 时许，高某某家人在李某某经营的商店内逼问高某某下落时，李某某才告知高某某已于 8 月 10 日跳河自杀，其家人当即报警，并将李某某围困在店内，后宝轮派出所民警将李某某带至派出所。当日 13时 35 分，高某某尸体在宝轮镇清江河被打捞上岸。经法医鉴定，被害人高某某的死因系溺水死亡。在审理过程中，被告人李某某家属代为缴纳赔偿款及自愿补偿款共计 20 万元。

【案件焦点】

相约自杀中，放弃自杀者对死亡一方是否负有故意杀人的刑事责任。

【法院裁判要旨】

四川省广元市利州区人民法院经审理认为，被告人李某某与被害人高某某系恋人关系，二人因琐事发生争吵后相约自杀，在李某某驾车到达案发地，与被害人相继下车后，非但不劝阻，反而还言语刺激被害人，在被害人跳桥后李某某明知自己不救助极有可能导致高某某溺水死亡，但其未采取任何救助行为便离开案发现场，放任危害结果的发生，其罪过形式表现为间接故意，已构成故意杀人罪，应依法追究其刑事责任。由于被害人系具有完全民事行为能力的成年人，应当知道跳河可能造成的严重后果，仍执意为之，故其对死亡后果具有过错，可减轻对被告人的处罚。李某某到案当日系被害人家人报案后将其围困在商店内，无法离开现场，不符合视为自首相关法律规定。从李某某故意杀人的动机和主观恶性程度考虑，属于情节较轻；被告人归案后如实交代自己的全部罪行，具有坦白情节，自愿认罪认罚，可从轻处罚；主动赔偿被害人损失并自愿补偿，可酌定从轻处罚。被告人李某某应向附带民事诉讼原告人赔偿由此造成的物质损失。故依照《中华人民共和国刑法》第二百三十二条、第十四条、第六十七条第三款，《中华人民共和国刑事诉讼法》第一百零一条第一款，《最高人民法院关于适用〈中华人民共和国刑事诉讼法〉的解释》第一百三十八条、第一百五十一条，《最高人民法院关于确定民事侵权精神损害赔偿责任若干问题的解释》第九条，《最高人民法院关于审理人身损害赔偿案件适用法律若干问题的解释》第十七条第三款、第二十七条、第二十八条之规定，作出如下判决：

一、被告人李某某犯故意杀人罪，判处有期徒刑四年三个月；

二、令被告人李某某赔偿附带民事诉讼原告人丧葬费、交通费、住宿费、误工费、被扶养人生活费等经济损失共计113896.00元；被告人自愿补偿费用86104.00元准予。

李某某不服提出上诉，四川省广元市中级人民法院经审理查明的事实及证据与一审一致，同意一审法院裁判意见，依照《中华人民共和国刑事诉讼法》第二百三十六条第一款第一项之规定，裁定：驳回上诉、维持原判。

【法官后语】

本案的焦点在于被告人李某某的行为是否构成故意杀人罪。故意杀人是指故意非法剥夺他人生命的行为，与通常情况下的故意杀人相比，本案的特殊性在于案件的起因是被告人与被害人因感情纠纷相约自杀，被害人采取跳河的方式主动结束自己的生命。就本案来讲，一、二审法院均认定被告人李某某构成故意杀人罪，根本原因在于被告人负有救助被害人的作为义务而没有履行该义务，导致被害人未得到及时救助而死亡的危害后果。具体来讲：

一方面，被告人客观上实施了不作为的危害行为。要符合“不作为的危害行为”前提是行为人必须负有特定的作为义务，此外是有能力履行该义务而没有履行，致使法律保护的合法权益受到侵害。“作为义务”的来源通常有以下三种：一是法律明确规定的义务；二是职务上的要求；三是因法律行为（如合同关系）引起的作为义务；四是先行行为引起的作为义务，即行为人的行为使刑法保护的权益处于危险状态时，就有义务采取措施防止危害结果发生。本案中，被告人最先提出“一起去死”的意思表示，被害人表示同意；二人到达桥边时，被告人已经放弃自杀意图，此时被告人非但不劝阻被害人，还在言语上刺激被害人：“水都没有咋死嘛，要死也到前面水深的地方去死。”被害人跳河前明确表示自己是“旱鸭子”，在被害人跳下桥后被告人明知自己不救助极有可能导致被害人溺水死亡，但其未采取积极施救或及时报警等任何救助行为便离开案发现场。被告人在放弃自杀意图后，其提出相约自杀、驾车载被害人到自杀地点、在言语上刺激被害人等先行行为加深了被害人自杀的决心，使被害人的生命处于危险状态，从而引起被告人救助被害人的作为义务，而被告人在有能力救助或报警请求救助的情况下未采取任何措施，客观上导致被害人未得到及时救助而溺亡的危害后果，此为“不作为的危害行为”。

另一方面，被告人主观罪过表现为间接故意。被告人明知被害人跳河可能溺亡，不但未采取任何救助措施便离开案发现场，还在被害人家属寻找被害人下落时隐瞒被害人已跳河的事实，延误救助时机，使被害人彻底失去生还的可能性。对于被害人的死亡，被告人虽未积极追求或希望该结果的发生，但对被害人死亡的危害后果采取了放任的态度，在主观上构成间接故意。

综上，被告人客观上实施了“不作为的危害行为”，主观上构成间接故意，符合故意杀人罪的构成要件。但本案起因于相约自杀，被害人作为成年人明知自杀行为的后果仍然实施，具有过错。被告人主观罪过轻于直接故意杀人，且到案后如实供述罪行，积极主动赔偿，综合以上情节，可予以从轻处罚，故以故意杀人罪判处被告人有期徒刑四年三个月，并无不当。

编写人：四川省广元市中级人民法院　张欢　邱斌

（二）过失致人死亡罪

4

过失致人死亡罪的主客观要件辨析

——郭某某过失致人死亡案

【案件基本信息】

1. 裁判书字号

北京市第二中级人民法院（2019）京 02 刑终 361 号刑事裁定书

2. 案由：过失致人死亡罪

【基本案情】

北京市丰台区人民法院经公开审理查明：2017 年 3 月 8 日，被告人郭某某带被害人王某到其位于北京市丰台区某村 14 号院 2 号楼 4 单元××的北京伟丽金弘商贸中心的店内听课，鼓励及劝说王某大量服用福龙口服液（I）型。2017 年 3 月 10 日至 12 日，被告人郭某某在北京市丰台区某小区 79 号楼××号王某的家中，在明知王某患有多种疾病的情况下，仍鼓励、劝说和帮助王某在短时间内大量服用福龙口服液（I）型，致使王某于 2017 年 3 月 13 日死亡。经鉴定，被害人王某符合冠心病、急性心肌梗死死亡。

【案件焦点】

1. 被告人郭某某的客观行为与被害人死亡之间是否存在因果关系；2. 被告人郭某某主观方面是否存在过失。

【法院裁判要旨】

北京市丰台区人民法院经审理认为，郭某某明知王某身体患有心脏病、胃切除等基础疾病，在向王某销售福龙口服液时，推荐的用法用量为无限量服用，短时间内服用越多越好，并在王某服用福龙口服液期间亲自到王某家中指导服用；在王某出现频繁呕吐、腹泻等不良身体反应时，郭某某未能根据王某的身体状况对其身体出现的不良反应及时作出正确判断，仍帮助王某连续三天超剂量服用该口服液，因此郭某某主观上存在过失。被害人王某的死亡原因系冠心病、心肌梗死，其心胞腔及胸腔内存在大量积液；司法鉴定意见书及出庭的有专门知识的法医出庭意见均可以证实，王某确实存在冠心病等基础疾病，其死亡前三天连续大剂量服用福龙口服液（I）型，与其体内大量渗出性或漏出性心包积液、胸腔积液具有明确的时间关联性，因此可以认定王某服用大量福龙口服液（I）型系其冠心病、心肌梗死死亡的诱因，郭某某的行为与王某死亡之间存在因果关系。被告人郭某某的行为已经构成过失致人死亡罪，情节较轻，依法应予处罚。根据被告人郭某某犯罪的事实、性质、情节和对社会的危害程度，依照《中华人民共和国刑法》第二百三十三条、第六十一条，判决：被告人郭某某犯过失致人死亡罪，判处有期徒刑二年。

郭某某持原审辩解提起上诉，并申请有专门知识的人出庭。北京市第二中级人民法院经开庭审理后认为，北京市丰台区人民法院根据郭某某犯罪的事实、性质、情节和对于社会的危害程度所作出的判决，事实清楚，证据确实充分，适用法律正确，量刑适当，审判程序合法，应予维持，故依照《中华人民共和国刑事诉讼法》第二百三十六条第一款第一项之规定，裁定如下：驳回上诉人（原审被告人）郭某某的上诉，维持原判。

【法官后语】

过失致人死亡罪，是指由于行为人的过失而致人死亡的行为。司法实践中，因销售中老年保健品导致的民事纠纷比较常见，销售者的推销等行为导致服用者死亡并由此构成刑事犯罪的案例不多见。本案郭某某的行为被认定为过失致人死亡罪认定，有两个关键点应当厘清，其一是郭某某的行为与被害人死亡结果之间是否存在因果关系；其二是郭某某主观方面是否存在过失，这也是过失致人死亡罪认定的最关键之处。针对这两个关键点，笔者总结本案争议焦点有三：

一、被害人三天内大量服用福龙口服液（I）型，与被害人死亡结果之间是否存在因果关系

经查，在案盛唐司法鉴定所司法鉴定意见书及答复函证实，被害人王某符合冠心病、急性心肌梗死死亡；王某心包腔、胸腔大量积液，可限制患者心、肺功能，诱发冠心病发作；临床上，机体短时间内如摄入液体量过多，可以引起渗出性或漏出性心包腔、胸腔积液。一审作为有专门知识的人出庭的法医认为盛唐司法鉴定所司法鉴定意见正确，并认为王某存在冠心病等基础疾病，且其死亡前三天连续大剂量服用福龙口服液，与其体内大量渗出性或漏出性心包积液、胸腔积液具有明确的时间关联性。另外，二审被告人申请出庭的有专门知识的人亦认为，案发时王某多次呕吐、排泄，如引发电解质紊乱，有诱发心肌梗死的可能，该意见与一审出庭时有专门知识的人曾提出的，呕吐和腹泻会导致人体电解质紊乱，对70多岁且患有多种疾病的被害人而言，这些问题比心脏问题更严重的意见相吻合。

二审出庭的有专门知识的人提出，摄入液体量过多出现心包液、胸腔积液的理论不能成立，未经因果关系专项鉴定不能得出急性心肌梗死与短时间内服用液体存在因果关系的肯定性结论等意见。笔者认为，上述意见系设立在肝肾功能正常等前提下进行的可能性分析，亦未充分结合本案被害人胃部部分切除等病情及案发时连续三天大量服用福龙口服液导致多次腹泻、呕吐等实际情况，其上述观点亦不能否定鉴定意见。

综上，被害人王某作为一个身患多种疾病的老人，因诱发冠心病、急性心肌梗死死亡；其连续三日在短时间内大量服用福龙口服液，服用后每日多次腹泻、呕吐；在其死亡后于心包腔、胸腔发现大量积液，其死亡结果与三天内大量服用福龙口服液存在因果关系。

二、本案是否存在影响因果关系成立的介入因素

被告人郭某某称，在案发前被害人王某的女儿罗某曾与王某通电话发生争吵，可引起被害人情绪激动，导致心梗。根据郭某某提交的书面材料，罗某曾于3月11日晚打电话阻止母亲王某喝口服液，现并无证据证明二人之间发生激烈争吵，且第二天当天王某精神状态尚好，并继续服用了六盒口服液，由此我们认为，罗某案发前与王某通电话的行为并非本案因果关系的介入因素，不能阻断过量服用口服液与王某被诱发冠心病、急性心肌梗死因果关系的成立。

3月13日凌晨0时左右，王某晕倒后处于半昏迷状态，其丈夫罗某某以为王某

低血糖，给王某喂小碗糖水、准备喂饺子等行为属正常，罗某某在凌晨2时许感觉不对劲即拨打了120急救电话，罗某某上述行为亦不阻断过量服用口服液与王某被诱发冠心病、急性心肌梗死因果关系的成立。综上，郭某某及其辩护人曾提出的案发前被害人女儿罗某曾打电话与被害人发生口角，被害人病发后其丈夫罗某某未及时将被害人送医，亦可能是致死因素等意见，不能成立。

三、郭某某是否存在过失

证人林瑞英（郭某某母亲，保健品销售者）的证言证实，郭某某在案发前对王某曾患有心脏疾病、做过胃部切除手术等病情系明知。郭某某系保健品销售者，其以讲课的方式向被害人推销口服液，并且每天送口服液到被害人家中，为被害人拧开瓶盖，建议被害人在短时间内大量服用，并称喝得越多效果越好。加之郭某某此前明知王某身患多种非常严重的疾病，且明知服用福龙口服液会产生呕吐、腹泻等反应，因此其推销授课、上门销售、帮助王某短时间内大量饮用口服液的先行行为，决定了其有对被害人身体状况可能出现异常、产生不良后果的注意义务。郭某某在帮助王某服用福龙口服液期间，在王某出现频繁呕吐、腹泻等不良身体反应时，未能根据王某的身体状况作出正确判断，仍帮助王某连续三天大剂量服用该口服液，应当认定其主观上存在疏忽大意的过失。郭某某及其辩护人所提对被害人身体不好的程度并不知情，不具有专业医学知识，无法预见被害人王某的死亡结果的意见不能成立。

编写人：北京市第二中级人民法院　黄小明

5

过失致人死亡罪中被告人过失行为的认定

——郭某过失致人死亡案

【案件基本信息】

1. 裁判书字号

山东省潍坊市中级人民法院（2019）鲁07刑终424号刑事裁定书

2. 案由：过失致人死亡罪

【基本案情】

山东省临朐县人民法院经公开审理查明：被告人郭某与吕某某曾系恋人关系。2017年3月，吕某某与郭某分手后未再联系。2017年6月6日21时许，被告人郭某途径临朐梦幻KTV时发现吕某某的车辆，遂到KTV内向吕某某询问分手原因并要求继续保持恋爱关系，遭到拒绝后被告人郭某意图跟踪吕某某找到其住处，遂在KTV外守候。次日凌晨3时许，吕某某为安全起见，要求同事陈某某开车送其回家，被告人郭某发现吕某某乘鲁GK×××D号长城牌小型轿车离开后，遂驾驶鲁G0×××L号白色长城牌小型轿车跟随被害人乘坐的车辆，途径华特路、弥河路、骈邑路，一路跟随、追逐吕某某乘坐的车辆，其间被告人郭某曾要求吕某某停车，后逆行追赶陈某某驾驶的鲁GK×××D号长城牌小型轿车，致使陈某某驾驶车辆高速行至华特路与骈邑路口时，闯红灯与一辆大货车相撞，造成陈某某死亡、吕某某重伤。

2017年6月8日，公安机关接到报警后，经初查于同年6月15日以被告人郭某涉嫌过失致人死亡立案调查。6月16日，被告人郭某主动到临朐县公安局治安大队接受讯问并如实供述了犯罪事实。

【案件焦点】

陈某某的死亡和吕某某的受伤是交通事故造成的，被告人郭某不存在过失，其不构成过失致人死亡罪”的辩解和辩护意见是否成立。

【法院裁判要旨】

山东省临朐县人民法院经审理认为，对于被告人郭某提出“其没有追赶，只是跟踪被害人的车辆，也不是其造成的交通事故”的辩解意见以及其辩护人提出“陈某某的死亡和吕某某的受伤是交通事故造成的，被告人郭某没有过失，其只是跟踪吕某某乘坐的车辆，过程中没有碰撞和拦截的行为，陈某某驾驶车辆超速闯红灯与货车发生事故的行为，被告人无法预料到，被告人的行为最多只是诱因，不构成过失致人死亡罪”的辩护意见。经查明，从公安机关调取的各路口监控视频可以证明，被告人前期只是跟踪被害人的车辆，但从后期几个路口前后两个车辆几乎同时通过路口看，被告人实际是在追赶，而非跟踪。特别是在临朐中学东北角路口左拐弯时，由于被告人驾驶车辆车速过快，刹车不及，车辆直接冲到了被害人驾驶的车辆前面，两车虽未发生碰撞或剐蹭，但被告人的上述行为已经实际造成了被害人心理慌张甚至恐惧，从被害人在发生事故前给其同事拨打的电话内容“快来救我，有个人一直在追我……”就可以证实，使其在通过路口时处置失当，从而造成了事故的发生。事故发生在凌晨3时许，所追赶路段均属城市主要交通路段，行人虽少，但仍有行驶车辆，被告人郭某作为成年人，其应当意识到高速追逐的行为可能会造成被追逐车辆发生事故导致人员伤亡或财产损失，并发生危害在道路行驶的其他车辆及驾乘人员、行人的健康及公私财产安全的严重后果，同时亦将自己及所驾驶车辆置于危险之中，但由于其疏忽大意没有预见，该结果并非被告人郭某主观上追求的，应定为过失。被告人郭某的辩解及其辩护人的辩护意见均不成立，不予采纳。被告人郭某的行为已构成过失致人死亡罪，依法应予惩处。

山东省临朐县人民法院依照《中华人民共和国刑法》第二百三十三条，第六十七条第一款，《最高人民法院关于处理自首和立功具体应用法律若干具体问题的意见》第一条、第三条，作出如下判决：

被告人郭某犯过失致人死亡罪，判处有期徒刑四年。

宣判后，郭某持原审辩解提起上诉。山东省潍坊市中级人民法院经审理认为，上诉人郭某驾驶机动车追赶被害人陈某某驾驶的车辆，致使被害人驾驶车辆发生交通事故，致一人死亡，一人重伤，其行为已构成过失致人死亡罪，应予刑罚。经查，上诉人郭某意图挽回同吕某某的恋爱关系，遭到拒绝后，在吕某某请求同事陈某某开车送其回家的过程中，郭某为确定吕某某的住所而驾车跟随。根据公安机关调取的发案过程各路口的监控视频，结合证人证言，足以证实郭某从一开始的追踪跟随发展至后来追随追赶的过程，且追赶的紧迫性越来越强，该追赶行为足以造成被害人陈某某心理上的恐慌，终致其驾驶车辆处置不当发生交通事故。上诉人郭某作为心智正常的成年人，应当预见到其行为可能造成被追赶车辆发生事故致人员伤亡或财产损失的后果而没有预见，主观上具有过失，客观上造成了一人死亡，一人重伤的严重后果，其行为符合过失致人死亡罪的构成要件，构成过失致人死亡罪。上诉人郭某及其辩护人提出的上诉理由、辩护意见均不能成立，不予采纳。

山东省潍坊市中级人民法院认为，原审法院认定事实清楚，证据确实、充分，定性准确，量刑适当，审判程序合法。依照《中华人民共和国刑事诉讼法》第二百三十六条第一款一项的规定，作出如下裁定：

驳回上诉，维持原判。

【法官后语】

过失致人死亡罪，是指由于普通过失致人死亡的行为。过失致人死亡罪必须是过失，即应当预见自己的行为可能造成发生他人死亡的危害后果，因为疏忽大意而没有预见，或者已经预见而轻信能够避免，以致发生他人死亡的危害后果。客观上已经造成死亡结果，行为与死亡结果之间必须存在因果关系。

本罪在主观方面表现为过失，即行为人对其行为造成的结果抱有过失的心理状态，包括疏忽大意的过失和过于自信的过失。疏忽大意的过失是指行为人主观上对自己的行为可能造成他人死亡的结果应当预见而没有预见。根据行为人能够预见并防止危害结果的发生，只是因为其疏忽大意才没有预见，以致发生严重危害结果，行为人就应当对此结果负法律责任。应当预见是法律对行为人实施某种有意识的行为时，可能造成他人死亡结果的主观上的要求。过于自信的过失，是指行为人对自己的行为可能造成被害人死亡的结果已经预见，但却轻信能够避免这种结果的发生。由于行为人已经预见到自己的行为可能发生他人死亡结果的发生，却没有有效地防止他人死亡结果的发生，没有尽到自己应尽的责任。因此，行为人应对自己因主观上的过于自信的过失造成的危害后果负刑事责任。

针对本案，如何认定郭某的行为存在过失？如果存在过失，是属于疏忽大意的过失还是过于自信的过失？首先肯定一点，造成陈某某死亡及吕某某受重伤的严重后果，不是郭某主观上积极追求的。郭某从最初的跟踪跟随到后来的追随追赶行为是有意识的，或者说是故意的，但对致使他人死亡结果的发生是没有预见的。假如被告人郭某明知道会发生致人死亡的严重结果，我们有理由相信，他一定不会采取类似的行为。但是，正如二审裁定所述，郭某作为心智力正常的成年人，应当预见其行为可能造成被追赶车辆发生事故致人员伤亡或财产损失的后果，由于疏忽大意而没有预见，主观上具有过失。这是法律对行为人实施某种有意识的行为时，可能造成他人死亡结果的主观上的要求。当然，这种结果的造成与被害人心理承受状态、临机处置能力等不无联系，但这不足以排除对被告人过失行为的认定并对其处以刑罚。这也从另一角度体现了宪法和法律对于人的生命权的重视和尊重。

编写人：山东省临朐县人民法院　窦秀兵

6

互殴中致特殊体质死亡，如何认定行为人对危害结果具有预见可能性与主观上存在过失

——关某忠过失致人死亡案

【案件基本信息】

1. 裁判书字号

广西壮族自治区河池市中级人民法院（2019）桂12刑终203号刑事附带民事裁定书

2. 案由：过失致人死亡罪

【基本案情】

被告人关某忠与被害人吴某均为河池市宜州区庆远镇和平路居民，两家相邻。吴某因患有心脏疾病，于2014年4月30日至2014年6月6日在广西医科大学第一附属医院住院治疗，诊断为心脏瓣膜病、主动脉瓣关闭不全、二尖瓣关闭不全、肺动脉高压、心功能三级，于2014年5月7日在该院行主动脉瓣置换＋二尖瓣成形＋三尖瓣成形＋左房折叠＋心表临时起搏器安置＋胸腔闭式引流术＋心包松解术。

2018年6月1日12时许，关某忠在河池市宜州区庆远镇和平路其家与吴某家相靠的墙体前面用混凝土固定一块石板。几分钟后，吴某从自家出来指责关某忠在该处放置石板，双方为此发生争吵，后演变为相互推搡、互殴。其间，吴某从地上捡起一小块砖头砸中关某忠的左边肩膀，关某忠则用右脚自下往上朝吴某的下腹部

位置踢了一脚，吴某被踢后立即身体僵硬地仰面向后倒地。在现场对面的钱某见状拨打急救电话，医务人员赶到现场时，吴某已无生命体征，经现场抢救仍无生命体征，宣告死亡。当天12时15分许，吴某的女儿吴某洁到河池市公安局宜州分局城东派出所报警，公安人员出警后，经现场询问调查，发现关某忠具有重大作案嫌疑，在关某忠家门口将其抓获。经河池市公安局宜州分局物证鉴定室鉴定，吴某是在生前患有心脏疾病的基础上，睾丸遭外力作用引起心源性心脏骤停而死亡。

附带民事诉讼原告人吴某洁、吴某静、吴某涛诉称，由于被告人关某忠的犯罪行为，请求判令被告人关某忠赔偿各项损失共计499252元。三附带民事诉讼原告人的诉讼代理人提出，被告人关某忠的行为应定性为故意伤害罪。

被告人关某忠辩解称：1. 其不知道被害人吴某患有心脏疾病；2. 其没有踢中被害人吴某的睾丸，吴某睾丸的损伤不是其所致。被告人的辩护人邱某提出的辩护意见为：1. 指控被告人关某忠踢中被害人吴某的睾丸事实不清，证据不足；2. 被害人吴某的死亡结果与被告人关某忠的踢踹行为之间没有直接关联性。

【案件焦点】

1. 被害人的死亡结果与被告人的踢踹行为之间是否有直接关联性；2. 被告人是否明知被害人患有心脏疾病，对其行为应定性为故意伤害还是过失致人死亡。

【法院裁判要旨】

广西壮族自治区河池市宜州区人民法院经审理认为，被告人关某忠因琐事与被害人吴某发生争执并相互殴打时，应当预见自己朝被害人下腹部位置踢踹的行为可能造成被害人伤亡的后果，由于疏忽大意而没有预见，致被害人在生前患有心脏疾病的基础上，睾丸遭外力作用引起心源性心脏骤停而死亡，其行为构成过失致人死亡罪。公诉机关指控被告人关某忠犯过失致人死亡罪的事实和罪名成立。被告人关某忠在与被害人吴某互殴的过程中致吴某死亡，在吴某无过错的情况下，被告人关某忠应承担全部的赔偿责任。河池市宜州区人民法院依法作出如下判决：一、被告人关某忠犯过失致人死亡罪，判处有期徒刑四年六个月；二、被告人关某忠赔偿附带民事诉讼原告人吴某洁、吴某静、吴某涛人民币33228元；三、驳回附带民事诉讼原告人吴某洁、吴某静、吴某涛的其他诉讼请求。

二审法院同意一审法院裁判意见。广西壮族自治区河池市中级人民法院经审理认为，原判认定事实清楚，证据确实、充分，定罪准确，量刑适当，适用法律正确，审判程序合法，应予以维持。河池市人民检察院建议驳回上诉，维持原判的意见，本院予以采纳。依照《中华人民共和国刑事诉讼法》第二百三十六条第一款第一项之规定，裁定如下：

驳回上诉，维持原判。

【法官后语】

本案系因邻里琐事引发的轻微矛盾，被告人关某忠与被害人吴某发生争执并相互殴打时，应当预见自己朝被害人下腹部位置踢踹的行为可能造成被害人伤亡的后果，由于疏忽大意而没有预见，致被害人在生前患有心脏疾病的基础上，睾丸遭外力作用引起心源性心脏骤停而死亡。

本案争议的焦点在于被害人吴某的死亡与被告人关某忠的行为是否具有刑法上的因果关系和被告人关某忠主观上是否有过失。主要理由如下：

1. 被害人的死亡与行为人的行为是否具有刑法上的因果关系。在故意伤害特殊体质者致其死亡案件中，被害人的特殊体质不是介入因素，而是行为时已经存在的特定条件，不影响伤害行为与死亡结果之间的因果关系。在本案中，现场监控视频证实：(1) 在吴某被关某忠踢踹之前，吴某肢体动作正常，在吴某被关某忠踢踹之后，吴某在倒地之前立即出现身体僵硬的情形，继而仰面往后倒地静止不动；(2) 关某忠是用右脚自下往上朝吴某的下腹部踢踹，吴某倒地时屁股先着地。故可以排除吴某在被关某忠踢踹之前，以及吴某在倒地的过程中睾丸受伤引起心源性心脏骤停的可能，现场监控视频客观地反映出吴某是在被关某忠踢踹之后，立即出现身体僵硬的情形，继而仰面往后倒地静止不动。故认定被告人关某忠踢中被害人吴某的睾丸，致吴某在生前患有心脏疾病的基础上，睾丸遭外力作用引起心源性心脏骤停而死亡事实清楚，证据确实充分，被害人吴某的死亡结果与被告人关某忠的踢踹行为之间具有直接关联性。

2. 行为人主观上是过失还是故意，被告人关某忠的行为是构成故意伤害罪还是过失致人死亡罪。故意伤害致死还是过失致人死亡罪的区分是司法实践中经常遇到而且争议较大的问题。二者在客观上都造成了被害人死亡的结果，主观上对死亡结果均出于过失。区分二者的关键在于行为人主观上有无伤害他人身体健康的故意。司法实践中，要查明行为人主观上有无伤害他人身体健康的故意比较困难，尤其是在推搡中打一拳、踢一脚致人死亡的情况下，要认定行为人主观上有无伤害的故意更为困难。主观故意总是通过客观行为予以体现出来，可以通过对案件的起因、有无预谋、有无使用工具、打击的部位、打击力度、有无节制、双方的关系等多方面进行综合判断、分析，从而准确认定行为人案发时的主观故意。本案客观上被告人关某忠与被害人吴某因邻里琐事引发轻微矛盾，且双方均已年迈，在互殴的过程中，互殴的强度、力度均较小，持续的时间较短，导致被害人吴某睾丸遭外力作用引起心源性心脏骤停而死亡，是在吴某生前患有心脏疾病的基础上发生的，没有证据证实被告人关某忠事前知道被害人吴某患有心脏疾病，故不能认定被告人关某忠主观上明知其与患有心脏疾病的人互殴，可能导致对方心脏疾病发作死亡的后果，而希望或者放任该危害后果的发生，被告人关某忠的行为不符合故意伤害罪的构成要件。

编写人：广西壮族自治区河池市宜州区人民法院　蓝艳逢

7

轻微暴力致特异体质人死亡的定罪量刑

——章某某过失致人死亡案

【案件基本信息】

1. 裁判书字号

浙江省台州市椒江区人民法院（2018）浙1002刑初511号刑事附带民事判决书

2. 案由：过失致人死亡罪

【基本案情】

浙江省台州市椒江区人民检察院指控被告人章某某犯过失致人死亡罪，向台州市椒江区人民法院提起公诉。

刑事附带民事诉讼人为杨某英、杨某静、杨某立。

台州市椒江区人民法院经审理查明：2017 年 10 月 8 日 16 时许，椒江区章安街道下洋孔村党支部书记杨某某（本案被害人）陪同消防检查人员对本村李某某的房屋进行消防检查时，与房屋代管人章某妹发生口角，其间，章某妹宣称自己被杨某某掌掴，经人劝解后，杨某某及消防检查人员至该村村部。16 时 10 分许，章某利（章某妹胞弟）得知该情况后，与其子被告人章某某一起前往下洋孔村。章某某听闻章某妹被杨某某掌掴受伤，旋即与章某利驾车赶往村部。下车后，章某某走到杨某某面前，杨某某伸手与章某某握手，章某某质问杨某某是否打了其姑，杨某某当即否认，章某某便趁其不备用力挥动戴有骨质手串的右手掌掴杨某某左脸一下，其缠绕在右手腕的手串崩断，致杨某某左脸表皮有 0.2 厘米 ×0.5 厘米剥脱，皮下有圆形出血，左下唇黏膜有 0.3 厘米 ×0.4 厘米破损，章某某欲再动手打杨某某，被在场多人推至村部办公室，双方发生厮打。后章某某逃出办公室，与杨某某争吵片刻后被人劝离。杨某某则在村部门口情绪激动，要求民警严惩章某某，并两次突发身体不适倒地，在场人员当即拨打了急救电话。17 时 5 分许，救护车到达村部，17 时 13 分许，杨某某在其妻杨某英等人的陪同下乘坐救护车前往医院，途中，杨某某出现胸闷不适等症状。17 时 38 分许，杨某某被送至台州市立医院，经检查，杨某某血压低，出现胸痛、胸闷大汗、恶心、呕吐等症状。22 时 50 分许，杨某某经抢救无效死亡。经鉴定，杨某某系冠心病急性发作致心源性猝死，被打事件为其心源性猝死的诱发因素。

案发后，被告人章某某预交赔偿款共计人民币 35 万元。

【案件焦点】

被告人章某某的行为属意外事件、故意伤害（致人死亡）罪抑或过失致人死亡罪。

【法院裁判要旨】

浙江省台州市椒江区人民法院经审理认为，被告人章某某应当预见掌掴可能导致他人死亡的危害后果，因疏忽大意而没有预见，仍掌掴被害人，以致发生被害人死亡的后果，行为与结果之间存在因果关系，其行为已构成过失致人死亡罪。公诉机关指控被告人章某某的罪名成立，究其罪责及量刑情节，另考虑本案造成的社会影响，公诉机关建议对被告人章某某判处有期徒刑五年至七年的量刑意见妥当，予以采纳。被告人章某某归案后能如实供述自己的犯罪事实，是坦白，已预交部分赔偿款，予以从轻处罚。对被告人章某某及其辩护人关于坦白、已预交赔偿款等从轻处罚的辩解及辩护意见予以采纳。本案被害人不存在过错，被告人章某某应当承担全部民事赔偿责任，刑事附带民事诉讼原告人要求被告人章某某赔偿死亡赔偿金、丧葬费、办理丧葬人员的误工费等经济损失是合法的，予以支持，精神抚慰金无法律依据，不予支持。

浙江省台州市椒江区人民法院依照《中华人民共和国刑法》第三十六条第六十七条、第二百三十三条以及《中华人民共和国侵权责任法》① 第十六条，作出如下判决：

一、被告人章某某犯过失致人死亡罪，判处有期徒刑五年六个月；

二、被告人章某某赔偿刑事附带民事诉讼原告人杨某英、杨某静、杨某立各项经济损失，共计人民币1059267.5元；

三、驳回刑事附带民事诉讼原告人杨某英、杨某静、杨某立的其他诉讼请求。

【法官后语】

本案系典型的轻微暴力行为致特异体质人死亡案件。

刑事意义上的特异体质，是指与身体健康人不同，体内潜藏某种致命疾病，在外界因素作用下容易发病死亡的体质。导致特异体质人死亡的客观行为，按照其暴力程度、实施心态的不同，引发故意伤害（致人死亡）罪、过失致人死亡罪，以及意外事件三种不同评价。

本案支持过失致人死亡说的理由如下：首先，章某某行为属于危害行为。结合案情，章某某的掌掴致使被害人面部表皮剥落出血，自身手腕上戴的骨质手串亦当

---

① 《中华人民共和国民法典》于2021年1月1日起实施，《中华人民共和国婚姻法》《中华人民共和国继承法》《中华人民共和国民法通则》《中华人民共和国收养法》《中华人民共和国担保法》《中华人民共和国合同法》《中华人民共和国物权法》《中华人民共和国侵权责任法》《中华人民共和国民法总则》同时废止。最高人民法院对相关司法解释也进行了废止或修改。本书收录的案例均裁判于《中华人民共和国民法典》生效前，适用的是当时有效的法律法规及司法解释，下文将不再对此进行提示。

即崩断，可见其打击力度远超一般击拍泄愤程度；而后章某某多次与被害人的口角争执，更加剧被害人情绪激动，显然已对被害人的身体健康造成实害结果，具有法益侵害性。其次，被害人特异体质并不中断因果关系。杨某某系冠心病急性发作致心源性猝死，被打事件为其心源性猝死的诱发因素。故章某某的掌掴行为是杨某某死亡的间接原因，二者之间客观联系，具有引起与被引起的因果关系。最后，章某某主观存在罪过。本案的定性难点在于区别过失犯罪与意外事件，而根本区别在于对危害结果的发生是否有应当预见。本案被害人系冠心病常发的中老年人，被告人章某某在大力掌掴之时，预见义务亦随之产生，此义务来源于其不法侵害行为；而作为具有正常控制和辨认能力的成年人，章某某应当知道中老年人各器官机能处于疾病风险，也应知悉“打巧会打死人”的社会常理，仅由于疏忽大意没有预见到，属过失心态。

此外，本案量刑属罚当其罪。一方面，轻微暴力致人死亡案件在整体上与过失致人死亡罪更具实质该当性。被告人章某某的行为并不具有故意伤害罪所要求的“高度致害危险性”，且该行为仅为死亡结果的次要诱因。若仅凭危害结果的轻重程度简单归责，以次要诱因独立作为重罪予以处罚，将有罪责失衡之嫌。另一方面，章某某行为不属于“情节较轻”。轻微暴力致使特异体质人死亡案件的量刑，既要考虑此类案件在因果联系上呈现出“多因一果”的特征，即被害人潜在疾病的存在减弱了侵害行为与死亡结果之间的因果关系，还应考虑被害人在案件起因中是否存在过错，即行为人是否有积极救助、主动报案等法定与酌定量刑情节。根据《中华人民共和国刑法》第二百三十三条的规定，过失致人死亡的，处三年以上七年以下有期徒刑；情节较轻的，处三年以下有期徒刑。被告人章某某故意殴打他人，主客观行为具有较强的应受谴责性，且造成被害人在集体消防检查时病发而亡，社会影响较大且恶劣，不属情节较轻。故本案在三年至七年有期徒刑幅度内量刑，最终被告人被判处五年有期徒刑，于当事人及社会民众而言，足以起到警戒与弥合作用。

编写人：浙江省台州市椒江区人民法院　鲍彦彤

（三）故意伤害罪

8

行为人妨害公务行为同时触犯数罪，如何择一重罪处罚

——廖某故意伤害案

【案件基本信息】

1. 裁判书字号

广西壮族自治区钦州市中级人民法院（2019）桂07刑终81号刑事裁定书

2. 案由：故意伤害罪

【基本案情】

广西壮族自治区浦北县人民法院经审理查明：2018年6月8日凌晨1时许，浦北县联合治超办工作人员周某、庞某东、古某春、林某浩、王某伟五人在广西浦北县城晨华广场附近路段执法时，发现被告人廖某驾驶的大货车有超载嫌疑，于是上述执法人员驾驶车身标有“中国公路”标志的执法车追上去。在浦北县新车站附近路段追上廖某的大货车后，执法人员用手电筒照亮同时出示停车示意牌示意廖某停车接受检查，但廖某没有停车，而是继续驾驶大货车往木麻根方向行驶。执法人员见状便加速超过大货车并在木麻根桥头处设卡拦截，廖某驾驶大货车来到距离桥头大概有一百多米时林某浩、庞某东、王某伟就走出公路，打开闪光手电筒并出示停车示意牌示意大货车停车接受检查，但廖某并未停车而是直接冲卡撞击执法车辆，将执法车辆撞翻后继续往前行驶一段距离后才停车，造成执法车辆损坏，车内人员周某、古某春不同程度受伤。经鉴定，长丰牌执法车损失价格为人民币16532元，周某的人体损伤程度构成重伤二级。

2018年6月8日，被告人廖某自动到公安机关投案，因本案于当日被刑事拘留，同年6月21日被逮捕。被告人归案后，如实供述了自己的罪行。

被害人周某受伤害后，于2018年6月8日至2018年8月21日在浦北县人民医院住院接受治疗74天，花费医疗费43224.28元，门诊用去医疗费1605元。2018年8月21日至2018年11月12日在广西壮族自治区人民医院邕武医院住院治疗83天，花费医疗费74217.4元，门诊用去医疗费134.39元。伤情鉴定花费鉴定费900元，陪护人员花费住宿费720元，2018年11月12日出院从南宁包车回浦北花费交通费620元，合计人民币121421.07元。2018年8月16日车主叶某靖交付13万元给浦北县公安局江城派出所作为伤者医药费的担保金。2018年8月21日、11月12日伤者周某的家属分别从浦北县公安局江城派出所领取了6万元、6.5万元到医院结算医药费。尚有5000元在浦北县公安局江城派出所保管。2018年12月25日，被告人廖某的家属赔偿被害人周某2万元。

廖某的犯罪行为造成原告人周某的经济损失共计人民币162241.07元，依法应负赔偿责任。廖某及车主叶某靖共支付周某赔偿款15万元，应予扣减。

【案件焦点】

本案被告人廖某的行为同时触犯了妨害公务罪、故意毁坏财物罪、故意伤害罪，综合在案证据如何处断才不至于重复评价。

【法院裁判要旨】

广西壮族自治区钦州市浦北县人民法院经审理认为，行为人廖某明知执法人员在查处超载的违法行为并已看见执法人员出示了停车牌和照亮车辆等警示，但廖某为逃避处罚而直接冲卡撞击执法车辆，放任危害后果的发生，主观上是间接故意，客观上廖某实施了暴力行为，造成了执法车辆损坏和执法人员周某重伤二级的严重后果，其行为符合妨害公务罪、故意毁坏财物罪、故意伤害罪的犯罪构成要件，根据想象竞合从一重罪处罚原则，应当以故意伤害罪对廖某定罪处罚。被害人周某依法执行公务，没有过错。廖某自动投案，供述了主要罪行，是自首，庭审时廖某辩称其行为不构成犯罪，这是对其行为性质的辩解，不影响对其自首的认定，依法可以从轻或者减轻处罚。廖某积极赔偿了被害人的经济损失，可酌情从轻处罚。因此，廖某提出其行为构成妨害公务罪，不构成故意伤害罪的辩解意见及其辩护人所提出的廖某不构成故意伤害罪，而是构成妨害公务罪，被害人有过错的辩护意见与查明的事实及法律不符，不予采纳。但辩护人提出廖某有自首情节及有悔罪表现的辩护意见成立，予以采纳。

附带民事部分，廖某的犯罪行为造成原告人周某的经济损失共计人民币162241.07元，依法应负赔偿责任。

广西壮族自治区钦州市浦北县人民法院依照《中华人民共和国刑法》第二百三十四条第二款、第六十七条第一款、第三十六条第一款、第六十一条，《中华人民共和国民法通则》第一百零六条第二款、第一百一十九条，《最高人民法院关于审理人身损害赔偿案件适用法律若干问题的解释》第十七条第一款、第十九条、第二十一条、第二十二条、第二十三条、第二十四条，《最高人民法院关于适用〈中华人民共和国刑事诉讼法〉的解释》第一百五十五条第一款、第二款的规定，判决如下：

一、廖某犯故意伤害罪，判处有期徒刑三年；

二、廖某赔偿经济损失人民币16532元给附带民事诉讼原告人浦北县交通运输局公路路政管理大队；限义务人于本判决生效后十日内付清；

三、廖某赔偿经济损失人民币12241.07元给附带民事诉讼原告人周某；限义务人于本判决生效后十日内付清；

四、驳回附带民事诉讼原告人浦北县交通运输局公路路政管理大队、周某对廖某的其他民事诉讼请求。

廖某持原审辩解提起上诉。钦州市中级人民法院经审理认为，廖某以冲卡撞击执法车辆的暴力方法，阻碍国家机关工作人员执行职务，造成执法车辆损坏和一人重伤二级的严重后果，其行为同时触犯了《中华人民共和国刑法》第二百七十七条第一款、第二百七十五条、第二百三十四条第二款的规定，根据想象竞合从一重罪处罚原则，应当以故意伤害罪对其定罪处罚。廖某构成故意伤害罪的行为，依法应判处三年以上十年以下有期徒刑。鉴于廖某在本案中有自首情节，赔偿了被害人的部分经济损失，一审决定对其从轻处罚，判处有期徒刑三年，系在刑罚幅度内从轻处罚，并无不当，应予维持。原判认定事实清楚，证据确实充分，定罪准确，适用法律正确，量刑适当，审判程序合法。廖某的上诉理由及其辩护人的辩护意见均不成立，不予支持。

广西壮族自治区钦州市中级人民法院依照《中华人民共和国刑事诉讼法》第二百三十六条第一款第一项、第二百四十四条的规定，裁定如下：

驳回上诉，维持原判。

【法官后语】

本案处理重点主要在于对被告人一行为触犯数罪如何处断的问题。

综合全案证据，客观上，廖某实施了冲卡行为，若将其行为分解为若干片段，对不同片段的侧重会导致犯罪定性朝向不同的方向。首先，客观上其实施的暴力冲卡行为，阻碍执行公务；撞伤了正在执法的工作人员，故意伤害了他人的身体健康；撞击了执法车辆造成损坏，侵害了国家对执法车辆的所享有权利的减损；对于撞击执法车辆即毁坏财物是一项综合行为，前两项行为被包含了。因而，故意毁坏财物罪不能与前面诸行为之罪并罚，而应考虑从一重处断。其次，从各罪的刑罚来看，被告人的行为触犯了故意伤害罪、妨害公务罪、故意毁坏财物罪。本案中行为人造成了被害人重伤的结果，应在三年以上十年以下处以刑罚；妨害公务罪处三年以下有期徒刑、拘役、管制或者罚金；故意毁坏财物罪，结合本案案情应处三年以下有期徒刑、拘役或者罚金。遵循重罪吸收轻罪原则，妨害公务罪、故意毁坏财物罪由故意伤害罪吸收。同理，若把被告人的行为认定故意伤害罪之后，再追究其故意毁坏财物罪、妨害公务罪，有重复评价之嫌且不符合罪行相适应原则。

主观上，廖某在间接故意的主观意识下以冲卡撞击执法车辆的暴力方式，阻碍国家机关工作人员执行职务，造成执法车辆损坏和一人重伤二级的严重后果。廖某是一个具有认知能力正常的成年人，具有完全刑事责任能力，其明知自己驾驶的车辆超载，在已经知道执法人员示意其停车接受检查并设卡拦截时，因害怕被处罚就没有停车，直接冲卡继续前行，阻碍执法人员依法执行公务，放任多个危害结果的发生。该行为基于不同法益作刑法评价可得出不同的结论。从其以冲卡撞击执法车辆的暴力方式阻碍国家机关工作人员依法执行职务的违法性评价来看，其行为构成妨害公务罪，从其侵害执法车辆的效用，使得国家对执法车辆所享有的权利减损的角度看，其行为构成故意毁坏财物罪，再从其以暴力方式撞击执法车辆造成依法执行公务的周某重伤二级的危害结果来评价，其构成故意伤害罪。为避免重复评价，应择一重罪即以故意伤害罪论处。

综上所述，按故意伤害罪追究行为人的刑事责任，在推进以审判为中心的诉讼制度改革进程中，可确保案件事实证据经得起法律检验。因此，本案判决根据想象竞合择一重罪处罚原则以故意伤害罪对其进行处罚，具有充分的理论和现实依据，也符合我国社会主义法治的价值追求。

编写人：广西壮族自治区浦北县人民法院　廖显华

9

被告人因醉酒不能供述全部案情时自首的认定

——王某某故意伤害案

【案件基本信息】

1. 裁判书字号

山东省东营市中级人民法院（2019）鲁05刑终95号刑事判决书

2. 案由：故意伤害罪

【基本案情】

山东省东营市东营区人民法院经公开审理查明：2018年11月9日23时50分许，被告人王某某与被害人张某某等人在东营区西四路小胡同酒馆喝酒，其间，二人因琐事发生争执和撕打，被告人王某某到酒馆厨房拿起一把菜刀从后门出来，将被害人张某某的右侧颌面部、左侧前臂及右侧肩部砍伤。经鉴定，被害人张某某的损伤程度为轻伤一级。案发后，次日16时许，被告人王某某到医院看望被害人张某某并报警，民警出警将其带回办案中心审查。被告人王某某到案后，称其醉酒记不清伤人过程。

山东省东营市中级人民法院经公开审理另查明：上诉人王某某到案后，承认其酒后与张某某发生争执并持刀砍伤张某某一事，但称案发时其醉酒，对事情的起因、经过都记不清了。案发后王某某通过微信支付给被害人张某某医药费2500元。

【案件焦点】

被告人王某某案发后主动报警，对持刀伤人一事供认不讳，但称案发时其醉酒记不清案发起因和经过，能否认定为自首。

【法院裁判要旨】

山东省东营市东营区人民法院经审理认为，被告人王某某持刀故意伤害他人身体，致一人受轻伤，其行为构成故意伤害罪。被告人王某某和被害人张某某酒后因琐事发生争执，未能妥善处理纷争，继而发生撕打，双方对矛盾激化均负有一定责任，量刑时酌情予以考虑。被告人王某某虽然主动报警，但到案后未能供述其故意伤人的过程，不符合自首须具备主动投案并如实供述犯罪事实的构成要件，依法不构成自首。被告人王某某庭审中对公诉机关指控的犯罪事实和出示的证据均予以认可，表示认罪，量刑时可酌情从轻考虑。

山东省东营市东营区人民法院依照《中华人民共和国刑法》第二百三十四条第一款，作出如下判决：

被告人王某某犯故意伤害罪，判处有期徒刑一年六个月。

山东省东营市东营区人民检察院以“一审判决未认定被告人构成自首，适用法律错误，导致量刑错误”为由提出抗诉。王某某以其“主动投案，如实交代了所知道的一切，构成自首”为由提出上诉。山东省东营市中级人民法院经审理认为，上诉人王某某持刀故意伤害他人身体，致一人轻伤，其行为构成故意伤害罪。上诉人王某某案发后主动报警，归案后如实供述自己所知道的全部犯罪事实并认罪悔罪，构成自首，可从轻处罚。双方对矛盾激化均负有一定责任，案发后上诉人王某某赔偿了被害人部分医药费，可酌情从轻处罚。原审判决定罪准确，审判程序合法，但对上诉人王某某的自首情节未予认定，导致量刑不当，应予纠正。

山东省东营市中级人民法院依照《中华人民共和国刑事诉讼法》第二百三十六条第一款第二项，《中华人民共和国刑法》第二百三十四条第一款、第六十七条第一款，作出如下判决：

一、维持东营市东营区人民法院（2019）鲁 0502 刑初 333 号刑事判决对被告人王某某的定罪部分，即“被告人王某某犯故意伤害罪”；

二、撤销东营市东营区人民法院（2019）鲁 0502 刑初 333 号刑事判决对被告人王某某的量刑部分，即“判处有期徒刑一年六个月”；

三、上诉人王某某犯故意伤害罪，判处有期徒刑一年。

【法官后语】

本案处理重点主要在于对被告人“醉酒断片”情况下如实供述自己罪行的认定。根据《中华人民共和国刑法》第六十七条的规定，犯罪以后自动投案、如实供述自己的罪行的，是自首。《最高人民法院关于处理自首和立功具体应用法律若干问题的解释》第一条第二项规定，如实供述自己的罪行，是指犯罪嫌疑人自动投案后，如实交代自己的主要犯罪事实。本案中对被告人自动投案的事实认定没有争议，争议的焦点是被告人因醉酒不能供述案发起因和经过，是否符合如实供述自己的罪行。一审法院认定被告人未如实供述主要犯罪事实，不符合如实供述自己的罪行，不构成自首。二审法院认为被告人虽因醉酒记不清案发起因和经过，但如实供述了其从他人处听说的自己伤人的过程，如实供述了自己所知道的全部犯罪事实并认罪悔罪，符合如实供述自己的罪行，系自首，并依法就量刑作出改判。

从自首的制度设置看，一方面，自首制度是公平与效率并重的一种正义，对于提高案件侦破率、降低司法机关的追诉成本具有重要意义。另一方面，在我国，自首是宽严相济刑事政策下从宽处罚的一种刑罚制度，是惩罚与教育改造相结合原则的具体体现，通过对愿意悔改自首的犯罪分子从轻或者减轻处罚，给犯罪分子以弃暗投明、认罪悔罪、重新做人的机会，犯罪分子主观上认罪悔罪是考量的一个重要方面。从如实供述的内容看，根据《最高人民法院关于处理自首和立功若干具体问题的意见》，既包括被告人的主要犯罪事实，也包括姓名、年龄、职业、住址、前科等情况，对供述的身份等情况与真实情况虽有差别但不影响定罪量刑的，仍应认定为如实供述自己的罪行。据此，被告人如实作出供述，实际上是对自己行为的一种真实描述，即就主要犯罪事实和相关情况彻底地供述自己所知道的内容。

本案中，被告人案发次日从他人处得知伤人的事实后，到医院探视被害人后报警，到案后虽称醉酒不记得案发起因和经过，但对从他人处听说的伤人事实予以认可，并赔偿了被害人部分医药费，综合其认罪悔罪情况，二审法院认定其对所知道的事实全部予以供认，并非主观不愿意供述案发的起因和经过，而确系因案发时醉酒这一客观不能的原因无法供述。法律不能强人所难，二审法院认定被告人如实供述自己的罪行进而认定自首，符合自首制度设置的初衷。

需要注意的是，对被告人是否属于“醉酒断片”，应结合被告人的认罪悔罪表现予以综合认定，防止被告人以醉酒为由规避供述犯罪事实却获得自首情节的认定。

编写人：山东省东营市中级人民法院　马曰全　延颜

10

持利器对不法侵害行为进行反击的能否成立正当防卫

——王甲故意伤害案

【案件基本信息】

1. 裁判书字号

北京市第三中级人民法院（2019）京03刑终66号刑事判决书

2. 案由：故意伤害罪

【基本案情】

北京市朝阳区人民法院经审理查明：2016年3月23日下午，王丙和王甲在北京市黑庄户乡全峰快递保安宿舍内发生纠纷，王丙将此事告诉了王乙。2016年3月23日19时许，王乙、王丙（未成年人）、王丁（未成年人）等在北京市黑庄户乡全峰快递保安室内，准备处理王丙与王甲的矛盾。王乙在王甲到达保安室后先动手攻击被告人王甲，王甲还击；王乙、王丙、王丁共同殴打王甲，王甲用刀划伤王乙。王乙的伤情经鉴定为“头顶部开放性创口、腹壁穿透创伤、肠管全层破裂”，构成重伤二级，十级伤残。

【案件焦点】

持利器对不法侵害行为进行反击的能否成立正当防卫。

【法院裁判要旨】

北京市朝阳区人民法院经审理认为，被告人王甲持械划伤王乙，属于制止正在进行的不法侵害，其行为具有防卫性质；其防卫行为致一人重伤的严重后果，明显超过必要限度造成重大损害，其行为已构成故意伤害罪，依法应予惩处。被告人王甲及其辩护人关于王甲系正当防卫的辩护意见，经查王乙等人找保安队长处理矛盾时，因王乙不能正确处理先攻击王甲继而引发此事，王乙一方人数上占优势，打架时用的是保安室内的烟灰缸；王甲有捍卫自己免受不法侵害的防卫权利，但其使用刀具并将一人扎成重伤明显超出了防卫的必要限度，应当负刑事责任；故上述辩护意见，不予采纳。被告人王甲系累犯，依法从重处罚。被告人王甲的行为属防卫过当，到案后能如实供述主要犯罪事实，依法减轻处罚。

北京市朝阳区人民法院依照《中华人民共和国刑法》第二百三十四条、第二十条第一款、第二款、第六十五条第一款、第六十七条第三款、第六十一条、第四十五条、第四十七条之规定，作出如下判决：

被告人王甲犯故意伤害罪，判处有期徒刑二年。

王甲及其辩护人持原审辩解和辩护意见提起上诉。北京市第三中级人民法院经审理认为，被告人王甲的行为属于防卫行为，但造成被害人重伤二级，明显超过必要限度造成重大损害，应当负刑事责任，且系累犯，依法从重处罚。王甲的行为系防卫过当，到案后能够如何供述主要事实，依法减轻处罚，本案定罪及适用法律正确，审判程序合法，但量刑不当，予以改判。

北京市第三中级人民法院依照《中华人民共和国刑事诉讼法》第二百三十六条第一款第二项，《中华人民共和国刑法》第二百三十四条、第二十条第一款、第二款、第六十七条第三款、第六十五条第一款、第六十三条第一款、第四十五条、第四十七条、第六十一条之规定，作出如下判决：

一、撤销北京市朝阳区人民法院（2018）京0105刑初1927号刑事判决主文，即被告人王甲犯故意伤害罪，判处有期徒刑二年；

二、上诉人（原审被告人）王甲犯故意伤害罪，判处有期徒刑一年三个月。

【法官后语】

本案争议焦点在于持利器对不法侵害行为进行反击能否成立正当防卫，审理的关键在于如何准确把握正当防卫的前提条件和限度条件。

正当防卫的前提条件之一是行为人具有制止不法侵害的防卫意图。公诉机关认为刀属于利器，王甲持刀反击且致被害人王乙重伤二级，具有伤害的故意，不具有防卫意图，因此不成立正当防卫，这一观点混淆了正当防卫的前提条件和限度条件。正当防卫作为违法性阻却事由，是行为人在无法及时寻求公权力救济的紧急情况下，法律允许其进行自我救助的一种方式。只要不法侵害行为正在进行，便可采取行为予以制止，而不应该对防卫工具的选择有更多要求。防卫人对防卫工具的选择只能由现场客观环境决定，防卫工具缓和与否不影响正当防卫的认定。从现有证据看，本案被害人王乙在处理王甲与王丙的纠纷时主动攻击王甲，王乙一方占据人数上的优势，并在冲突中使用保安室内的烟灰缸击打王甲，王甲随手拾刀对正在进行的不法侵害进行反击，可以认定其行为具有防卫性质。

正当防卫的限度条件是没有明显超过必要限度并造成重大损害，包括行为限度和结果限度。从行为上看，必要限度应以制止不法侵害所必需为标准，是否明显超过必要限度应结合不法侵害的程度、不法侵害一方人数及力量强弱、不法侵害者的主观意图、防卫手段、现场客观环境等因素进行综合判断。从力量对比看，王甲虽处于人数上的劣势，但对方实为一成年人、两未成年人，且使用的作案工具是从现场取得的烟灰缸（钝器）而不是事先准备了刀具等利器。从侵害方的主观意图看，王乙未直接带人殴打王甲，而是先找保安队长协商让王甲赔礼道歉，虽然王乙先动手殴打王甲，但王乙主观上没有严重伤害王甲的意图。从防卫强度看，虽无法要求防卫人选择相对缓和的防卫工具，但防卫强度是可控的。王甲手持刀具，本可以采取持刀警告或退守防御的方式制止不法侵害继续进行，却直接扎伤王乙的要害部位腹部，王甲的防卫行为明显超过必要限度。从客观结果看，王乙等人的殴打行为仅致王甲轻微伤，但王甲的防卫行为却致王乙重伤二级，其防卫行为造成的损害结果亦超过了限度。王甲防卫行为明显超过必要限度并造成重大损害，应认定为防卫过当。

准确把握正当防卫的认定标准，既有利于鼓励公民在面对不法侵害时积极实施正当防卫，弘扬社会正气，又能使裁判结果做到罚当其罪。本案虽经二审改判，但两级法院均认为王甲的行为具有防卫性质，且属于防卫过当，裁判结果实现了法律效果合社会效果的统一。

编写人：北京市朝阳区人民法院　杨妮　丁旭

11

从一起刑事案件看犯罪主观方面的认定问题

——彭某某故意伤害案

【案件基本信息】

1. 裁判书字号

山东省青岛市中级人民法院（2019）鲁 02 刑终 607 号刑事判决书

2. 案由：故意伤害罪

【基本案情】

2018 年 12 月 15 日 10 时 50 分，被告人彭某某将鲁 Q286CC 蓝色半挂车停放在蔡家庄村东福洋饲料厂门口东侧，后被害人李某某驾驶绿色三轮电动车将鲁 Q286CC 蓝色半挂车前保险杠刮坏，李某某离开现场，被告人彭某某发现后驾驶其鲁 Q286CC 蓝色半挂车追逐至花园头村西处因急刹车导致李某某驾驶的三轮电动车撞到其鲁 Q286CC 蓝色半挂车右后方位置，李某某受伤，经莱西市公安局法医学人体损伤程度鉴定，李某某之损伤属重伤二级。

【案件焦点】

被告人彭某某犯罪主观方面系故意还是过失。

【法院裁判要旨】

山东省莱西市人民法院经审理认为，被告人彭某某故意伤害他人身体，致一人重伤，其行为构成故意伤害罪。公诉机关指控的事实和罪名成立，本院予以支持。关于被告人彭某某辩护人辩称，被告人彭某某没有伤害受害人的故意，本案仅仅是一起普通交通事故非刑事犯罪案件的辩称理由，本院认为，根据本案中被告人彭某某供述、被害人李某某陈述、证人证言及等证据综合判断可以认定，彭某某驾驶半挂车速度较快，且存在逼停李某某并急刹车的行为。彭某某作为具有多年驾驶经验的驾驶员，明知上述行为可能造成李某某被撞伤的后果，却放任这种结果发生，造成李某某重伤二级的后果，属于故意犯罪。辩护人辩称彭某某没有故意伤害的主观故意且不构成犯罪的辩称理由，本院不予采纳。依照《中华人民共和国刑法》第二百三十四条、第十四条、第四十五条、第四十七条之规定，判决如下：

被告人彭某某犯故意伤害罪，判处有期徒刑三年六个月。

彭某某不服，提起上诉。山东省青岛市中级人民法院认为，彭某某因李某某驾车撞坏其货车后逃逸而驾车追逐李某某，后采取超车后急刹停车的方式欲逼停李某某，导致李某某驾车撞上彭某某所驾车辆致李某某重伤。彭某某系有多年驾驶经验的司机，应当知道在超过李某某所驾车辆，阻挡李某某行驶路线，且未保持安全距离的情况下紧急制动可能会发生追尾碰撞危险，却轻信李某某可以采取相应措施避免危险的发生，对造成李某某损伤后果主观上存在过失，其行为构成过失致人重伤罪。关于彭某某及辩护人所提彭某某未急刹车，且与李某某已保持安全距离，本案系一般交通事故，彭某某无罪的上诉理由和辩护意见，经查，彭某某的行车记录、现场照片及道路交通事故现场图证实，案发时，彭某某所驾车辆行驶速度从44.3公里/时经过4秒钟降为零，制动距离19米，刹车痕迹明显，且多名证人证言证实，彭某某刹车声音很大，足以证实彭某某系急刹车，且根据证人证言及李某某陈述，彭某某所驾车辆刚超过李某某不远距离即紧急制动，非彭某某辩称的留有安全距离。无论李某某是否及时采取措施避免碰撞，彭某某未与李某某保持安全距离紧急制动的行为都是造成李某某撞伤的直接原因。彭某某系在道路上驾驶机动车实施了过失致人重伤的行为，仅针对特定的被害人，非道路上其他不特定群体，侵犯的客体是特定公民的人身权利而非公共安全，有别于交通肇事构成要件。彭某某及辩护人所提本案系一般交通事故，彭某某无罪的上诉理由和辩护意见不成立，本院不予采纳。关于原审判决认定上诉人彭某某构成故意伤害罪及青岛市人民检察院认为原审判决定性准确的意见，本院认为，综合全案事实，李某某先将彭某某车辆撞坏后逃逸，彭某某系为追停李某某讨说法，虽然其在超过李某某后急刹车，造成李某某重伤的严重后果，主观上存在过失，但其无伤害李某某的主观故意，认定其构成故意伤害罪不妥，本院依法予以纠正。彭某某案发后拨打报警电话并在现场等候，被民警现场传唤到案后，虽对是否急刹车及留有安全距离有所辩解，但如实供述了主要犯罪事实，可认定为自首，依法对其从轻处罚。关于彭某某及其辩护人所提彭某某驾车追赶李某某并无过错的上诉理由和辩护意见，本院认为，彭某某车辆被撞后应立即报警处理，其驾车追赶李某某虽情有可原，但系违法不当行为，对该辩解、辩护意见不予采纳。综上，依照《中华人民共和国刑法》第二百三十五条、第六十七条第一款，《中华人民共和国刑事诉讼法》第二百三十六条第一款第二项之规定，判决如下：

一、撤销山东省莱西市人民法院（2019）鲁0285刑初184号刑事判决，即“被告人彭某某犯故意伤害罪，判处有期徒刑三年六个月”；

二、上诉人（原审被告人）彭某某犯过失致人重伤罪，判处有期徒刑一年六个月。

【法官后语】

本起案件的焦点问题是被告人彭某某的主观方面是故意还是过失。关于犯罪主观方面司法实践中在很多案件中存在争议。被告人当时的内心想法谁也无从得知，事情发生后，被告人往往避重就轻，希望减轻处罚。法院最终认定的犯罪主观方面是综合案件情况作出的综合判断。

本案关于犯罪主观方面的认定就存在很大的争议。首先，从彭某某的职业上看，他是有着多年驾驶经验的大货车司机，对汽车的性能及高速驾驶汽车的危害等的认知水平远远高于普通人，就这一点来说，其对高速驾驶汽车追赶李某某并采取急刹车的手段逼停李某某的行为后果是十分清楚的。在这里对一个大货车司机的主观认知水平和普通人的认识水平我们应该做不同认识，而不能等同视之。其次，从多名证人的证言中可以得知彭某某采取的是急刹车行为，且刹车距离较远刹车声音较大，说明车速较快，如果彭某某单纯是过于自信的过失，其驾驶一辆大型货车逼停一辆三轮车所使用的行驶速度不用如此之快。且彭某某最后逼停李某某之前是多次逼停未果后继续高速行驶。综合上述情况，彭某某对李某某可能因为高速行驶造成伤害的事实是明知故犯，而非可能发生轻信避免。最后，本案中导致对彭某某主观方面认识发生分歧的根本原因是李某某的过错。的确，李某某的行为存在明显过错，这是毫无疑问的。对此，我们可以在民事赔偿中予以考虑，但绝对不能作为刑事犯罪主观方面从轻考虑的因素。本起案件涉及量刑，如果认定故意犯罪，量刑起点为三年以上，如果认定过失犯罪就是三年以下，认定过失犯罪也有这方面的考量。犯罪主观方面我们着重考虑的只能是犯罪本身，而非被害人过错等方面，我们的刑法制定的犯罪主观方面的目的就是打击主观恶性，如果我们仅仅因为被害人的过错就放纵了犯罪，这是背离我们立法初衷的。综上，笔者认为，本案应认定为故意犯罪，而非过失。

编写人：山东省莱西市人民法院 李娟

12

对于定罪证据证明标准之考量

——李某某故意伤害案

【案件基本信息】

1. 裁判书字号

山东省青岛市中级人民法院（2019）鲁02刑再1号刑事判决书

2. 案由：故意伤害罪

【基本案情】

2008年，被告人李某某及其丈夫柳某章因邻地问题，在其家门前与本村村民季某某夫妇发生争执，继而相互撕打。后季某某当日入院进行治疗，经诊断为脑外伤症状，右眼眶内侧壁骨折；经莱西市公安局鉴定，系轻伤。后经一审法院委托，青大司法鉴定所出具鉴定意见：季某某右眼眶内侧壁骨折是新鲜骨折；西政司法鉴定中心出具鉴定意见：不能明确其骨折系何时形成。经山东省高级人民法院委托，湖北同济法医学司法鉴定中心出具鉴定意见：季某某的骨折为陈旧骨折。

【案件焦点】

如何分析把握定罪证据的证明标准以排除合理性怀疑。

【法院裁判要旨】

山东省莱西市人民法院重审认为，被告人李某某故意伤害他人身体，致人轻伤，其行为构成故意伤害罪。公诉机关指控的事实和罪名成立，予以支持。关于李某某与季某某发生过厮打的事实，莱西市公安局刑事科学技术室出具鉴定意见：季某某右眶内侧壁骨折系轻伤，且青大司法鉴定所根据莱西市人民医院门诊病历、住院病历、CT片，出具了季某某之伤系新鲜骨折的鉴定意见，证人证言亦予以证实。湖北同济法医学司法鉴定中心出具季某某之伤系陈旧骨折的鉴定意见，与其他鉴定意见不一致，根据湖北同济法医学司法鉴定中心的官方网站对法医临床鉴定程序的要求：鉴定时被鉴定人必须到场。该鉴定未通知被鉴定人到场，程序违规，该鉴定意见不能作为本案定案依据，不予采信。证人张某华、徐某芳、张某、李某花等人均未在事发现场，其关于季某某之伤系旧伤的证言系推测，不予采信。关于被告人及其辩护人无罪的辩解理由及辩护意见，与查明的事实及法律规定不符，不予采纳。山东省莱西市人民法院依照《中华人民共和国刑法》第二百三十四条第一款、第四十五条之规定，判决被告人李某某犯故意伤害罪，判处有期徒刑九个月（已执行完毕）。

李某某提出上诉，请求改判无罪。山东省青岛市中级人民法院经审理认为，一审重审判决认定上诉人（原审被告人）李某某犯故意伤害罪的事实不清、证据不足。本案中，结合上诉人及多名证人主张被害人眼部在本案案发多年前曾受过伤害的证据，以及涉案多个法医鉴定不同的鉴定结论，本案被害人伤情在案发后几日内出现的情况反复不符合伤情形成的常理，一审重审判决认定被害人季某某右眶内侧壁骨折是新鲜骨折的证据亦不充分，不能排除合理怀疑。对李某某及其辩护人所提李某某无罪的意见予以采纳。对季某某的委托代理人请求维持原判的意见不予采纳。对山东省青岛市人民检察院检察员的出庭意见予以部分采纳。依照《中华人民共和国刑事诉讼法》第二百条第三项、第二百三十六条第二款、第二百四十二条、第二百四十四条的规定，判决如下：

一、撤销山东省莱西市人民法院（2015）西刑重字第3号刑事判决；

二、上诉人（原审被告人）李某某无罪。

【法官后语】

本案中通过对被害人陈述、证人证言、被告人供述及多次鉴定意见的条分缕析，完整展现了证据论证过程。首先，被害人的丈夫及其三位亲戚在证言中都陈述柳某章打的季某某的头面部，没有提到李某某打季某某的事情，有涉及的也只说李某某和季某某互相抓撕或撕扯衣服；被害人季某某自己也主要说的是柳某章将其和丈夫打伤，虽然曾提到李某某打过其头面部，但是其第一时间的报案记录仅陈述是柳某章打伤她，而且其在侦查机关的一次笔录中特别说明李某某没有打她，只是抓撕其胳膊，是柳某章打了她。本案有四位村民作证证实的基本上都是柳某章和柳某朋在相互撕打、争夺铁锨，季某某和李某某在抓撕或说是指点着对骂，有一人明确证实柳某章没打过季某某，另外二人明确证实没看到有人打季某某。而上诉人李某某先是承认过和季某某夫妻有抓撕行为，也辩解过只是对骂没有靠身，其于2010年3月22日在莱西市人民检察院的讯问笔录中说她打了季某某脸一下，季某某也打了她一下，其在之后的庭审中均称未打过季某某。本案证人证言和被害人陈述中明确说李某某打过季某某头面部的只有季某某自己的陈述，而季某某还有明确说明李某某没打过她的陈述，其陈述自相矛盾，且与其他证人证言矛盾，不能排除合理怀疑。本院审判委员会讨论认为，一审重审判决认定李某某打过季某某头面部的事实不清、证据不足。其次，本案没有充分的证据证明季某某右眶内侧壁骨折是新鲜骨折。2008年3月11日案发当天，季某某到莱西市人民医院看门诊的病历中未记载右眼周瘀血、肿胀；2008年3月13日案发第三天，季某某到莱西市公安局做法医鉴定时，鉴定报告明确记载法医检验结果是季某某头面部未见明显外伤性改变，当天法医拍摄的季某某头面部照片也未见其右眼周有瘀血、肿胀的情况；2008年3月14日案发第四天，季某某到莱西市人民医院住院，住院病历记载右眼周瘀血、肿胀。青岛青大司法鉴定所仅根据季某某住院病历记载进行参考，未对门诊病历记载及莱西市公安局的法医鉴定记载和拍摄的照片进行参考，也未作出合理解释，且青岛青大司法鉴定所鉴定人认为CT片显示季某某右眼内直肌明显肿胀的结论与西南政法大学司法鉴定中心及湖北同济法医学司法鉴定中心的法医鉴定意见相矛盾。

通过以上分析认定，本案最终认定证明被告人李某某故意伤害的证据证明力不足，综合全案证据分析，认定被告人李某某伤害季某某的证据不能排除合理性怀疑，根据《中华人民共和国刑事诉讼法》第五十五条之规定及从疑有利于被告人的原则，依法改判被告人李某某无罪。本案对如何分析采信证据，如何把握排除合理怀疑的证明标准，如何区分罪与非罪有一定的借鉴意义。

编写人：山东省青岛市中级人民法院　王婧华

13

多因一果刑事因果关系的认定

——马某荣故意伤害案

【案件基本信息】

1. 裁判书字号

湖南省衡阳市中级人民法院（2020）湘04刑终20号刑事附带民事判决书

2. 案由：故意伤害罪

【基本案情】

董某奇（被害人，殁年52岁）系金盾公司劳务派遣到衡东县大浦镇福满城餐饮服务部（G4高速公路雁城服务区）的保安。衡东县大浦镇福满城餐饮服务部将职工食堂承包给马某荣的妻子侯某香经营，马某荣是该区食堂厨师。2018年9月17日6时30分许，董某奇进入厨房洗碗，因为服务区员工一般在餐厅外的洗碗池洗碗，被告人马某荣便不允许董某奇在厨房洗碗，董某奇骂了马某荣，两人因此争吵起来，随后董某奇持自己手中瓷碗砸向被告人马某荣，被告人马某荣躲开后，加速冲向董某奇，用肩膀将董某奇顶到厨房门边，董某奇被顶开后顺手拿起厨房门口边的电饭煲砸向马某荣，马某荣便拿起手中的不锈钢漏勺去挡，漏勺打到董某奇额头上，马某荣就又用手把董某奇往外推，在推的过程中，董某奇去抢马某荣手里的漏勺，没有抢到，就又动手抢马某荣手里的筷子，抢不下来，便将筷子折断，丢在了马某荣的头上，马某荣用右拳打了董某奇的右脸，致董某奇右眼部周围软组织肿胀、鼻腔流血，随后两人停止了打斗。案发后，马某荣未离开福满城餐饮服务部，当日接受公安机关的调查询问。董某奇被打伤后因全身多处疼痛，于当天11时许入住衡东县人民医院进行治疗，住院期间，董某奇一直称头昏头痛。2018年9月23日，董某奇头痛难忍，主治医生开了中药缓解。次日，董某奇离开医院，在家吃饭时，头痛剧烈，同时伴随呕吐，家属将其送回医院，主治医生诊断为颅内出血，建议转院治疗，董某奇家属将其转院至南华大学衡阳市南华大学附属第一医院行开颅手术，9月28日晚，董某奇不治身亡。南华大学司法鉴定中心于2018年9月25日出具司法鉴定意见书，鉴定意见为："董某奇，52岁，左侧额颞顶部硬下膜下出血（慢性硬下膜下血肿）的损伤程度评定为轻伤一级"。湖南省湘雅司法鉴定中心于2018年11月14日出具司法鉴定意见书，鉴定意见为：董某奇符合在自身高血压病等自身疾病基础上，颅脑损伤术后继发脑干出血、重度脑水肿致小脑扁桃体疝形成，终因中枢性呼吸循环衰竭死亡。

2018年9月25日，衡东县公安局在衡东县大浦镇福满城餐饮服务部传唤被告人马某荣到案。

另查明，董某奇在衡东县人民医院住院期间多次离开医院回家。被告人马某荣的家属已赔偿三附带民事诉讼原告人10.6万元；附带民事诉讼被告人衡东县大浦镇福满城餐饮服务部已赔偿三附带民事诉讼原告人7万元。

二审法院查明：原判认定的事实清楚，证据确实、充分。还查明，上诉人马某荣在二审认罪认罚，赔偿原审附带民事诉讼原告人董雪某、董清某、董某经济损失30万元并取得董雪某、董清某、董某的谅解。

【案件焦点】

1. 被告人马某荣的故意伤害行为与董某奇死亡结果之间具有刑事上的因果关系；2. 被告人马某荣不构成正当防卫；3. 被告人马某荣构成自首。

【法院裁判要旨】

湖南省衡阳市衡东县人民法院经审理认为，被告人马某荣故意伤害他人，致人死亡，其行为已构成故意伤害罪。公诉机关指控的犯罪事实清楚，证据确实充分，罪名成立，本院予以支持。被告人马某荣主动投案，如实供述自己的罪行，构成自首，依法可对其减轻处罚；本案是多因一果，且被害人董某奇有过错，马某荣又积极赔偿损失，可酌情对其从轻处罚。综上，本院决定对被告人马某荣减轻处罚。被告人马某荣因其行为给三附带民事诉讼原告人造成的经济损失应予赔偿，由于被害人董某奇在本案中亦存在过错，应减轻被告人的赔偿责任，根据双方的过错程度，本院认定被告人马某荣对三附带民事诉讼原告人的经济损失承担70%的赔偿责任，即应当赔偿三附带民事诉讼原告人各项损失共计86040.9元。

附带民事诉讼被告人衡东县大浦镇福满城餐饮服务部将职工食堂承包给被告人马某荣的妻子侯某香，马某荣不是衡东县大浦镇福满城餐饮服务部的职工，衡东县大浦镇福满城餐饮服务部在本案中并无过错，故不应对三附带民事诉讼原告人承担侵权赔偿责任。董某奇系金盾公司的劳务派遣到衡东县大浦镇福满城餐饮服务部的保安，如三附带民事诉讼原告人认为存在劳动争议或劳务纠纷，可另行主张权利。

湖南省衡阳市衡东县人民法院于2019年11月7日作出（2019）湘0424刑初97号刑事附带民事判决：一、被告人马某荣犯故意伤害罪，判处有期徒刑五年（刑期从判决执行之日起计算，判决执行以前先行羁押的，羁押一日折抵刑期一日，即自2018年9月25日起至2023年9月24日止）；二、被告人马某荣赔偿附带民事诉讼原告人董雪某、董清某、董某经济损失86040.9元（已赔付）；三、驳回附带民事诉讼原告人董雪某、董清某、董某的其他诉讼请求。

宣判后，被告人马某荣、刑事附带民事诉讼原告人董雪某、董清某、董某均提起上诉。湖南省衡阳市中级人民法院经审理认为，上诉人马某荣故意伤害他人身体，致人死亡，其行为已构成故意伤害罪。马某荣犯罪以后明知他人已经报案，没有逃离现场，在接受公安机关调查讯问时如实供述自己的罪行，是自首，依法可以减轻处罚。马某荣在二审时认罪认罚，依法可以从宽处罚。被害人在本案中具有一定过错，酌情可以对马某荣从轻处罚。马某荣在一审赔偿被害人经济损失，在二审再次赔偿被害人亲属经济损失30万元并取得被害人亲属谅解，酌情可以对马某荣从轻处罚。马某荣故意伤害致被害人轻伤后，被害人符合在自身高血压病等疾病的基础上，颅脑损伤术后继发脑干出血、重度脑水肿致小脑扁桃体疝形成，终因中枢性呼吸循环衰竭死亡，马某荣的故意伤害行为是导致被害人死亡的原因之一，酌情可以对马某荣从轻处罚。辩护人暨附带民事诉讼代理人辩护提出“马某荣的行业构成正当防卫，不构成故意伤害罪”。经查，虽然本案系被害人在食堂洗碗并持饭碗砸马某荣所引起，但马某荣随后与被害人打斗，致被害人轻伤，并成为导致被害人死亡的原因之一，马某荣具有故意的主观意图和客观行为，其行为不构成正当防卫，依法应以故意伤害罪追究其刑事责任。故对该辩护意见不予采纳。马某荣因犯罪行为造成上诉人董雪某、董清某、董某经济损失，依法应承担赔偿责任，原判认定三附带民事诉讼原告人的经济损失合计122915.59元，由马某荣承担70%的赔偿责任即86040.9元，符合事实和法律根据，划分承担赔偿责任比例适当，对三附带民事诉讼原告人提出“原判附带民事部分判决数额过低，请求改判”的上诉理由不予采纳。根据马某荣的犯罪情节及悔罪表现，同时马某荣住所地司法局社会调查评估建议对其适用社区矫正，对其宣告缓刑对其所居住社区没有重大不良影响，依法可以对其宣告缓刑。故，湖南省衡阳市中级人民法院于2020年4月26日作出（2020）湘04刑终20号刑事附带民事判决书：一、维持湖南省衡东县人民法院（2019）湘0424刑初97号刑事附带民事判决第一项对上诉人（原审被告人）的定罪部分判决和第二项、第三项即对附带民事部分的判决；二、撤销湖南省衡东县人民法院（2019）湘0424刑初97刑事附带民事判决第一项对上诉人（原审被告人）马某荣的量刑部分判决；三、上诉人（原审被告人）马某荣犯故意伤害罪，判处有期徒刑三年，缓刑四年。（缓刑考验期限，从判决确定之日起计算。）本判决为终审判决。

【法官后语】

刑法上的因果关系，是指危害行为与危害结果之间引起与被引起的关系。当危害结果由危害行为所引起的时候，我们就可以认定两者之间存在刑法上的因果关系。刑法上的因果关系与事实上的因果关系相区别，刑法上的因果关系需要承担刑事责任。本案中，被告人马某荣有用漏勺和拳头击打董某奇额头和右脸的危害行为，该行为导致被害人轻伤后，被害人符合在自身高血压、冠心病、糖尿病等多种疾病的基础上，颅脑损伤术后继发脑干出血、重度脑水肿致小脑扁桃体疝形成，终因中枢性呼吸循环衰竭死亡，马某荣的故意伤害行为是导致被害人死亡的原因之一，结合鉴定意见和证人证言等证据，应当认定马某荣的伤害行为与董某奇死亡结果之间存在刑事上的因果关系，故马某荣应对其行为承担刑事责任。

《中华人民共和国刑法》第十四条规定，明知自己的行为会发生危害社会的结果，并且希望或者放任这种结果发生，因而构成犯罪的，是故意犯罪。故意犯罪，应当负刑事责任。《中华人民共和国刑法》第二十条第一款规定，正当防卫是指为了使国家、公共利益、本人或者他人的人身、财产和其他权利免受正在进行的不法侵害，而采取的制止不法侵害的行为。本案中，马某荣与被害人董某奇因琐事起争执，董某奇用手中的饭碗砸向马某荣，被马某荣躲开，马某荣发现董某奇站在刀架旁边，担心董某奇拿刀砍他，就用肩膀将董某奇顶到厨房门边，后双方发生打斗，董某奇的额头及右脸被马某荣打伤。董某奇扔饭碗砸向马某荣的行为显然不属于不法侵害，马某荣据此而与董某奇发生打斗亦不能认定为制止不法侵害的行为；马某荣与被害人打斗，致被害人轻伤，并成为导致被害人死亡的原因之一，马某荣具有故意的主观意图和客观行为，其行为不构成正当防卫而应构成故意伤害，应承担刑事责任；但董某奇先出口辱骂马某荣，后又用饭碗扔马某荣，在本案中存在过错，可作为量刑情节考虑。

《中华人民共和国刑法》第六十七条第一款规定，犯罪以后自动投案，如实供述自己的罪行的，是自首。对于自首的犯罪分子，可以从轻或者减轻处罚。根据司法解释，明知他人报案而在现场等待，抓捕时无拒捕行为，供认的，应当视为自动投案。本案中，马某荣犯罪以后明知他人已经报案，没有逃离现场，在接受公安机关调查讯问时如实供述自己的罪行，是自首，依法可以减轻处罚。

综上所述，一、二审法院依法判决，既维护了被害人权益，又保障了被告人的权益，为同类案件的认定、处理做出了示范。

编写人：湖南省衡阳市衡东县人民法院　颜君玉

14

亲子间正当防卫权的必要性克制

——王某1故意伤害案

【案件基本信息】

1. 裁判书字号

北京市第二中级人民法院（2019）京02刑初11号刑事判决书

2. 案由：故意伤害罪

【基本案情】

被告人王某1系被害人王某2（男，殁年60岁）之子，案发前共同居住在北京市东城区鼓楼大街家中。2018 年 4 月 11 日 23 时许，被害人王某 2 酒后给被告人王某 1 打电话询问其何时回家，二人在电话中发生口角，王某 2 扬言要弄死王某 1。4 月 12 日 1 时左右，王某 1 回家后与王某 2 在住处屋内发生肢体冲突，被王某 1 之母王某 3 等人拉开，王某 1 遂去厨房拿了一把水果刀，后于 1 时 4 分许，被王某 3 带离至院外鼓楼大街一小吃店门前。1 时 5 分许，王某 2 手持菜刀追至院外，持刀砍向王某 1，王某 1 躲闪后持水果刀扎刺王某 2 胸部 3 刀，伤及心脏、肺脏，致王某 2 失血性休克死亡。王某 3 现场拨打“110”报警，王某 1 未离开现场。民警到达现场后，王某 1 如实供述了主要犯罪事实。

【案件焦点】

1. 被告人王某 1 能否对其父亲行使正当防卫权；2. 亲子间的正当防卫是否应保持必要的克制。

【法院裁判要旨】

北京市第二中级人民法院经审理认为，被告人王某 1 持刀扎刺正在追砍其的王某 2，属于制止正在进行的不法侵害，具有防卫性质；其防卫行为造成不法侵害人死亡的严重后果，明显超过必要限度造成重大损害，构成故意伤害罪，依法应予惩处。鉴于王某 1 作案后明知他人报警而在现场等待，抓捕时无拒捕行为，供认犯罪事实，系自首；其行为属于防卫过当；自愿认罪认罚，并取得被害人亲属谅解等情节，依法对其减轻处罚，并宣告缓刑。根据被告人王某 1 犯罪的事实、性质、情节及对于社会的危害程度，依照《中华人民共和国刑法》第二百三十四条、第七十二条第一款、第七十三条第二款、第三款、第二十条第二款、第六十七条第一款、第六十三条第一款、第六十一条，《中华人民共和国刑事诉讼法》第十五条，《最高人民法院关于处理自首和立功具体应用法律若干问题的解释》第一条、第三条之规定，判决：被告人王某 1 犯故意伤害罪，判处有期徒刑三年，缓刑三年。

【法官后语】

正当防卫是法律赋予公民的一项权利，任何公民在面对国家、公共利益、本人或者他人的人身、财产和其他权利遭受正在进行的不法侵害时，均有权针对不法侵害实施正当防卫。正当防卫是“以正对不正”，受法律的保护，防卫权利人制止不法侵害行为，不负刑事责任。但正当防卫不能超出必要的限度，在特定情形下，尤其是基于亲子间的伦理考量，防卫权利人有必要保持应有的克制，采取较为缓和的防卫手段和方法，避免因防卫不当，违背基本的社会道义，造成社会关系的撕裂。

本案中，被告人王某1的行为具有防卫性质，其在人身安全遭受侵害时，具有行使正当防卫的权利。正当防卫的前提条件是存在正在进行的不法侵害。被告人王某1与被害人王某2，起初在住处屋内的打斗属于互殴，双方均具有加害对方的故意，均不具有防卫的性质，但在王某1被其母亲带离院落，离开第一现场后，王某2仍持刀追砍，此时王某2具有单方加害的意图，其行为属于正在进行的不法侵害，二人虽系父子，但王某1在其人身安全面临现实危险的情况下持刀反击，属于制止不法侵害，具有防卫性质。

被告人王某1的行为属于防卫过当，其不具备行使无限防卫权的条件。刑法规定，对严重危及人身安全的暴力性犯罪，防卫权利人享有无限防卫权，但对“严重危及人身安全的暴力性犯罪”应做实质性审查，并不是所有表面上或形式上具有暴力性特征的手段行为均具有严重危及人身安全的实质性内容。在家庭暴力犯罪案件中，认定防卫行为是否“明显超过必要限度”，应当以足以制止并使防卫人免受家庭暴力不法侵害的需要为标准，根据施暴人正在实施家庭暴力的严重程度、手段的残忍程度，防卫人所处的环境、面临的危险程度、采取的制止暴力的手段、造成施暴人重大损害的程度，以及既往家庭暴力的严重程度等进行综合判断。本案被害人王某2与被告人王某1系父子关系，共同居住生活；平时父子关系尚可，王某2酒后也曾打骂过王某1；案发当晚王某2因王某1深夜未归而与王某1发生口角，父子间并不存在难以调和的矛盾；案发现场有亲属进行劝阻，在此情况下，王某2酒后持刀砍击行为并不具有严重危及人身安全的暴力性犯罪的实质内容，更多的是一种酒后的虚张声势。王某1作为家庭共同生活成员，对其父亲王某2的生活习性有充分了解，明知其父亲不喝酒时对其关爱有加，酒后对其常有辱骂等不理智行为，且当晚其父因其深夜未归而与其发生争吵，其应该知道其父亲对其并不具有真正的加害意图，对其父亲酒后的辱骂、殴打行为，理应保持必要的克制，履行一定的回避义务，或者采取较为缓和的手段制止不法侵害。然而，王某1在具备回避或采取其他较为缓和的防卫手段的情况下，径直持刀连续扎刺其父王某2胸部等致命部位三刀，伤及心脏、肺脏，造成死亡的严重后果，已明显超过必要限度，属于防卫过当。

编写人：北京市第二中级人民法院　金昌伟

15

故意伤害罪中被告人正当防卫、防卫过当、故意伤害的认定

——何某故意伤害案

【案件基本信息】

1. 裁判书字号

广西壮族自治区苍梧县人民法院（2019）桂0421刑初59号刑事判决书

2. 案由：故意伤害罪

【基本案情】

广西壮族自治区苍梧县人民法院经公开审理查明：2012年8月1日，梧州市万秀区交通运输局（以下简称万秀区交通局）与新桂路桥公司签订了《梧州市万秀区老义至木双（万秀段）公路路面硬化工程协议书》，约定老义至木双公路（万秀段）建设工程由万秀区交通局发包给新桂路桥公司施工，新桂路桥公司委托李某负责该项目工程，李某聘请施工队施工，但工程质量不合格，2015年6月，李某与梁某达成协议，委托梁某对隐患路段进行修复。其间，万秀区交通局认为梁某施工进度慢，现场没有配备有资质的施工员，路基平整度差，存在严重安全隐患，群众意见极大，万秀区交通局遂向新桂路桥公司发函要求整改，李某据此于2015年12月10日终止与梁某签订的施工合同，并委托胡某对该工程进行施工。梁某与合伙人许某认为是胡某抢了该工程，是胡某和李某串通让其失去施工资格，于是从2015年12月13日起，梁某和许某多次到现场或从广东封开县、梧州当地多次带人到施工现场阻止胡某施工，苍梧县公安局旺甫派出所曾分别于2015年12月15日、17日、21日、25日、2016年1月1日五次出警处理。其中，2016年1月1日13时

许，许某阻止装载混凝土的车辆进入施工现场，后经公安人员处理，问题初步得到了解决。

当日16时许，梁某、许某带着甘某、张某等十多人再次来到道路施工现场阻碍道路施工，梁某等人先赶走两台搅拌车，不准搅拌车将水泥浆卸下来施工。在梁某等人赶搅拌车时，胡甲（胡某儿子）向其叔叔胡乙、堂哥胡丙、弟弟胡丁以及姐夫即被告人何某提议如果受到梁某等人殴打，应集体予以应对。梁某等人回到施工现场后抢走被告人何某等人手上用于施工的铁铲并扔掉，踩踏刚刚铺好的水泥路面，将石头扔在水泥路面上，拆掉铺路用的钢模板，多人围攻被告人何某等人，被告人何某以及胡甲等人想走开但被拦住并被梁某等人殴打，胡甲便从身上抽出砍刀向梁某等人砍去，被告人何某与胡乙、胡丙、胡丁也拿起柴刀与梁某一方的人打起来。胡甲砍中梁某和两个不知名男子的背部，梁某等人见状便四处逃跑；胡乙砍中许某；胡丁用树枝打中甘某的额头，甘某倒地后，胡丁压在甘某身上用拳头对其进行殴打，并用柴刀刃砍甘某的右肩部、右背部；胡丙砍中倒在地上的许某，在追砍对方的同时，又砍中倒在水沟里的甘某的右手前臂，还砍中两个不知名的男子；被告人何某砍中倒在水沟里的甘某的头部。在回到施工现场后，被告人何某与胡甲、胡乙、胡丙、胡丁等人看见受伤的许某和甘某，胡甲叫胡丁打120抢救，叫胡乙打电话到当地诊所前来救治，同时打电话给梁某，叫梁某回来救人。随后被告人何某以及胡甲、胡乙、胡丙、胡丁、张甲（胡乙妻子）一起驾驶车辆逃离现场回到湖南。经法医鉴定，甘某因外伤致严重颅脑损伤而死亡；许某头皮、左腕部、右手、右膝部软组织创口累计损伤达轻伤一级；梁某右背部皮肤软组织所受损伤达轻微伤。

【案件焦点】

被告人何某是否构成防卫过当和故意伤害。

【法院裁判要旨】

广西壮族自治区苍梧县人民法院经审理认为，在案发前，被害人梁某、许某等人曾多次带人到现场阻止被告人一方人员施工，公安机关亦多次出警处理，但梁某一方仍然我行我素，不是采用正当的途径解决自己的诉求，而是三番五次到现场挑起事端，妨碍被告人一方的正常施工，尤其在案发当日，被害人梁某、许某、甘某、张某等十几人先赶走搅拌车，后对刚铺设好的尚未凝固的水泥路面进行破坏，并对被告人何某等人进行了长时间的围攻、谩骂、殴打，不让被告人及其他施工人员离开现场。在双方人数对比悬殊，被告人的人身安全受到重大威胁，财产受到重大损害，人格尊严受到极大的侮辱，且在已经穷尽力所能及的办法和措施避免冲突的情况下，被告人何某等人为维护自己的人身、财产合法权益免受正在进行的不法侵害，在紧急情况下被迫对不法侵害人进行反击，符合正当防卫的构成要件，属于正当防卫。但在防卫过程中造成重大损害结果，正当防卫明显超过必要限度，属于防卫过当，依法应当负刑事责任，但对被告人应当减轻处罚。

被害人许某、甘某受伤倒地之后，两人不法侵害的能力已极大降低，甚至已经丧失了侵害能力，不法侵害行为已经结束，被告人一方正当防卫行为应当停止，但被告人何某与胡丁还对倒在水沟里的甘某进行伤害；胡丙还用刀砍中倒地的许某、甘某，这时本案的性质已经转化为被告人何某与胡丁、胡丙单方对甘某的不法侵害行为，胡丙单方对许某的不法侵害行为，该不法侵害行为并最终导致一人死亡、一人轻伤一级的后果。因此，被告人何某应对其故意伤害甘某的行为承担相应的法律责任。

综上，被告人何某的行为触犯了《中华人民共和国刑法》第二百三十四条第二款之规定，构成故意伤害罪，公诉机关指控应当以故意伤害罪追究被告人的刑事责任，本院依法予以支持。

本案属于共同犯罪，被害人甘某是因外伤致严重颅脑损伤而死亡，而根据本案现有证据，被告人供述其砍了被害人甘某两刀，证人胡丙、张甲也证实被告人砍中被害人甘某的头部，因此被告人何某在共同犯罪中对甘某死亡损害后果的发生起决定性作用，所起的作用是主要的，是主犯，应按照被告人所参与的全部犯罪进行处罚。被告人有故意伤害被害人甘某的意图，主观恶意明显，应对其行为所造成的损害后果承担相应的刑事责任。对辩护人认为被告人是从犯的辩护意见，本院不予采纳。

梁某、张某多次到现场阻扰被告人一方施工，并因本案构成寻衅滋事罪，已被本院判处刑罚，被害人一方存在严重过错，应对被告人酌情从轻处罚。被告人持械伤害被害人，应酌情从重处罚。

被告人亲属与被害人家属就被害人甘某的赔偿问题达成了和解协议，且已赔偿了被害人家属的经济损失70000元，双方的民事赔偿纠纷已得到妥善解决，矛盾已得到平息，被害人家属在另一案中对胡甲、胡乙、胡丙、胡丁予以谅解，本院考虑到被告人何某与胡甲、胡乙、胡丙、胡丁属于亲属关系，又是侵害行为的同一方，因此，被害人家属的谅解，应适用于本案的被告人。故本院对被告人酌情予以从轻处罚。对辩护人认为被告人取得被害人一方谅解，可以酌情从轻处罚的辩护意见，本院予以支持。被告人有犯罪前科，应酌情从重处罚。

案发后，被告人主动到公安机关投案，并如实交代其主要犯罪事实。庭审中，被告人虽然对其是否砍中被害人甘某的头部有不同的辩护意见，但其对整个案件发生的起因、经过、后果，特别是砍中被害人甘某的事实并没有否定，因此，本院认定被告人的行为属于自首。结合被告人的犯罪事实、主观恶性、犯罪情节、悔罪表现、被害人过错等实际情况，本院决定对其减轻处罚。对辩护人认为被告人构成自首的辩护意见，本院予以支持。

被告人到案当日的羁押期应折抵刑期。

广西壮族自治区苍梧县人民法院依照《中华人民共和国刑法》第二百三十四条第二款，第五条，第二十条第二款，第二十五条第一款，第二十六条第一款、第四款，第六十七条第一款之规定，作出如下判决：

被告人何某犯故意伤害罪，判处有期徒刑七年九个月。何某对一审判决表示无异议，没有提起上诉。

【法官后语】

为了使国家、公共利益、本人或者他人的人身、财产和其他权利免受正在进行的不法侵害，而采取的制止不法侵害的行为，对不法侵害人造成损害的，属于正当防卫，不负刑事责任，对正在进行行凶、杀人、抢劫、强奸、绑架以及其他严重危及人身安全的暴力犯罪，采取防卫行为，造成不法侵害人伤亡的，不属于防卫过当，不负刑事责任。正当防卫的起因是现实存在的不法侵害，即不法性、侵害性、现实性，时间是不法侵害已经开始，尚未结束，防卫对象只能针对正在进行不法侵害的实行犯或者具有防止结果发生义务的人进行防卫，主观要件是认识到不法侵害正在进行，且是为了保护合法利益。符合上述要件的正当防卫是不需要负刑事责任的。但是需要大家注意的是防卫挑拨，防卫挑拨是指为了侵害对方，故意引起对方对自己进行侵害，然后以正方防卫为借口，给对方造成侵害的行为。防卫挑拨的是指，客观上是实施了足以引起理性第三人或者社会一般人的实施反击的挑拨行为，主观上是为了借正当防卫之名进行更为严重的攻击，而挑拨防卫一般会成立故意犯罪。

正当防卫明显超过必要限度造成重大损害的，应当负刑事责任，但是应当减轻或者免除处罚。防卫行为明显超过必要限度（防卫手段）造成重大损害（防卫后果）的情形，通常只有在造成不法侵害人重伤或者死亡时，才有可能成立防卫过当，造成轻伤或者只是一般的财产损失，一般不成立防卫过当。防卫过当不是独立的罪名，需要结合过当人的罪过形式来确定具体罪名，如“过失致人死亡罪”“过失致人重伤罪”等，防卫过当的罪过形式，一般为过时，特殊情况下可以是故意，由于防卫人是以制止不法侵害为直接目的，因此在这一过程中很可能由于疏忽大意或者过于自信而导致过当，也有可能是在对于过当结果有认识的基础上希望或者放任该结果的出现。

见义勇为也可能会构成正当防卫，正当防卫包含见义勇为中的制止不法侵害这一部分的内容，从正当防卫的相关案例来看，整体而言，我国司法实践中对正当防卫和见义勇为的认定采取十分严格的标准，尤其在造成人员重大伤亡的公诉案件中，采取更加谨慎保守的态度，严格标准固然有避免过度崇尚私力救济和以暴制暴的考量，但是过于严格的标准确实使众多正当防卫和见义勇为无法充分得到应有的法律保护，建议对相关法律规定进行修改和调整，并对相关内容作出明确的司法释义，尽量减少含糊的、过于原则的表示，增强法律规定的衡量标准和时间操作，让一线司法人员能够精准执行相关法律规定，以达到及时制止犯罪、保护人身财产安全的法律精神和立法目的。

编写人：广西壮族自治区梧州市苍梧县人民法院　谭炳愉

（四）强奸罪

16

犯罪中止和未遂的认定

——熊某某强奸案

【案件基本信息】

1. 裁判书字号

广西壮族自治区柳州市中级人民法院（2019）桂02刑终6号刑事裁定书

2. 案由：强奸罪

【基本案情】

广西壮族自治区柳州市柳江区人民法院经公开审理查明：2018年5月14日，被告人熊某某故意拿走被害人雷某某的电动车钥匙不归还，5月15日上午9时许，雷某某到位于柳州市柳江区成团镇里湾村红旗屯××号熊某某家中索要车钥匙，熊某某告诉雷某某车钥匙在楼上房间的梳妆台上。雷某某上楼到熊某某房间取钥匙时，熊某某将房间门关上，把雷某某压在床上强行脱下雷某某裤子，欲与雷某某发生关系，遭到雷某某反抗，并抓咬熊某某腹部和肩部。熊某某提出，若雷某某同意与其到柳州市柳江区拉堡镇开房便会让雷某某走，雷某某表示同意，熊某某用自己的手机录好雷某某答应与他开房的视频后，便放开雷某某让其回家。2018年5月17日上午，雷某某向公安机关报案，当日上午10许，熊某某被民警抓获归案。案发后，被害人对被告人的行为表示谅解。

【案件焦点】

被告人熊某某的犯罪形态是否属于犯罪未遂或犯罪中止。

【法院裁判要旨】

广西壮族自治区柳州市柳江区人民法院经审理认为，被告人熊某某违背妇女意志，使用暴力手段，强行与妇女发生性关系，其行为构成强奸罪。公诉机关指控的罪名成立。在犯罪过程中，被告人自动放弃犯罪，是犯罪中止，依法应当减轻处罚；归案后，被告人如实供述自己的罪行，依法可以从轻处罚；被告人取得被害人谅解，可以酌情从轻处罚。综上，本院决定对被告人减轻处罚。对于公诉机关指控被告人是犯罪未遂的意见，经查，被告人在欲与被害人发生性关系时，自动放弃犯罪行为，使得犯罪结果没有发生，是犯罪中止。故对于公诉机关关于被告人犯罪未遂的指控，本院不予支持。辩护人关于被告人属犯罪中止、如实供述、取得被害人谅解的意见本院予以采纳。

广西壮族自治区柳州市柳江区人民法院依照《中华人民共和国刑法》第二百三十六条第一款、第二十四条、第六十七条第三款，作出如下判决：

被告人熊某某犯强奸罪，判处有期徒刑一年六个月。

广西壮族自治区柳州市中级人民法院经审理认为，上诉人熊某某违背妇女意志，使用暴力手段，强行与妇女发生性关系，其行为构成强奸罪，原判认定事实清楚，证据充分，定性准确。熊某某是犯罪中止，依法应当减轻处罚；熊某某归案后如实供述自己的罪行，依法可以从轻处罚；且取得被害人的谅解，可以酌情从轻处罚。原判对上述情节均予以认定，并对熊某某减轻处罚，量刑恰当。熊某某无其他从轻或者减轻处罚情节，其提出原判量刑过重，请求再予以从轻处罚的上诉意见，本院不予采纳。原判适用法律正确，审判程序合法。

熊某某上诉称：其是犯罪中止，归案后如实供述自己的犯罪事实，且取得被害人的谅解，原判量刑过重，请求二审法院从轻处罚。广西壮族自治区柳州市中级人民法院依照《中华人民共和国刑事诉讼法》第二百三十六条第一款第一项，作出如下裁定：

驳回上诉，维持原判。

【法官后语】

本案争议的焦点在于被告人熊某某的犯罪形态是否属于犯罪未遂或犯罪中止。根据《中华人民共和国刑法》第二十三条、第二十四条的规定，犯罪未遂是指已经着手实施犯罪，由于犯罪分子意志以外的原因而未得逞；犯罪中止是指在犯罪过程中，自动放弃犯罪或者自动有效制止犯罪结果的发生。综合本案证据，笔者认为本案中行为人熊某某的犯罪形态是犯罪中止。主要理由如下：

一、犯罪未遂的成立条件：行为人已经着手实行犯罪，犯罪没有既遂

未得逞是由于意志以外的原因造成的，即欲达目的而不能。"能"或"不能"应以行为时犯罪分子本人的判断为标准。

1. "不能"应以行为人主观上的判断为准。行为人主观上还是希望犯罪既遂所要求的结果能够出现，只是客观上不能，即使客观上还有可能将犯罪行为实施至既遂状态，但行为人本人主观上认为不能，进而停止犯罪行为的，也认为是犯罪未遂。

2. 意志以外的原因（障碍）主要包括：①抑制犯罪意志的原因，即某种事实使行为人认为自己客观上已经不可能继续实行犯罪，从而被迫停止犯罪。在这种情况下，对于是否继续实行犯罪，行为人主观上没有选择的余地，只能被迫放弃犯罪；②抑制犯罪行为的原因，即某种情况使行为人在客观上不可能继续实行犯罪；③抑制犯罪结果的原因，即行为人已将其认为应当实行的行为实行终了，但某种情况阻止了结果的发生。

二、犯罪中止的成立条件

1. 发生在犯罪过程中。

2. 中止的自动性。即自动彻底放弃，而非被动暂时地放弃。即"能"达目的而"不能"。

3. 必须具有中止行为。成立犯罪中止，不仅要有中止的想法，更要有中止的行为，必须客观上真实放弃了犯罪。

4. 中止的有效性。有效防止犯罪结果的发生，不以行为人单独实施为必要，行为人将被害人送至医院，在医生的努力下防止了既遂结果的发生，也成立犯罪中止。但是，行为人必须作出了真挚的努力，其行为对防止犯罪结果的发生起到了决定性作用，否则不成立犯罪中止。

综上，本案被告人熊某某将被害人雷某某压在床上并强行脱下雷某某裤子，欲与之发生性关系，遭到雷某某反抗，并被抓咬腹部及肩部。当熊某某提出若雷某某同意与他到柳州市柳江区拉堡镇开房后才可让其离开，雷某某表示同意后，熊某某用自己的手机录好雷某某答应与他开房的视频后便放开雷某某，让其回家。足以证实熊某某在实施强奸的过程中得到雷某某同意与其到他处开房的承诺并用手机录制

好视频后自动放弃对雷某某进一步侵犯的事实，客观上真实放弃了犯罪，有效防止犯罪结果的发生。因此，熊某某的犯罪形态是犯罪中止。

编写人：广西壮族自治区柳州市柳江区人民法院　林海生

17

被害人的强烈反抗对强奸犯的犯罪意志产生相当程度抑制，导致其犯罪意志减弱并最终停止实施强奸行为的，构成强奸罪的未遂

——余某强奸案

【案件基本信息】

1. 裁判书字号

福建省泉州市中级人民法院（2019）闽05刑终841号刑事裁定书

2. 案由：强奸罪

【基本案情】

2018年10月28日6时许，被告人余某在王甲位于安溪县某小区的套房内，采用强行脱裤、按压、殴打等手段，欲强行与王乙发生性关系，因王乙的反抗而未得逞。其间，致王乙受轻微伤。案发后，被告人余某于2018年10月29日主动到公安机关投案，在庭审中能如实供述自己的罪行。

【案件焦点】

被告人余某因被害人王乙激烈反抗而停止继续实施强奸行为的，构成犯罪未遂还是犯罪中止。

【法院裁判要旨】

福建省安溪县人民法院经审理认为，被告人余某违背妇女意志，采用暴力手

段，欲强行奸淫妇女，其行为已构成强奸罪。被告人余某在犯罪过程中，由于意志以外的原因未能得逞，是犯罪未遂，依法减轻处罚；其在案发后自动投案，如实供述自己的罪行，是自首，依法减轻处罚。辩护人吴某伟关于被告人余某的行为属犯罪中止的辩护意见，因被告人余某已对被害人着手实施性侵犯行为，由于被害人的反抗，且在特定的环境下被迫停止犯罪而未得逞，属犯罪未遂，故该辩护意见不予采纳；关于被告人余某具有初犯，当庭认罪，认罪态度好等从轻情节的辩护意见，予以采纳；关于建议对被告人余某适用缓刑的辩护意见，不予以采纳。安溪县人民检察院建议对被告人余某在有期徒刑一年至二年幅度内量刑的意见适当。

福建省安溪县人民法院依照《中华人民共和国刑法》第二百三十六条第一款、第六十七条第一款、第二十三条、第六十四条，作出如下判决：

被告人余某犯强奸罪，判处有期徒刑一年六个月。

余某不服一审判决，提出上诉。福建省泉州市中级人民法院经审理认为，原判定罪及适用法律准确，量刑适当。

福建省泉州市中级人民法院依照《中华人民共和国刑事诉讼法》第二百二十五条第一款第一项的规定，作出如下裁定：

驳回上诉，维持原判。

【法官后语】

我国关于犯罪中止的通说是主观说，即行为人非因意志以外的原因而放弃继续实施犯罪行为。行为人主观心态是“能达目的而不愿”，若主观心态是“欲达目的而不能”则构成犯罪未遂。

本案中，行为人余某对被害人王乙实施强奸行为过程中，在遭到其强烈反抗的情况下，放弃继续实施强奸行为，构成强奸罪的未遂，而非中止。理由如下：

1. 被害人的强烈反抗对行为人的强奸行为造成了相当程度的阻碍作用。本案中，被害人王乙在遭受行为人余某的性侵，试图控制其身体时激烈挣扎，在余某钳制其双手后仍加以摆脱，在被殴打后仍用手掐余某脖子，在余某持续攻击其性器官后才放手。事后，王乙的伤情经公安机关法医鉴定为轻微伤。上述细节足以认定，被害人王乙的反抗并非轻微的、短暂的，而是激烈而持续的。王乙的反抗在客观上对余某的犯罪行为产生了相当程度的阻碍，难以顺利进行。

2. 被害人的强烈反抗对行为人的犯罪意志产生了相当程度的抑制作用。本案被害人王乙的强烈反抗让行为人余某意识到继续实施强奸行为仍会遇到严重阻碍，导致其犯罪目的有可能难以达成，或者即使犯罪目的能够最终达成，也会付出比其预期严重的犯罪代价，如犯罪风险等，从而产生退缩心理，进而逐步削弱了其犯罪意志，并最终选择放弃继续实施犯罪行为。

3. 行为人停止实施犯罪行为并非基于本人主观意愿。本案余某侵犯王乙的细节中，在双方停止搏斗后，余某仍然泄愤式地殴打了王乙面部 3 下。而通过上述细节加以分析余某的犯罪心理可以得出，其停止继续实施强奸行为，非其本人主观上的自愿、主动放弃实施强奸行为，而是基于被害人王乙的强烈反抗“不得已而为之”。

在区分强奸行为是中止还是未遂时，应当具体结合犯罪的环境，行为人的暴力手段以及被害人的反抗程度加以综合判断。如果行为人基于被害人轻微、短暂的反抗，而主动放弃继续实施犯罪的，则仍应认定为犯罪中止，对其行为进行客观、公正地评价，以积极、鼓励中止行为，以最大程度减少对被害人的伤害，降低社会危害性。另外，因被害人强烈反抗而犯罪未遂的行为，与行为人的犯罪意志、主观意愿紧密相连，在实务中量刑时给予客观、积极的评价，区别于其他“因意志以外原因”的未遂行为，酌情相对从轻处理。

编写人：福建省安溪县人民法院　谢晓凤　陈秋香

18

年满 14 周岁后在产生错误认识的情况下与被告人“自愿”发生性行为的，被告人的行为应认定为强奸

——廖某强奸、猥亵儿童案

【案件基本信息】

1. 裁判书字号

四川省成都市中级人民法院（2020）川 01 刑终 107 号刑事裁定书

2. 案由：强奸罪、猥亵儿童罪

【基本案情】

2017年6月，被告人廖某通过网络结识被害人曾某后，在明知被害人曾某未满十四周岁的情况下，通过QQ、微信等聊天软件向被害人曾某发送性挑逗语言、色情图片、色情视频，并要求被害人曾某拍摄并发送自己的裸体照片、裸体视频给被告人廖某。在2017年至2018年10月，廖某对被害人曾某实施猥亵及强奸行为，具体事实如下：

1. 猥亵儿童。2017年8月16日、2017年8月27日、2017年10月4日、2017年12月16日，被告人廖某分别在成都市成华区双林路××号某酒店11××号房间，成都市金牛区人民北路一段××号某酒店17××号房间、17××号房间，成都市金牛区某酒店14××号房间内，通过将被害人曾某衣服脱光后用手抚摸其胸部、阴部、灌肠、肛交、鞭打、要求被害人曾某裸体爬行等方式，多次对被害人曾某进行猥亵。

2. 强奸。2017年10月28日，被告人廖某在明知被害人曾某未满十四周岁的情况下，在成都市金牛区某酒店17××号房间内，采用生殖器摩擦方式对被害人曾某实施奸淫。2018年8月、11月，被告人廖某先后两次在成都市金牛区某酒店房间内，采用生殖器插入的方式对被害人曾某实施奸淫。2018年11月5日，被害人曾某因血尿就诊，经成都市第三人民医院诊断，被害人曾某患复杂尿路感染。因该感染多因性行为而引发，被害人曾某的家属遂于2018年11月17日向公安机关报案。2018年11月26日，被告人廖某被民警抓获。

经四川大学华西医院诊断，被害人曾某出现急性应激反应。经鉴定，被害人曾某患抑郁症。

案发后，公安人员从被告人廖某处扣押黑色OPPO手机一部。被告人廖某的家属代为赔偿了被害人经济损失7万元，取得谅解。

【案件焦点】

被害人基于被告人长期的性调教、性诱导，年满14周岁后与被告人“自愿”发生性行为，其“自愿”是否真实是否系认识错误，被告人的行为是否构成强奸。

【法院裁判要旨】

四川省成都市金牛区人民法院经审理认为，被告人廖某的行为已构成强奸罪和猥亵儿童罪，应当数罪并罚。关于2017年10月28日、2018年8月、2018年11月，被告人廖某与被害人发生性接触及性关系的行为均应认定为强奸，理由如下：第一，被害人曾某在向公安机关报案当天即详细陈述了2017年至2018年10月，被告人廖某对其实施猥亵及强奸的相关具体行为。被害人曾某关于2017年10月28日被告人廖某采用生殖器摩擦方式与其发生性关系的陈述，细节的描述符合其年龄阶段的认识和表达能力。且被告人廖某曾称2017年曾从后面抱着被害人，在被害人臀部和两腿之间摩擦直至射精的供述也能和被害人的陈述相互予以印证。第二，根据被告人与被害人的聊天记录显示，2017年8月11日，被告人即知道被害人出生日期，当天，被告人廖某亦向曾某发送“强奸幼女罪，是指行为人与不满十四周岁的幼女发生性关系的行为。强奸幼女罪均判处无期徒刑或者死刑。按照司法解释，该罪名已经并入故意杀人罪”的信息，结合被告人廖某当庭关于其在2018年之前一直控制自己不与被害人发生性关系的供述，可以认定被告人廖某明知被害人是未满十四周岁的幼女，为逃避法律打击，刻意在被害人年满十四周岁后，才对被害人实施奸淫。被告人长期对被害人曾某灌输不健康的性思想并“调教”被害人曾某，被害人曾某在已满十四岁后与被告人廖某“自愿”发生两次性行为，被害人的“同意、自愿”是不真实的、是建立在错误认识基础上的。

四川省成都市金牛区人民法院依照《中华人民共和国刑法》第二百三十六条第一款、第二款，第二百三十七条第一款、第三款，第六十九条、第六十四条之规定，作出如下判决：

一、被告人廖某犯强奸罪，判处有期徒刑七年六个月；犯猥亵儿童罪，判处有期徒刑四年六个月，决定执行有期徒刑十一年六个月；

二、扣押在案的作案工具黑色OPPO手机一部予以没收。

一审宣判后，廖某不服提起上诉，后上诉人廖某自愿申请撤回上诉。

四川省成都市中级人民法院依照《中华人民共和国刑事诉讼法》第二百二十五条第一款第一项之规定，作出如下裁定：

准许上诉人廖某撤回上诉。

四川省成都市金牛区人民法院（2019）川0106刑初720号刑事判决，自本裁定自送达之日起发生法律效力。

【法官后语】

一、性侵未成年人犯罪案件证据审查判断标准

性侵未成年人犯罪案件中，被告人往往会辩解被害人与自己发生性关系都是自愿的，抑或被害人陈述不实。故在审查性侵未成年人犯罪定案证据时，要结合全案情况综合予以分析，要根据未成年人的身心特点，按照有别于成年人的标准予以判断。若根据日常经验和生活常识，被害人陈述稳定自然，合乎情理、逻辑，对于细节的描述符合正常记忆认知、表达能力，且有其他证据予以印证；同时，被告人辩解没有证据支持，并结合双方关系判断不存在诬告可能的，结合生活经验对全案证据进行审查，能够形成完整证明体系的，应当采纳未成年人的陈述，可以认定案件事实。

二、关于本案强奸罪的认定

我国刑法在性犯罪方面对幼女有着特殊的保护，其法理依据是幼女没有足够的能力对性交行为作出正确判断，作出是否“同意”的决定，因此即使该幼女实际上“愿意”与他人发生性行为，该“同意、自愿”在法理上也是无效的。本案的特殊之处即在于，被告人明知被害人是未满十四周岁的幼女，为逃避法律打击，长时间对其灌输不健康性思想，通过发送挑逗文字、黄色图片、自慰或自虐指令等各种方式对被害人进行调教，导致被害人对性行为产生不正确的认知，最终在被害人十四周岁后与其发生性行为。笔者认为，被告人长时间对被害人进行引诱和有针对性的调教，甚至为逃避法律打击，刻意在被害人年满十四周岁后才与其发生性行为，被害人基于被告人长期的“调教、引诱”，对性行为产生了不正确的认识，与被告人“自愿”发生两次性行为的“同意、自愿”是不真实的、是建立在错误认识基础上的，该行为系被告人使用其他手段奸淫被害人，亦应当认定为强奸。

此案的判决结果依法体现了法律对未满十四周岁幼女的保护力度，也是我国一贯重视幼女保护刑事政策的传承和延伸。同时，警示未成年父母、监护人、教育机构甚至司法机构都要对保护未成年人引起足够的重视，从社会各个层面入手，让未成年人远离网络性侵伤害。

编写人：四川省成都市金牛区人民法院　李雪　田岳

19

被害人未做出明显反抗的强奸案中被害人的主观意愿判断

——谢某桦强奸案

【案件基本信息】

1. 裁判书字号

新疆维吾尔自治区乌鲁木齐市中级人民法院（2019）新01刑终472号刑事裁定书

2. 案由：强奸罪

【基本案情】

2009年，被告人谢某桦作为新疆旅游公司二分公司员工被派遣至新春公司工作，后与被害人夏某在工作中经他人介绍相识，二人于2018年5月底确立恋爱关系后，陆续发生过几次性行为。同年7月7日，被害人夏某休假返回甘肃庆阳老家后发现自己怀孕。因被害人夏某尚未做好与谢某桦结婚的准备，不愿意生下该胎，遂不顾谢某桦的反对于同年7月16日在甘肃省庆阳市妇幼保健院进行了人工流产终止了妊娠。同年7月20日，被害人夏某乘坐飞机回到乌鲁木齐，谢某桦接上夏某回到其位于石河子的家中，因感情纠纷二人发生了争执。同年7月21日被害人夏某返回位于克拉玛依市的胜利油田新疆新春指挥部工作。之后，夏某与谢某桦之间的感情呈下滑趋势。

2018年8月2日凌晨0时许，被告人谢某桦饮酒后电话联系被害人夏某，因夏某将电话挂断，未理睬谢某桦，遂谢某桦闯入职工宿舍四楼强行破开被害人夏某宿舍门，将夏某从床上拽下实施殴打，后被赶来的单位其他人员拉开进行劝解。当日凌晨2时许，谢某桦再次进入夏某宿舍，要求被害人辞职离开单位并给夏某收拾行李，在此过程中二人发生争执，谢某桦再次造成被害人夏某脸部、眼部不同程度的受伤。当日凌晨6时许，谢某桦以要送夏某到医院治疗为名强行拉拽倒地的被害人夏某，将其从职工宿舍四楼顺楼梯拖行至一楼，造成夏某身体多处受伤。其间，被害人夏某喊叫并拒绝，但被单位同事认为系情侣间感情纠纷而无人阻止，其后被拖入车辆带走。谢某桦安排侯某甲前往夏某宿舍取走夏某的行李，后携夏某换乘侯某所驾驶的车辆，接上侯某甲一行人前往石河子市方向。途中，被害人夏某因恐惧，遂谎称欲乘坐飞机回甘肃老家，于是被告人谢某桦令侯某驾车驶往乌鲁木齐市，因谢某桦接到单位领导电话要求返回新春公司说明当晚宿舍楼发生的事件，其便将侯某甲与夏某放在石河子高速路口后返回新春公司，同时安排同行的侯某甲带被害人夏某前往乌鲁木齐市，将其安置在侯某甲父母位于乌鲁木齐市头屯河区天然城市花园小区的家中暂住等候乘坐飞机，由侯某甲母亲汪某请假照顾，并以怕夏某轻生为由令侯某甲看住夏某。2018年8月2日晚21时许，被告人谢某桦亦赶到侯某甲位于天然城市花园小区的家中，同日当晚，侯某甲随乘坐来查看夏某情况的单位同事陈某所驾驶车辆返回克拉玛依市，夏某与汪某共同住在小卧室，谢某桦睡在客厅。2018年8月3日23时，因汪某第二天需要上班而离开了该房屋，仅剩被告人谢某桦与被害人夏某二人。2018年8月4日凌晨8时许，被告人谢某桦利用被害人夏某对其恐惧不敢反抗的心理，迫使与其发生性关系。当日10时30分许，被害人夏某趁被告人谢某桦外出购买早饭之际逃离天然城市花园小区的住所，随即在就近的警务站报案。随后，公安机关出警对现场进行了勘验，经法医物证鉴定，标记“夏某阴道擦试物”的棉签和送检的卫生间垃圾桶内的卫生纸上的可疑斑迹检出的DNA均与夏某血样在D8S1179等15个基因座基因型相同，其似然比率为6.80×10^{15}。2018年8月8日，被告人谢某桦在家人的陪同下自行到公安机关接受调查。

【案件焦点】

被害人与谢某桦发生性关系时无明显反抗行为，谢某桦据此抗辩其不构成强奸罪，对谢某桦之行为是否违背被害人意愿应当结合全案事实发展认定。

【法院裁判要旨】

新疆维吾尔自治区乌鲁木齐市头屯河区人民法院经审理认为，（1）关于定性。强奸罪是指违背妇女意识，以暴力、胁迫或其他手段强行与妇女发生性关系的行为。其中“违背妇女意志”是强奸罪的关键构成要件，直接决定罪与非罪。强奸案件的发生一般具有隐私性，证据亦具有特殊性，证明强奸行为是否成立的直接证据一般情况下只有被告人供述及被害人陈述，故应结合其他间接证据进行分析，确定各证据的证明力。本案中，被告人谢某桦对与被害人夏某发生性行为的事实无异议，有被告人的供述和被害人陈述印证，指向一致，应予认定。本案的争议焦点在于被告人谢某桦与夏某发生性行为是自愿所为还是违背妇女意志所致。经庭审举证质证查明，第一，从双方关系看，被告人谢某桦与被害人夏某原系恋爱关系，但因夏某于 2018 年 7 月 16 日终止妊娠后二人的关系发生了变化，通过二人的微信聊天记录可以看出二人的关系已经出现了裂缝，且在 2018 年 8 月 4 日谢某桦与夏某发生性关系之前，谢某桦曾于 2018 年 8 月 2 日凌晨酒后强行闯入夏某所在四楼职工宿舍内，对其实施殴打，后又强行将其从四楼拖拽至一楼，在倒地被拖拽离开宿舍楼过程中，被害人拒绝并呼叫“放开我”，但被告人谢某桦仍然强行将其拖离，此有被害人陈述、证人证言予以证实。谢某桦实施暴力行为造成被害人同住室友恐慌不敢回宿舍，从侧面也反映出谢某桦实施暴力的程度，其暴力殴打被害人及强行带离的行为对被害人身体上造成损害，同时也使被害人心理上产生恐惧，惧怕再次受到伤害，由于这种恐惧心理，被害人对谢某桦的命令性语言要求其脱衣服发生性关系不敢不服从；第二，被告人谢某桦对于部分事实供述前后矛盾。例如，证人汪某、谢某、侯某甲等人均证实谢某桦与夏某发生性关系时已知道夏某刚流产不久，但谢某桦供述其当时不知道夏某已流产，直到 2018 年 9 月才听公安机关民警提及，又说听夏某单位领导说的，其辩解意见存在不真实，另外，对于证人杨某受伤过程、拖拽被害人夏某的经过、殴打被害人的过程细节等，均与其他证人证言相矛盾，且其辩解被害人自愿发生性关系无证据及线索，而被害人对案发过程细节的描述可以与其他证人证言及医院病历、勘验笔录、辨认笔录等相互印证，其的陈述稳定、自然、合理、客观，符合妇女处于当时情形下的生理、心理状态和正常人的认知，其证明力优于谢某桦供述；第三，被害人在脱离被告人谢某桦控制后，选择立即就近报案，从另一侧面亦可印证其与谢某桦发生性行为的非自愿性。综上，被害人夏某因被告人谢某桦前期持续的殴打行为感到恐惧，谢某桦在夏某不敢反抗的情况下，违背妇女意志与其发生性关系，应当认定为强奸罪。公诉机关指控罪名成立，本院予以支持。（二）关于量刑。被告人谢某桦案发后主动到公安机关接受调查，虽对案发前与被害人之间发生的事情未如实供述，但如实说明其与夏某发生性行为的事情经过，虽其不承认强奸被害人，但根据《最高人民法院关于被告人对行为性质的辩解是否影响自首成立问题的批复》中“被告人对行为性质的辩解不影响自首的成立”之规定，被告人谢某桦的行为构成自首，可依法对其从轻处罚。本案系以感情纠纷为起因引发的犯罪，故对被告人酌情从轻处罚。（三）辩护意见采纳与否。被告人谢某桦的辩护人提出被告人谢某桦与被害人夏某案发时系恋人，之前多次发生过性关系，案发当天虽然与夏某发生性关系，但并未采取暴力、威胁手段，夏某亦未反抗，谢某桦8月2日的暴力行为与8月4日发生性关系无关联，双方基于自愿发生的性关系的辩护意见。本院认为，首先，强奸罪中除暴力、胁迫手段外的“其他手段”包括“不知反抗”“不能反抗”“不敢反抗”。认定强奸不能以被害妇女有无反抗表示作为必要条件，即不能以被害人未有语言或肢体上的反抗，来推定系自愿与他人发生性行为。被告人谢某桦与被害人夏某虽然曾为恋人，但案发时二人已经分手，有证人证言、被害人陈述、聊天记录等均可以证实，且前期发生性行为并不能推定案发当天被害人发生性关系时为自愿；其次，谢某桦暴力行为对被害人心理上造成的胁迫影响，是一个持续、延续的过程。从8月2日至8月4日，从谢某桦见到夏某后，未让夏某离开其可控范围，且被害人被拖拽离开单位宿舍后，周围人员基本为与谢某桦关系较好的朋友、同事或同事的亲属，夏某所处环境较为陌生，即使在谢某桦离开夏某的短暂时间，也以防止夏某轻生为由指令侯某甲看住夏某，谢某桦在单位宿舍对被害人持续性殴打，也仅被他人认为是情侣间的感情纠纷进行劝解，但实际上在8月2日前二人已经分手，此有被害人同住室友证言及被害人陈述以及微信聊天记录相印证。被害人在人多的单位宿舍被殴打拖拽呼救尚且无人进行阻止，更何况案发当晚房子里仅有被告人及被害人两人在场，谢某桦作为体格健壮身高近190cm的男性与身材弱小身高165cm左右的被害人在体形上形成很大反差，基于当时被害人所处陌生环境中且孤立无援，以及被害人8月1日被殴打的记忆，虽被告人谢某桦未当场实施暴力，但以命令性语句要求被害人夏某脱衣服并发生性关系时，夏某出于对谢某桦的恐惧而不敢抗拒，忍辱屈从，另外，从被告人供述和被害人陈述均证实二人在发生性关系过程中夏某并未迎合谢某桦，不符合被告人及辩护人提出的被害人自愿与其发生性关系的情形；最后，本案发生时距离被害人夏某做人流时间不足一月，身体尚需恢复，此时发生性行为对夏某身体伤害很大，出于对自身爱护的生活常识及伦理道德观念，如未被强制、胁迫或其他特殊原因，而主动愿意与对其施暴的前男友发生性关系，亦有悖常理。故被告人及辩护人提出辩解意见不予采信。公诉机关建议对被告人谢某桦在有期徒刑三年零六个月至四年六个月幅度内量刑的意见偏重，予以调整。乌鲁木齐市头屯河区人民法院判决如下：一、被告人谢某桦犯强奸罪，判处有期徒刑一年零六个月。二、扣押的被告人谢某桦华为手机一部，依法发还被告人谢某桦。

一审宣判后，谢某桦不服提出上诉。新疆维吾尔自治区乌鲁木齐市中级人民法院经审理认为，本案案发当日，被害人虽未作明确的反抗，但分析判断上诉人谢某桦是否违背了妇女的真实意愿应当结合被害人的客观表现以及其他案件事实来确认。首先，双方以前虽系男女朋友关系，但在案证据证实，案发前被害人已多次向上诉人表示不愿意继续交往，且有多名证人证实上诉人明知被害人此前怀孕并流产的事实。同时，上述证据亦证实上诉人对被害人的身体条件不以为意，二人之间的关系存在很大的矛盾。其次，上诉人谢某桦身高 192cm 且正值壮年，较被害人具有绝对的身体条件优势。其于 2018 年 8 月 2 日晚至 2018 年 8 月 2 日凌晨 5 时许，对被害人进行了持续近一夜的骚扰，其间辱骂被害人，并多次对被害人实施暴力行为致使被害人左眼部、左肘、臀部、左胫前部、右踝关节、左小腿后外侧多处出现皮下淤血青紫直至案发仍未消散，被害人由此对其产生精神上的畏惧心理是必然结果，被害人在全身多处伤情未愈的情况下仍自愿与上诉人发生性关系不符合一般社会常识。此后，上诉人谢某桦又将被害人强行从克拉玛依市的宿舍四楼拖拽至一楼并带到本市置被害人于陌生环境中，使被害人处于孤立无援的处境。再次，被害人在本市居住期间，多名证人证实被害人对上诉人态度冷漠，且上诉人的同事亦告知上诉人，被害人不想让其待在被害人身边并劝告其不要去找被害人，但上诉人仍置若罔闻到本市找到被害人，由此亦可侧面印证，在此期间被害人主观上并不存在与上诉人冰释前嫌的想法，且对上诉人有畏惧厌恶心理。最后，案发后被害人于当日早上脱离上诉人后，立即逃离现场并报警的行为，亦证实被害人主观上并不愿意与上诉人发生性关系。上述客观事实均证实，被害人不存在与上诉人自愿发生性关系的事实基础。被害人在孤立无援的环境下与上诉人发生性关系亦系出于恐惧心理而不得不屈从于上诉人。故上诉人谢某桦及其辩护人关于被害人系自愿与其发生性关系的辩解及辩护意见不能成立。原审认定事实清楚、适用法律正确，程序合法、量刑适当，应予维持。

新疆维吾尔自治区乌鲁木齐市中级人民法院依照《中华人民共和国刑事诉讼法》第二百三十六条第一款第一项之规定，裁定：驳回上诉，维持原判。

【法官后语】

强奸罪是指违背妇女的意志，以暴力、胁迫或者其他手段强行与妇女发生性关系的行为。在与妇女发生性关系时是否违背妇女意志是认定强奸罪的关键，有无抗拒行为只是判断是否违背妇女意志的条件之一，但并不是唯一要件，同时还要结合性关系发生的时间、周围环境、妇女的性格、体质等各种因素进行综合分析，尤其要结合行为人是否使用暴力、胁迫或者其他手段来加以考虑。案件发生发展都有一个过程，不能单纯结合案发当时的情形来认定案件事实，而应当将案件由来、背景、过程等各个细节查实后，才能全面掌握案件，准确定型。

编写人：新疆维吾尔自治区乌鲁木齐市中级人民法院　化豫

（五）强制猥亵罪

20

公共场所当众猥亵的认定

——农某伟强制猥亵案

【案件基本信息】

1. 裁判书字号

广西壮族自治区柳州市中级人民法院（2019）桂02刑终167号刑事裁定书

2. 案由：强制猥亵罪

【基本案情】

柳州市鱼峰区人民人民法院经公开审理查明：2018年10月8日4时许，被告人农某伟路过柳州市鱼峰区龙静路兴怡园小区特福莱全球汽修店门前，看见被害人吴某艳、韦某仪在路边聊天，便走到吴某艳、韦某仪身后用手摸吴某艳、韦某仪的臀部。韦某仪跑开呼救，吴某艳被农某伟拖拽后倒地。吴某艳倒地后，农某伟继续用手摸吴某艳的胸部、阴部，又在吴某艳反抗的过程中用手扇打其面部，后因远处的路人听见呼救声跑来阻止，农某伟逃离现场。

同日6时许，公安民警在柳州市鱼峰区兴怡园小区，将被告人农某伟抓获归案。

【案件焦点】

在强制猥亵犯罪中，“公共场所当众”是量刑升档情节，如何准确认定“公共场所当众”猥亵这一情节，关系到对被告人的量刑能否在合理范围之内。

【法院裁判要旨】

广西壮族自治区柳州市鱼峰区人民法院经审理认为，被告人农某伟目无国法，以暴力方法强制猥亵妇女，其行为已触犯《中华人民共和国刑法》第二百三十七条第一款，构成强制猥亵罪。公诉机关指控被告人农某伟犯强制猥亵罪成立。被告人农某伟归案后能如实供述自己的罪行，依法可以从轻处罚。

广西壮族自治区柳州市鱼峰区人民法院依照《中华人民共和国刑法》第二百三十七条第一款、第六十一条、第六十二条、第六十七条第三款之规定，作出如下判决：

被告人农某伟犯强制猥亵罪，判处有期徒刑二年。

公诉机关抗诉称：原判认定事实错误，适用法律错误。案发地系城市公共道路，不特定的人员可自由通行。案发现场有其他人在附近，听到呼救后跑过来，农某伟才逃离。农某伟在公共场所，采用暴力手段，当众猥亵两名女子，其中一名被害人系未成年人，原判对农某伟量刑畸轻，建议二审法院依法予以改判。

广西壮族自治区柳州市中级人民法院经审理认为，原审被告人农某伟以暴力方法强制猥亵妇女，其行为构成强制猥亵罪。原判认定事实清楚，证据确实、充分，定罪准确，量刑适当，法律适用正确，审判程序合法。关于抗诉机关提出农某伟属“在公共场所当众猥亵”，原判量刑畸轻的意见，经查，本案现场处于城市公共道路，案发时间在凌晨四时许，案发现场除农某伟和两名被害人外，没有其他人在场，该事实有被告人供述证明，亦与现场监控相印证。故原判未认定农某伟属“在公共场所当众猥亵妇女”正确，抗诉机关的抗诉意见与法律规定不符，不予采纳。

广西壮族自治区柳州市中级人民法院依照《中华人民共和国刑事诉讼法》第

二百三十六条第一款第一项，作出如下裁定：

驳回上诉，维持原判。

【法官后语】

在实践中，猥亵行为样态各异，“公共场所当众”实施猥亵的认定，应综合考虑猥亵的手段、针对的身体部位、持续的时间长短、对被害人身心伤害的大小、对社会风尚的冒犯程度等因素，从而对加重处罚的必要性予以实质性的把握，因此，在适用相关法条审理案件时应秉持谦抑的原则。

在本案中，公诉机关认为，案发地系城市公共道路，不特定的人员可自由通行，可以认定为公共场所，案发时有其他人在案发现场不远处，不远处的那些人随时可能发现、也可以发现被告人的犯罪行为，公诉机关因此认定被告人系“在公共场所当众猥亵妇女”。

从形式上，本案似乎也符合“公共场所当众”的规定，但仅形式审查不能全面、客观地反映犯罪的性质、程度，应结合实质审查综合评判，从而确保定性准确、量刑适当。

在本案中，案发现场虽是在公路边的人行道上，但本案发生在凌晨4时许，当时在路上的人员相当少，在十多米远的小卖部门口有几个人在吵架，但这些人并未注意到被告人的犯罪行为，被告人先是从两名被害人的身后用手摸被害人的臀部，在一名被害人跑开后，被告人将另一名被害人拽倒在地后，隔着衣服对被害人的胸部、阴部摸弄了一分钟左右（有监控视频为证）。因此，被告人主观上虽有猥亵的目的，客观上在“公共场所当众”猥亵妇女，但是无论从被告人的主观恶性、猥亵行为的严重性、对被害人身心造成的伤害后果、对社会风尚的冒犯程度来看，均未超越基本犯的限度，不应当对其加重处罚，从而确保本案的罪刑相适应。

从强奸罪与猥亵犯罪的严重性程度来看，通常情况下，强奸重于猥亵，故《中华人民共和国刑法》为强奸罪设置的最低法定刑为有期徒刑三年，而普通情节的猥亵犯罪是五年以下有期徒刑或拘役，如果将那些相对轻微的在公共场所当众猥亵行为作为加重情节对被告人判处五年以上有期徒刑，明显重于普通情节强奸既遂的最低法定刑，既会罪刑失衡，也有违社会一般人的法感情。

编写人：广西壮族自治区柳州市鱼峰区人民法院　尹嘉嘉

21

不能排除其他合理怀疑即无罪

——蓝某平强制猥亵案

【案件基本信息】

1. 裁判书字号

广西壮族自治区柳州市中级人民法院（2019）桂02刑终348号刑事裁定书

2. 案由：强制猥亵罪

【基本案情】

广西壮族自治区柳州市鱼峰区人民法院经公开审理查明：2017年11月23日17时许，被害人莫某勤在广西脑科医院4号手术室接受腹腔镜阑尾切除手术，术前医生对其进行了全身麻醉。当日18时，被告人蓝某平作为该手术的麻醉医生接班进入手术室配合手术工作。手术完成后，莫某勤逐渐苏醒并恢复意识。至当日19时许，莫某勤报案称其被蓝某平吮吸胸部。后经鉴定：莫某勤胸部擦拭物与蓝某平血样在共有的15个STR基因座的分型一致。

2018年1月3日，公安民警到广西脑科医院将被告人蓝某平传唤归案。

【案件焦点】

强制猥亵罪中，仅有被害人的陈述，被告人始终不承认，在无法排除其他合理怀疑的情况下，是否可以定罪。

【法院裁判要旨】

广西壮族自治区柳州市鱼峰区人民法院经审理认为，公诉机关指控被告人蓝某平犯强制猥亵罪仅有莫某勤本人的陈述，以及从莫某勤胸部提取到的擦拭物鉴定出有蓝某平DNA，对于该处提取的DNA不能排除系蓝某平其他正当行为所遗留，不具有排他性，故本案证据不足以证明蓝某平实施了强制猥亵的行为，按照《最高人民法院关于适用〈中华人民共和国刑事诉讼法〉的解释》第二百四十一条第四之规定①，判决如下：

被告人蓝某平无罪。

广西壮族自治区柳州市鱼峰区人民检察院对一审判决不服，提起抗诉。理由是：原判证据采信错误，导致事实认定错误、判决错误：（1）证据采信错误。一是证人蓝某芳证明其与谢某华从医务人员通道离开手术室后，手术室中只有蓝某平与患者。原判认定蓝某芳证明其与蓝某平推患者出手术室错误。二是被害人莫某勤陈述其被手术主刀梁医生唤醒后，其发现自己已经躺在手术台旁边的推车上并清醒。在被男子吸乳头时，其意识清醒但因麻药药力未过而无力反抗。当该男子给其穿好衣服裤子时，其睁开眼睛看到该男子站在床边，穿着医生手术服，戴着蓝色帽子，并将其推出手术室，后其见到吴某雄。证人梁某北证实丙泊酚在麻醉状态下可能会产生性幻觉，丙泊酚在患者醒之后不会产生性幻觉。被害人莫某勤的陈述与证人吴某雄、蓝某芳等证言相印证，原判未采信莫某勤的陈述错误。三是蓝某平辩解其对莫某勤反复听诊，以及在莫某勤血氧饱和度不够时对莫某勤进行心脏复苏进行急救，但在手术记录中未有相关记录，蓝某平和辩解仅有其个人陈述，无其他证据证明，原判采信蓝某平的辩解错误。（2）证据应用和分析错误。蓝某平与莫某勤单独留在手术室，蓝某平有作案时间；证人梁某江、蓝某芳、谢某华均证明手术后，莫某勤已经清醒，不存在性幻觉；案发四日后，从莫某勤乳头及乳晕处提取的痕迹物证鉴定出蓝某平的DNA，可见该物证附着力极强，如果是正常的医疗行为触碰到则不可能长时间遗留。且该鉴定结论能够与被害人的陈述相印证。综上，建议法院认定蓝某平犯强制猥亵罪罪名成立。柳州市中级人民法院经审理后发现检察院抗诉理由不能成立，应予驳回。

广西壮族自治区柳州市中级人民法院依照《中华人民共和国刑事诉讼法》第二百三十六条第一款第一项的规定，作出如下裁定：

驳回抗诉，维持原判。

---

① 此处指最高人民法院于2012年12月20日发布的《关于适用〈中华人民共和国刑事诉讼法〉的解释》（法释〔2012〕21号），已被《最高人民法院关于适用〈中华人民共和国刑事诉讼法〉的解释（2021）》废止，本案下同。

【法官后语】

本案争议焦点在于蓝某平是否实施了猥亵行为？公诉机关指控蓝某平实施的强制猥亵行为是否证据充分、能够形成完整证据链条。

首先，公诉机关认定蓝某平构成强制猥亵罪的主要证据有：一是被害人莫某勤胸部擦拭物与蓝某平血样在共有的15个STR基因座的分型一致，即胸部擦拭物里面检测出蓝某平的DNA痕迹；二是被害人莫某勤的陈述；三是证人吴某雄（被害人莫某勤的男朋友）的证言（传来证据）。这三个证据是否可以形成完整的证据链条是本案的关键。

其次，蓝某平辩解的理由有以下几点：一是其在叫醒麻醉的手术病人在这里即本案被害人莫某勤的时候，其帮莫某勤做了胸部按压，手不可避免地碰到了被害人胸部；二是在帮病人过床的时候，有可能会碰到病人胸部；三是在拔手术的电极片的时候，会不可避免地碰到病人的胸部。意思即在这个过程中，蓝某平的体液（主要是手上的汗液、毛发、皮屑等）可能会遗留到被害人的胸部，因为这个过程中，蓝某平没有戴手套（护士可以证明），换句话说存在这种合理性。

再次，根据权威医学鉴定及专家证人（在案件审理过程中，我们邀请了柳州市人民医院的麻醉科医生就相关医学问题进行了探讨）的意见，麻醉的手术病人在使用了麻醉药物丙泊酚后，在苏醒的过程中可能会由于麻醉药物的作用而产生性幻想，本案中，被害人莫某勤正是在做完手术后的苏醒过程中陈述蓝某平对其实施了猥亵行为。

最后，被害人莫某勤的陈述称其系被猥亵了两个地方，一是被抠摸了阴道，二是被吮吸了乳头，但是经鉴定，莫某勤的阴道提取物中，未检测到蓝某平的DNA痕迹。另外，莫某勤的陈述提到，在其被推出手术室，告诉其男友吴某雄的时候，让其记住是蓝某平猥亵了她。但是蓝某平在吴某雄的追问下，并跑到莫某勤的床边问莫某勤是不是他对其进行了猥亵行为，莫某勤也当时搞不清楚（具体见吴某雄的证言）。

综上，根据证据原则，认定蓝某平实施了猥亵行为，必须证据确凿、充分，排除一切合理怀疑。本案中，蓝某平从头到尾均没有承认其实施了猥亵行为，客观上虽然从莫某勤胸部提取到蓝某平DNA痕迹，但是无法排除其他合理怀疑，故依法不能认定蓝某平实施了猥亵行为，应该宣告无罪。

编写人：广西壮族自治区柳州市鱼峰区人民法院　谢剑峰

22

“网络隔空”猥亵儿童行为的认定

——覃某某猥亵儿童案

【案件基本信息】

1. 裁判书字号

广西壮族自治区柳州市中级人民法院（2019）桂02刑终530号刑事裁定书

2. 案由：猥亵儿童案

【基本案情】

广西壮族自治区柳城县人民法院经公开审理查明：2019年4月12日晚，被告人覃某某在柳城县大埔镇白阳广场遛狗时与被害人黄某某（案发时12周岁）及韦某某（未成年人）、欧某某（未成年人）等人认识，后被告人覃某某用化名“陈某青”与被害人黄某某及韦某某、欧某某三人加了微信、QQ好友。在交往过程中，被告人覃某某向被害人黄某某等三名未成年人要三人穿过的袜子、鞋子等物，在被拒绝后，覃某某遂恐吓、威胁三人，并要求向其当面道歉。之后，韦某某、欧某某删除与覃某某微信好友关系并与覃某某断绝往来，被害人黄某某则因害怕不敢删除仍与覃某某保持联系。2019年4月21日晚至次日凌晨，被告人覃某某通过约被害人黄某某见面及在微信聊天过程中和黄某某交谈一些“破处”之类的不雅话题，在被黄某某爆粗口责骂后，覃某某遂用恐吓、威胁的手段让黄某某拍摄隐私部位的裸照通过微信发送给自己，黄某某因恐惧被迫拍摄自己的阴部、胸部、内衣、内裤等数张照片通过微信发送给覃某某。覃某某通过手机微信收到照片后用于自己手淫。

2019年4月22日，被告人覃某某被公安机关抓获并被处以行政拘留十五日，其用于接收被害人黄某某裸照的一部vivo牌手机被公安机关扣押在案。因涉嫌犯猥亵儿童罪，被告人覃某某于2019年5月6日被柳城县公安局执行逮捕。另查明，被告人覃某某曾犯盗窃罪，于2016年3月3日被柳城县人民法院判处有期徒刑八个月，并处罚金人民币三千元，2016年7月10日刑满释放。

【案件焦点】

利用即时通信、自媒体、网络直播平台等网络社交工具，针对不满十四周岁的儿童进行涉网络、远距离、非接触性新型猥亵行为，相对一般情况下的猥亵犯罪，要求行为人与被害人之间有一定的身体接触，在没有身体接触的情况下隔空猥亵儿童，是否可认定成为猥亵犯罪？

【法院裁判要旨】

广西壮族自治区柳城县人民法院经审理认为，被告人覃某某以寻求性刺激为目的，对不满十四周岁的女童进行威胁，强迫被害人按照要求自拍隐私部位裸照供其观看，对儿童人格尊严和心理健康造成严重侵害，其行为已构成猥亵儿童罪，并应从重处罚。公诉机关指控被告人覃某某所犯罪名成立。被告人覃某某如实供述自己的罪行，可依法对其从轻处罚。被告人覃某某曾犯盗窃罪被判处有期徒刑刑罚，刑罚执行完毕以后，在五年以内再犯应当判处有期徒刑刑罚之罪，是累犯，本院依法对其从重处罚。被告人覃某某用于犯罪的手机，应予没收。

广西壮族自治区柳城县人民法院根据被告人覃某某的犯罪事实、性质、情节以及对社会的危害程度，依照《中华人民共和国刑法》第二百三十七条第一款、第三款、第六十四条、第六十五条第一款、第六十七条第三款之规定，判决如下：

一、被告人覃某某犯猥亵儿童罪，判处有期徒刑二年；

（刑期从判决执行之日起计算，判决执行以前先行羁押的，羁押一日折抵刑期一日，即刑期自2019年4月22日起至2021年4月21日止。）

二、被告人覃某某涉案的一部vivo牌手机，予以没收，由柳城县公安局依法处理。

广西壮族自治区柳州市中级人民法院经审理认为，原判认定上诉人（原审被告人）覃某某犯猥亵儿童罪的事实清楚、证据确实、充分，定罪准确，量刑适当，适用法律正确，审判程序合法。二审审理期间，上诉人覃某某以服从原审判决为由申请撤回上诉，符合法律规定，无规避法律行为，依法应予准许。

【法官后语】

本案是伴随着网络技术的发展和运用，利用网络社交工具隔空实施猥亵儿童的案件。所谓隔空猥亵儿童行为是指行为人通过即时通信、自媒体、网络直播平台等网络社交工具，针对不满十四周岁的儿童进行远距离、非接触性猥亵行为。这种新型的涉网络、非接触型猥亵行为，手段隐蔽，危害后果十分严重。然而，相对一般情况下的猥亵犯罪，要求行为人与被害人之间有一定的身体接触，在没有身体接触的情况下隔空猥亵儿童，是否也可认定成为猥亵犯罪，理论和实践中还存在一定的疑问。

本案法官认为，刑法规定具有适用的普遍性，刑事立法在某种程度上不得不适用一些抽象的用词，不解释便难以理解其意义，《中华人民共和国刑法》第二百三十七条第三款猥亵儿童罪的规定属于简单罪状，法条本身没有对猥亵进行充分的释明，其中“猥亵”是具有鲜明道德评价色彩的、规范的构成要件要素。因此，在适用该罪名时，就需要法官在罪刑法定原则下对猥亵儿童罪的构成要件进行解释。法官认为，利用社交网络工具实施的非接触性的猥亵儿童行为从立法原意、法条客观意思上分析均是符合猥亵儿童的客观构成要件的。

首先，对隔空猥亵儿童进行刑法规制，符合猥亵儿童的立法原意。猥亵儿童罪的立法意图主要是体现我国法律对儿童权利的保护以及对性侵儿童的从严惩处立场，隔空猥亵儿童的行为既与儿童利益相背离，又侵害了儿童性权利、危害儿童的身心健康，以猥亵儿童罪定罪处罚体现了法益保护的目的，应在立法者意图范围之内。

其次，隔空猥亵儿童行为在猥亵儿童罪条文的客观意义之内。通常认为，猥亵儿童罪中行为人的猥亵行为主要包括以下情形：一是直接对被害儿童实施猥亵行为，或者迫使被害儿童容忍行为人或者第三人对其实施猥亵行为；二是强迫被害儿童对行为人或者第三者实施猥亵行为；三是强迫被害儿童自行实施猥亵行为；四是强迫被害儿童观看他人猥亵行为。前两种多是伴随着肢体接触而发生的猥亵行为，只要是满足行为人身体触觉上的刺激，后两者则无需与行为人发生身体上的触碰而发生的猥亵行为，主要是满足行为人视觉上、听觉上的满足。随着网络技术的发展，就后两种猥亵儿童的方式而言，通过利用网络社交工具同样可以实现，行为人实施的行为、猥亵场景的产生，与现实空间中实施上述行为的结果并无二致。

在本案中，覃某某用恐吓、威胁的手段让黄某某拍摄隐私部位的裸照通过微信发送给自己，黄某某因恐惧被迫拍摄自己的阴部、胸部、内衣、内裤等数张照片通过微信发送给覃某某。覃某某通过手机微信收到照片后用于自己手淫。被告人通过网络实施猥亵行为，与一般情形中当场对被害儿童实施的猥亵行为本质上没有差异，都是对刑法所保护的未成年人的身心健康和性的自主权的侵害，故本案以猥亵儿童罪定罪处罚。

编写人：广西壮族自治区柳城县人民法院　林淑珍

23

多次同样行为构成两罪的认定

——林某某猥亵儿童、强制侮辱案

【案件基本信息】

1. 裁判书字号

福建省厦门市中级人民法院（2019）闽02刑终528号刑事裁定书

2. 案由：猥亵儿童罪、强制侮辱罪

【基本案情】

2014年至2017年，被告人林某某与前妻林某、林某的女儿被害人邵某某先后在厦门市思明区某处和翔安区新店镇某处共同生活居住。其间，被告人林某某趁与被害人邵某某独处之机，采用抚摸被害人邵某某的大腿内侧、阴部，在被害人邵某某面前播放色情视频，强迫被害人邵某某为其手淫，以及强迫被害人邵某某拍摄其洗澡时手淫的视频等方式，多次对被害人邵某某进行猥亵。2018年7月21日凌晨，被告人林某某趁林某患病住院治疗之机，在翔安区新店镇某处被害人邵某某的房间内，强迫被害人邵某某为其拍摄手淫的视频。被害人邵某某将其被猥亵的情况写入日记，林某发现后遂报警处理。

2018年10月5日，被告人林某某经传唤主动到公安机关接受调查，到案后即如实供述强制侮辱犯罪行为，在侦查人员第三次对其讯问时如实供述猥亵儿童主要犯罪行为。公安机关向被告人林某某提取扣押用于拍摄手淫视频的“苹果”6Plus手机一部。

案发后，被告人林某某的家属代其赔偿被害人邵某某人民币30000元，并取得被害人邵某某和林某的谅解。

【案件焦点】

被告人林某某持续一段时间内对同一被害人实施的淫秽行为，因被害人在该时间段内年龄跨越十四周岁，其行为该如何定性。

【法院裁判要旨】

福建省厦门市翔安区人民法院经审理认为，关于林某某提出其未抚摸被害人阴部、未强制被害人的上诉理由，经查，首先，被害人邵某某始终陈述林某某在其不自愿却不敢反抗的情况下抚摸其大腿内侧、阴部等身体部位，该陈述能够与其在被猥亵、侮辱期间书写的日记内容相印证，可信度高。反观林某某先供述不记得是否抚摸了邵某某的阴部，后均予以否认，有避重就轻之嫌。其次，林某某虽未采取殴打等暴力手段威胁邵某某，但趁未成年人邵某某的母亲患病住院，其代为照看邵某某之机猥亵邵某某，利用的证实代为监护的便利条件，具有强制性。邵某某的供述及日记可以证实其在被猥亵时有拒绝和躲避，但因为害怕不敢激烈反抗。林某某亦供述邵某某是一个小孩子不可能主动为其拍摄不雅视频，是其要求邵某某拍的，可见林某某的猥亵行为是违背邵某某意愿的强迫行为。综上，林某某强制猥亵被害人邵某某，并有抚摸其阴部的事实可以认定。上诉人林某某为追求性刺激，多次对未满十四周岁的女童实施淫秽行为，又对已满十四周岁的未成年少女实施淫秽行为，其行为已分别构成猥亵儿童罪和强制侮辱罪。上诉人林某某犯罪后主动投案，并如实供述强制侮辱犯罪行为，对强制侮辱犯罪具有自首情节；但主动投案后未能及时如实供述猥亵儿童犯罪行为，对猥亵儿童犯罪不符合自首的认定条件，故对上诉人林某某关于其应全案认定为自首的上诉理由不予采纳。

福建省厦门市翔安区人民法院依照《中华人民共和国刑法》第二百三十七条第一款、第三款，第六十九条，第六十七条第一款、第三款，第六十四条之规定，判决如下：

一、被告人林某某犯猥亵儿童罪，判处有期徒刑三年二个月；犯强制侮辱罪，判处有期徒刑十个月；数罪并罚，决定执行有期徒刑三年六个月；

二、扣押在案的作案工具“苹果”6Plus手机一部，予以没收。

被告人林某某对一审判决不服提起上诉，福建省厦门市中级人民法院同意一审法院裁判意见，作出（2019）闽02刑终528号刑事裁定：驳回上诉，维持原判。

【法官后语】

被告人持续一段时间内对同一被害人实施的淫秽行为，因被害人该时间段内年龄跨越十四周岁，最终被告人以猥亵儿童罪和强制猥亵罪两个罪名定罪量刑，主要是因为被告人的淫秽行为侵害了不同犯罪客体，在被害人未满十四周岁前侵害了儿童的隐私权、善良操行和作风的养成权，在被害人已满十四周岁后侵害了他人的身体自由权和隐私权。

判断行为是否成立犯罪需要进行事实与价值的双重判断，而对犯罪客体的判断正是价值判断。本案中，被告人持续一段时间内多次对同一被害人实施了淫秽行为，或许有的人会想以猥亵儿童罪一个罪名进行定罪，然后实施的次数等情节作为量化依据增加刑罚量。殊不知，本案最终的定罪量刑还需从刑事案件的犯罪构成要件进行考量。同一个犯罪主体，为了追求性刺激，实施了同样的犯罪行为，但是，因侵犯了不同的犯罪客体，其行为应该以两个罪名来定性。具体而言，被告人对被害人实施的淫秽行为前后持续五年之久，该时间段内被害人的年龄跨越十四周岁，在被害人未满十四周岁前，被告人故意实施的淫秽行为侵害了被害人作为一名儿童的隐私权、善良操行和作风的养成权，应以猥亵儿童罪进行定罪处罚，在被害人已满十四周岁后，被告人故意实施的淫秽行为侵害了被害人的身体自由权和隐私权，应以强制侮辱罪进行定罪处罚。故，最终被告人应以猥亵儿童罪和强制侮辱罪两个罪名数罪并罚。该案的正确处理突出了刑罚对善良社会价值的保护。

编写人：福建省厦门市翔安区人民法院　叶予静　吴梅双

（六）非法拘禁罪

24

抢劫罪和非法拘禁罪的区分

——吴某某等人非法拘禁案

【案件基本信息】

1. 裁判书字号

广西壮族自治区梧州市长洲区人民法院（2019）桂0405刑初68号刑事判决书

2. 案由：非法拘禁罪

【基本案情】

广西壮族自治区梧州市长洲区人民法院经公开审理查明：2018年9月10日10时许，被告人吴某某纠集被告人邓某某、李某，驾驶桂DDN123越野车在梧州市西堤三路假日酒店门口拦截被害人李甲，强行将李甲押上桂DDN123越野车后将其带到西堤三路粤海环保发展公司西面路边，以一张2015年1月31日李甲所写的3000元的借条向其追讨债款，遭到李甲拒绝后，吴某某、李某即对其进行殴打、以语言相威胁，迫使李甲交出钱包内人民币11000元，港币450元以及周大福黄金戒指一枚后，吴某某强迫李甲写下一张同意以上述钱物还钱的欠条。经梧州市公安局长洲分局物证鉴定室鉴定，李甲左颈部、左肘部、右肘部擦伤的损伤程度均未达轻微伤，右上眼睑皮下出血的损伤程度为轻微伤，右侧额窦前壁骨折的损伤程度为轻伤二级；经梧州市价格认定分局认定，周大福黄金戒指价值人民币5250元。案发后，该戒指已被公安机关依法扣押并发还给被害人；公安机关还依法在吴某某处扣押了其花费剩余的赃款人民币1700元。

案发后，被告人吴某某于2018年9月12日主动到梧州市公安局兴龙派出所接受调查并如实交代本案事实；被告人邓某某于2018年10月11日因吸毒被封开县公安局平凤派出所民警带到封开县拘留所接受询问调查时主动如实交代本案事实。

另查明，被告人吴某某的家属赔偿了被害人李甲的经济损失共人民币15000元，李甲表示谅解，请求给吴某某一个改过自新的机会。

再查明，被告人邓某某、李某曾经犯罪被判刑的情况与上述个人信息情况一致。

【案件焦点】

被告人吴某某的行为构成抢劫罪还是非法拘禁罪。

【法院裁判要旨】

广西壮族自治区梧州市长洲区人民法院经审理认为，被告人吴某某、邓某某、李某为索取高利贷，非法扣押、拘禁他人，三人行为均已触犯刑律，均构成非法拘禁罪。公诉机关指控被告人邓某某、李某犯非法拘禁罪名成立；指控被告人吴某某犯抢劫罪的罪名有误，应予以纠正。量刑幅度为三年以下有期徒刑、拘役、管制或者剥夺政治权利。在共同犯罪中，吴某某、邓某某、李某积极实施，相互配合，起主要作用，均属主犯，应按照其所参与的全部犯罪处罚；其中，邓某某、李某属权责相对较轻的主犯，可酌情从轻处罚。邓某某、李某在被判处有期徒刑刑罚执行完毕以后，五年以内再犯应当判处有期徒刑以上刑罚之罪，是累犯，应当从重处罚。在犯罪过程中，三被告人具有殴打被害人的情节，依法从重处罚。吴某某、邓某某案发后主动向公安机关如实供述犯罪事实，属自首；李某归案后能如实供述犯罪事实，且当庭认罪，依法对三人均从轻处罚。吴某某的家属代其赔偿被害人的经济损失并取得谅解，可对其酌情从轻处罚。辩护人提出三被告人所具有的从轻情节，在量刑时已予以考虑。

广西壮族自治区梧州市长洲区人民法院依照《中华人民共和国刑法》第二百三十八条第一款和第三款，第二十五条第一款，第二十六条第一款和第四款，第六十五条第一款，第六十七条第一款和第三款，第六十四条之规定，作出如下判决：

一、被告人吴某某犯非法拘禁罪，判处有期徒刑一年一个月；

二、被告人李某犯非法拘禁罪，判处有期徒刑一年一个月；

三、被告人邓某某犯非法拘禁罪，判处有期徒刑一年；

四、在案扣押的现金人民币1700元，由公安机关依法发还吴某某。

三被告人均无上诉，公诉机关无抗诉，该案已经发生法律效力。

【法官后语】

本案中，被告人吴某某、邓某某、李某为索取高利贷，非法扣押、拘禁他人的行为及主要事实。各方对此并无争议。

本案争议的焦点在于对被告人吴某某的定性问题。公诉机关指控其构成抢劫罪，而辩方认为本案应定为非法拘禁罪。根据《中华人民共和国刑法》第二百六十三条、第二百三十八条的“抢劫罪”和“非法拘禁罪”规定，综合本案证据，笔者认为本案中吴某某的行为构成非法拘禁罪。主要理由如下：

抢劫罪与非法拘禁罪的主要区别如下：一是侵犯的客体不同，非法拘禁罪侵犯的客体主要是人身自由权利；而抢劫罪侵犯的客体主要是公民的财产权利，其中还包括公民的人身权利。二是犯罪目的不同，非法拘禁罪犯罪目的是在一定时间内限制或剥夺他人人身自由权利；而抢劫罪的主要目的在于非法占有公私财产。根据相关司法解释，行为人为索取高利贷、赌债等法律不予保护的债务，非法扣押、拘禁他人的，以非法拘禁罪定罪处罚。本案中，与被害人李甲存在债权债务关系的债权人并不明确，被害人明确表示债权人不是被告人吴某某；主要证人为担保人彭某某，但公安机关出具办案说明，未能核实其真实身份。本案缺少证人彭某某的证言，无法证实吴某某是否属于债权人身份，根据有利于被告人的原则以及李甲实际借款的事实，可以认定吴某某主观上是以索取债务为目的，纠集邓某某、李某实施本案行为，且有同伙邓某某、李某的供述及辨认笔录、被害人陈述及证人证言及相关辨认笔录、书证借条等佐证。因此，本案吴某某的行为应认定为非法拘禁罪。

编写人：广西壮族自治区梧州市长洲区人民法院　甘锦雄

（七）侵犯公民个人信息罪

25

简历销售人员与他人合谋，以“合规”方式非法出售个人信息构成非法侵犯公民个人信息罪

——郑某等侵犯公民个人信息案

【案件基本信息】

1. 裁判书字号

北京市第三中级人民法院（2019）京03刑终800号刑事裁定书

2. 案由：非法侵犯公民个人信息罪

【基本案情】

北京市朝阳区人民法院经审理查明：2016年10月至2018年6月，被告人黄某强通过猜配密码的方式非法获取北京网聘咨询有限公司运营的“智联招聘”企业客户账号，盗窃公民个人信息（求职者简历）并出售给被告人解某寅，获取违法所得人民币330630元。被告人解某寅将从被告人黄某强处非法购买的公民个人信息（求职者简历）通过加价转卖给被告人郑某，获取违法所得人民币272127.5元。被告人郑某将从被告人解某寅处非法购买的公民个人信息（求职者简历）通过其在淘宝网等网络平台开设的店铺非法对外出售。

此外，2018年3月至6月，被告人郑某分别与网聘公司上海分公司职员被告人王某、卢某俊合谋，通过在某招聘网站上开立虚假的企业账号等方式，非法获取公民个人信息（求职者简历）并用于出售。其中，被告人卢某俊涉非法获取公民个人信息（求职者简历）并出售给被告人郑某123556条，被告人王某涉非法获取公民

个人信息（求职者简历）并出售给被告人郑某41968条，获取违法所得人民币33329元。

五被告人后被抓获归案，侦查机关同时起获手机7部，电脑主机4台，笔记本电脑1部，现扣押在案。本案审理期间，被告人郑某退缴在案人民币5000元，被告人解某寅、黄某强、卢某俊、王某分别退缴人民币3万元，现在案。二审法院查明的事实与一审一致。

【案件焦点】

简历销售人员明知交易对方无购买简历资质、涉及出售个人信息而仍与之合谋虚构企业资质，以表面合规的形式出售简历的，是否构成侵犯公民个人信息罪。

【法院裁判要旨】

北京市朝阳区人民法院经审理认为，被告人黄某强违反国家有关规定，窃取公民个人信息并出售，违法所得达30余万元，情节特别严重；被告人解某寅违反国家有关规定，非法出售公民个人信息，违法所得达20余万元，情节特别严重；被告人卢某俊、王某身为网聘公司职员，将在履行职责或提供服务过程中获得的公民个人信息非法出售给他人，其中被告人卢某俊出售公民个人信息条数为12万余条，被告人王某出售公民个人信息条数为4万余条且违法所得在3万余元，二被告人的犯罪行为亦属情节特别严重；被告人郑某违反国家有关规定，长期通过多人非法购买公民个人信息并利用互联网进行转卖，亦属情节特别严重的情形。五被告人的行为均触犯了刑法，构成侵犯公民个人信息罪，依法应予惩处。故判决如下：

一、被告人郑某犯侵犯公民个人信息罪，判处有期徒刑四年九个月，罚金人民币三十万元；

二、被告人黄某强犯侵犯公民个人信息罪，判处有期徒刑四年六个月，罚金人民币三十万元；

三、被告人解某寅犯侵犯公民个人信息罪，判处有期徒刑四年三个月，罚金人民币三十万元；

四、被告人卢某俊犯侵犯公民个人信息罪，判处有期徒刑四年三个月，罚金人民币五万元；

五、被告人王某犯侵犯公民个人信息罪，判处有期徒刑四年，罚金人民币五万元；

六、继续追缴被告人解某寅违法所得人民币二十七万二千一百二十七元五角，追缴被告人黄某强违法所得人民币三十三万零六百三十元，追缴被告人王某违法所得人民币三万三千三百二十九元，依法予以没收。如被告人王某退缴在案钱款及扣押物品变价款有超出追缴违法所得部分，折抵被告人王某罚金；

七、被告人郑某退缴在案之人民币五千元及其扣押在案手机三部、电脑主机一台之变价款用于折抵被告人郑某罚金，被告人卢某俊退缴在案之人民币三万元及扣押在案手机一部、电脑主机一台之变价款用于折抵被告人卢某俊罚金。

判后，原审被告人黄某强、解某寅、王某提出上诉，二审法院审理过程中三人申请撤回上诉。北京市第三中级人民法院同意一审法院裁判意见。故裁定：

准许上诉人黄某强、解某寅、王某撤回上诉。

【法官后语】

本案涉及三种典型侵犯公民个人信息的行为：其一是以非法方法窃取个人信息；其二是以牟利为目的贩卖公民个人信息；其三是简历销售人员明知他人不具备招聘资质、涉嫌贩卖个人信息而仍与对方合谋虚构企业信息，以表面上合规的形式非法出售公民个人信息。

特别是第三种行为，是目前公民个人信息被泄露的主要途径之一，具有非常典型的警示意义。一方面，简历销售人员具有销售简历资格，其正常的销售行为与非法出售公民个人信息之间存在模糊地带；另一方面，随着国家对公民个人信息保护的加强，刑事法网不断严密，加大了对侵犯公民个人信息犯罪的打击力度。特别是《中华人民共和国刑法修正案（九）》，将本罪中“违反国家规定”修改为“违反国家有关规定”，扩大了本罪的打击面。根据刑法的规定，“国家规定”仅限于全国人大及其常委会制定的法律和决定，国务院制定的行政法规、规定的行政措施、发布的决定和命令。而“国家有关规定”还包括了部门规章，这些规定散见于金融、电信、交通、教育、医疗、统计、邮政等领域的法律、行政法规或部门规章中。这一变化使得侵犯公民个人信息的入罪门槛更低，只要违反了相关规定，就有可能涉及本罪。

回顾案件本身，主观上，卢某俊、王某作为简历销售人员，负有审核交易对象资质的义务，二人在明知或应当知道交易对象并非招聘企业、不具备招聘资质甚至是以出售个人信息为交易目的之前提下，仍与之合谋伪造企业资质，使后者能够通过表面合规的途径获得大量公民个人信息，进而实质上非法出售公民个人信息，能够认定行为人在主观上具有非法出售公民个人信息的故意。客观上，销售个人简历（公民个人信息）行为的合法性来源，在于公民个人与招聘平台之间基于招聘目的所签订之合同中的授权，而卢某俊、王某明知交易对方以出售个人信息牟利，仍向其出售个人简历，该行为已经突破了公民个人、招聘平台对简历销售人员的授权范围，失去了合法性的根基。因此，尽管卢某俊、王某并没有从出售行为中直接牟利，但并不影响本罪的认定。

刑与民之间的差异，很多时候在于行为的程度和对社会的危害。司法实践中，既要严格把握罪刑法定原则，明确入罪标准，也要能够及时刺破“合规”的形式面纱，掌握违法犯罪行为的实质。人才招聘行业是掌握大量个人信息的特殊行业，简历销售人员负有更重的保护个人信息的义务，刑法对相关从业人员配置更重的责任是保护公民个人信息的题中应有之义。

编写人：北京市第三中级人民法院　魏彤

26

鉴定意见的采信标准及公民个人信息的定义

——何某侵犯公民个人信息案

【案件基本信息】

1. 裁判书字号

北京市第一中级人民法院（2019）京01刑终542号刑事判决书

2. 案由：侵犯公民个人信息罪

【基本案情】

北京市石景山区人民法院经审理查明：2016年以来，被告人何某在北京市石景山区现代嘉园××号院×号楼×单元××号其住所内，通过互联网购买、与他人交换、收受等方式非法获取公民个人信息，并存放于其使用的笔记本电脑内。经鉴定，涉案笔记本电脑内置硬盘内提取出公民个人信息共计936万余条；经查，其中属于公民个人财产信息、通信内容信息的共计100余万条；涉及公民健康生理信息、交易信息等其他可能影响人身、财产安全的个人信息共计6万余条。

2017年10月至2018年4月，被告人何某通过移动电话在微信中与他人交换公民个人信息，经鉴定，涉案移动电话内何某以交换的方式向他人提供公民个人信息10482条，以交换的方式非法获取公民个人信息1258条。

2018年5月17日，被告人何某被民警抓获，涉案笔记本电脑一台、移动电话一部均被起获。

北京市第一中级人民法院经审理后认为，原审判决认定何某犯侵犯公民个人信息罪的部分事实不清，证据不足。

【案件焦点】

1. 对被告人电脑中存放公民个人信息文件夹及内部文件的创建修改时间形式审查与补充鉴定意见不一致；2. 被告人行为的罪与非罪。

【法院裁判要旨】

北京市石景山区人民法院经审理认为，被告人何某违反国家有关规定，非法获取公民个人信息，情节特别严重；向他人提供公民个人信息，情节严重；其行为已构成侵犯公民个人信息罪，应依法予以惩处。北京市石景山区人民检察院指控被告人何某犯侵犯公民个人信息罪的事实清楚，证据确实、充分，指控的罪名成立。鉴于其到案后能如实供述自己的罪行，可对其依法从轻处罚。据此判决如下：

一、被告人何某犯侵犯公民个人信息罪，判处有期徒刑四年，并处罚金人民币五万元；

二、扣押于公安机关的作案工具笔记本电脑一台、移动电话一部，予以没收。

北京市第一中级人民法院经审理认为，原审判决认定何某犯侵犯公民个人信息罪的部分事实不清，证据不足。

北京市第一中级人民法院依照《中华人民共和国刑事诉讼法》第二百三十六

条第一款第三项，作出如下判决：

一、撤销北京市石景山区人民法院（2018）京0107刑初313号刑事判决；

二、将本案发回北京市石景山区人民法院重新审判。

【法官后语】

本案的争议焦点之一为被告人何某实施犯罪所用苹果电脑中存放的公民个人信息是否全部为2016年之后获取，即北京信诺司法鉴定所（2018）司鉴字第732号（补充）鉴定意见是否能够被采信。

一、对被告人电脑中存放公民个人信息文件夹及内部文件的创建修改时间形式审查与补充鉴定意见不一致

北京信诺司法鉴定所（2018）司鉴字第732号（补充）鉴定意见称“该计算机内提取出与公民个人信息相关数据69762个，69762个文件创建时间均为2016年”。经承办人比对，发现被告人在电脑中以word文档或excel表格形式存放公民个人信息数据，在此基础上以文件夹区分购买时间及信息内容，不同文件夹及其包含文件创建时间和修改时间均不一致，其中在“2017年1000元购买重要好资料”以及“2018年2月购买金融、银行、证券、投资通讯录”和“2017某网站购买提取数据”三个文件夹中，文件夹及内部文件夹的创建时间和修改时间均为2018年6月7日或6月8日，而里面具体的word或excel公民信息创建时间与修改时间相同，显示为2017年或2018年。在“2017年整理互联网、软件、技术等工程师”的文件夹中，文件夹及内部文件夹的创建时间和修改时间均为2018年6月7日或6月8日，而里面的具体的word或excel公民信息创建时间与修改时间相同，除了2016年之后的，还有一部分2015年或2014年的。在“桌面备份”文件夹中，文件夹及内部文件夹的创建时间和修改时间均为2018年6月7日或6月8日，而里面的具体的word或excel公民信息创建时间与修改时间相同，除2016年之后，还有不少显示时间为2009年到2015年。

二、法官依个人生活经验验证被告人辩解及律师意见具备部分合理性

本案二审阶段被告人提出鉴定意见中的数据有些不是近期的，不应计入入罪数据总量，其辩护律师提出的“实际情况是被告人2016年换过电脑，当时就把2016年以前收集的信息一并复制到新电脑中，因此显示创建时间为2016年”。为验证文

件夹及文件在跨设备转移过程中是否会改变创建及修改时间。法官在个人计算机操作经验基础上，通过用U盘复制一台电脑中的文件夹到另一台电脑的方式，反复多次实验，发现文件夹及内部文件夹的创建时间、修改时间确实会随存储设备变更而发生变化，变成执行转移操作时的时间，而文件夹中包含的word或excel文件的创建时间、修改时间则不会变化。虽然文件创建修改时间为2016年之前不能直接推导出文件系被告人2016年之前获取，但被告人及辩护人所提设备更换导致的文件创建时间改变确实具备部分合理性。

三、与鉴定人沟通后再次加强法官内心确信并提出充分合理怀疑

经过与作出补充鉴定意见的其中一位鉴定人沟通，鉴定人针对该补充鉴定意见作出专业回答，并表示被告人电脑中存放公民个人信息部分文件显示2016年之前创建并修改，这种情况不能排除律师所称部分信息系在2016年之前收集获取，2016年后拷贝到该笔记本中的可能，亦不能排除被告人没有换过笔记本，而是在2016年后将2016年前已收集购买的信息进行过同一存储介质内的转移，而转移又可以分为复制与剪切两种操作方式，对应产生的创建时间都会不同，有的变化、有的不变，且与特定电脑的系统设置有关。此外，确定电脑内的文件信息的真正创建时间有赖于电脑系统情况，所需工程量非常庞大且复杂；本案补充鉴定意见所称的“笔记本中的全部文件信息创建时间均为2016年”只是该鉴定所形式审查后所做出的形式时间，并不一定就是该信息的真正创建时间。

综上，法官凭借个人生活经验，结合鉴定人对鉴定意见所作的专业说明，合议庭经讨论，一致认为北京信诺司法鉴定所（2018）司鉴字第732号（补充）鉴定意见明显存在表述瑕疵及结论失真情况，不应予以采信。

本案的争议焦点之二为被告人行为罪与非罪。

首先，由于“侵犯公民个人信息罪”系2015年8月29日通过的《中华人民共和国刑法修正案（九)》才予以规定，根据刑法溯及力规定，只有2015年11月1日正式实施之后的该犯罪行为才算犯罪，本案中对被告人笔记本里文件的创建修改时间的反复确认也是为查明被告人实施犯罪时间节点，以在此基础上根据被告人获取信息数量，审查被告人行为是否构成犯罪以及构罪之后的量刑标准。

其次，被告人行为是否属于刑法条文规定的“违反国家有关规定”，对此，《最高人民法院、最高人民检察院关于办理侵犯公民个人信息刑事案件适用法律若

干问题的解释》第二条规定，违反法律、行政法规、部门规章有关公民个人信息保护的规定的，应当认定为刑法第二百五十三条之一规定的“违反国家有关规定”。现有法律规定主要有：2016年《中华人民共和国网络安全法》第四十四条，任何个人和组织不得窃取或者以其他非法方式获取个人信息，不得非法出售或者非法向他人提供个人信息。《中华人民共和国民法典》第一百一十一条规定，自然人的个人信息受法律保护。任何组织或者个人需要获取他人个人信息的，应当依法取得并确保信息安全，不得非法收集、使用、加工、传输他人个人信息，不得非法买卖、提供或者公开他人个人信息。且根据《最高人民法院、最高人民检察院关于办理侵犯公民个人信息刑事案件适用法律若干问题的解释》第一条的规定，公民个人信息包括姓名、身份证号、通信通讯联系方式、住址、账号密码、财产状况、行踪轨迹。

可见，针对公民个人信息犯罪目前尚未有直接针对性刑法条文表述，从目前全国审判实践来看，也只能依据零散的、相对间接的法律法规予以定案。在学术界，有学者周道鸾、张军所著《刑法罪名精释》① 一书以及其他学者发表的文章一直呼吁尽快出台相应法律，否则此罪名缺乏前置法律依据。

结合本案具体情况，合议庭在排除补充鉴定意见前提下，认为依据现有其他证据，可以证明被告人2017年以后通过违法手段获取公民个人信息的犯罪事实，且已达到刑法规定入罪标准，关于第一起事实因证据不足无法认定，且辩护人对此发表针对性意见，为充分保障被告人权利，合议庭最终作出发回重审决定。石景山法院重新组成合议庭开庭并于2019年8月8日作出判决，被告人上诉后，北京市第一中级人民法院于2019年9月27日作出终审裁定，裁定驳回上诉，维持原判。

编写人：北京市第一中级人民法院 杨亮 申政伟

① 张军、周道鸾：《刑法罪名精释》，人民法院出版社2013年版。

27

被宣告缓刑的犯罪分子，缓刑判决未生效阶段发现漏罪，应当撤销缓刑，实行数罪并罚

——张某迪、张某侵犯公民个人信息案

【案件基本信息】

1. 裁判书字号

江苏省如皋市人民法院（2019）苏0682刑初178号刑事判决书

2. 案由：侵犯公民个人信息罪

【基本案情】

江苏省如皋市人民法院经审理查明：被告人张某原系被告人张某迪的同事，后被告人张某离职。被告人张某迪于2017年4月至5月，在普惠公司工作期间，先后三次向被告人张某非法出售、提供含车牌号码、车辆识别代号、机动车所有人、身份证号码、住所详细地址、手机号码等信息的公民个人信息28624条、含身份证号码、姓名的公民个人信息49482条。被告人张某系为实名认证微信号从被告人张某迪处非法获取公民个人信息。被告人张某迪从被告人张某处非法获得人民币600元。案发后，被告人张某迪、张某自动投案，并能如实供述自己的罪行，认罪认罚，签署具结书。审理中，被告人张某迪退出非法所得人民币600元。另查明，2017年12月25日，被告人张某因犯传播淫秽物品牟利罪，被深圳市龙岗区人民法院判有期徒刑十个月，缓刑一年，并处罚金人民币1000元。因同案犯欧某鑫提起上诉，2018年2月28日，深圳市中级人民法院裁定，驳回上诉，维持原判。2018年4月12日深圳市龙岗区人民法院将张某交付执行。2019年4月11日，如皋市石庄司法所对张某宣告解除社区矫正。

公诉机关认为，被告人张某迪非法提供公民个人信息，被告人张某非法获取公

民个人信息，情节特别严重，其行为均构成侵犯公民个人信息罪。

被告人张某迪对公诉机关的指控没有异议，当庭表示自愿认罪；其辩护人亦未提出异议。

被告人张某对公诉机关的指控没有异议，当庭表示自愿认罪，但辩解认为购买公民个人信息是受其老板欧某鑫的要求。其辩护人则认为：(1) 被告人张某购买公民个人信息的行为究竟是自己主动还是受公司安排的职务行为，未能查清；(2) 被告人张某犯侵犯公民个人信息罪的事实在前罪缓刑考验期前就已被发现，不能适用刑法七十七条的规定，且被告人在缓刑考验期间的表现好，原判刑罚已执行完毕。

【案件焦点】

1. 被告人张某购买公民个人信息是否是职务行为；2. 被告人张某的漏罪发现于缓刑考验期前，而非缓刑考验期内，是否应当根据刑法第七十七条第一款、第六十九条的规定，对其撤销缓刑，实行数罪并罚。

【法院裁判要旨】

江苏省如皋市人民法院经审理认为，被告人张某迪违反国家有关规定，向他人出售、提供公民个人信息，情节特别严重；被告人张某违反国家有关规定，以其他方法非法获取公民个人信息，情节特别严重；其行为均已触犯刑律，均构成侵犯公民个人信息罪。二被告人均系自首，且均自愿认罪认罚、退出非法所得，决定对二被告人均予以减轻处罚。

关于被告人张某购买公民个人信息是否是职务行为的问题。被告人张某及其辩护人认为该购买行为是受老板欧某鑫的要求，应是职务行为，但该辩解事实既未得到证人欧某鑫的证实，亦未有其他证据佐证，且与被告人张某与被告人张某迪、被告人张某与欧某鑫之间转账记录不相一致。故对该辩解意见不予采信。

关于是否对被告人张某撤销缓刑数罪并罚的问题。本案的犯罪事实，系判决宣告后缓刑考验期满前发现的，未能依法并案处理的漏罪，应当参照刑法规定，撤销缓刑，对新发现的罪作出判决，把前罪和后罪所判处的刑罚，实行数罪并罚。根据本案的犯罪性质、情节、危害后果，本案的犯罪事实是未能依法并案处理的犯罪事实，数罪并罚对被告人张某宣告缓刑对其居住社区没有重大不良影响，故对被告人张某可以适用缓刑。

综上，江苏省如皋市人民法院依照《中华人民共和国刑法》《最高人民法院、最高人民检察院关于办理侵犯公民个人信息刑事案件适用法律若干问题的解释》的相关规定，判决如下：

一、撤销深圳市龙岗区人民法院（2017）粤0307刑初3618号刑事判决中对被告人张某判处有期徒刑十个月，缓刑一年的缓刑部分；

二、被告人张某迪犯侵犯公民个人信息罪，判处有期徒刑一年，缓刑一年六个月，并处罚金人民币5000元；

被告人张某犯侵犯公民个人信息罪，判处有期徒刑一年，并处罚金人民币5000元；连同前罪所判刑罚有期徒刑十个月，并处罚金人民币1000元，数罪并罚，决定执行有期徒刑一年三个月，缓刑一年九个月，并处罚金人民币6000元；

三、被告人张某迪退出的非法所得人民币600元，予以没收，上缴国库。

【法官后语】

对被宣告缓刑的犯罪分子，即使在缓刑判决未生效阶段发现漏罪，亦应当参照适用刑法第七十七条第一款的规定，撤销缓刑，实行数罪并罚，理由如下：

第一，从刑法对后发现的罪处理原则看，刑法第六十九条规定“判决宣告前”一人犯数罪的，应当实行数罪并罚，也就是说判决宣告前发现被告人有其他罪行的，应当数罪并罚，刑法第七十条、七十一条、第七十七条则分别规定在判决宣告后，“刑法执行完毕前”“缓刑考验期内”犯新罪或者发现漏罪，亦应当并罚，因此，将在判决未生效阶段发现的漏罪与前罪并罚，并未违背立法原意。

第二，对漏罪是否实行并罚，应当考虑漏罪未被及时发现的原因、发现经过等因素。本案中，从被告人张某的漏罪发现经过来看，公安机关于2017年6月已发现同案犯张某迪侵犯公民个人信息的罪行，张某迪到案后亦如实供述了其曾向被告人张某非法提供公民个人信息，但公安机关在张某等人传播淫秽物品牟利罪一案宣判后才通知张某接受询问，可见，导致张某侵犯公民个人信息的罪行未能被及时发现的原因，不仅在于被告人张某在前罪归案后未能如实供述其侵犯公民个人信息的罪行，也在于公安机关在办案过程中未能及时调查取证，使两罪并案处理。结合当时的社会背景，包括被告人张某在内的很多人并不认为获取公民个人信息的行为是犯罪行为，因而张某未能在前罪办理过程中及时主动供述侵犯公民个人信息的行为亦属常情，不宜对其过分苛求。因此，从有利于被告人的角度，应当允许被告人张某享受“数罪并罚”的制度福利。

第三，刑法第七十条、第七十七条仅对漏罪发现时间作出限定，并未对作出判决时前罪是否已经刑罚执行完毕或者缓刑考验期满作出要求，所以即使漏罪审理时前罪缓刑考验期限已满，亦应当撤销缓刑，数罪并罚。

第四，对该类漏罪的并罚应当适用第七十七条的规定。刑法第七十条与第七十七条是一般法条和特别法条的关系，在前罪为缓刑判决的情况下，实行数罪并罚应当适用第七十七条第一款的规定，先撤销前罪缓刑，再根据刑法第六十九条的规定，决定执行的刑罚。本案中，被告人张某的漏罪发现于缓刑判决未生效阶段，作为特别条款的第七十七条并未明确规定该阶段内发现的漏罪应当如何处理。张某因前罪被宣告缓刑，在该缓刑判决未生效的情况下，其缓刑考验、原判刑罚均未进入执行阶段，“刑罚执行完毕”更无从谈起，因此，本案同样不属于第七十条规定的“刑罚执行完毕以前”。既然作为一般法条的第七十条和作为特别法条的第七十七条对于在缓刑判决尚未生效阶段发现漏罪如何处理均未有明确规定，考虑到需要先撤销前罪判决中宣告缓刑的部分，再实行数罪并罚，本案参照适用第七十七条第一款的规定更为恰当。

编写人：江苏省如皋市人民法院　倪翠晶

二、侵犯财产罪

（一）抢劫罪

28

转化型抢劫中犯罪形态的认定

——廖某华抢劫案

【案件基本信息】

1. 裁判书字号

广西壮族自治区崇左市中级人民法院（2020）桂14刑终49号刑事判决书

2. 案由：抢劫罪

【基本案情】

广西壮族自治区崇左市宁明县人民法院经审理查明：2019年10月10日凌晨5时许，廖某华窜进被害人何某江位于宁明县城中镇石油公司宿舍c楼y室的住所，潜入卧室盗窃何某江置于床头的手机时，被何某江察觉。廖某华逃跑至客厅时，被何某江扑倒在地，廖某华即以言语威胁称自己是吸毒人员，持有针管注射器。何某江发现其手上无针管后，再次扑倒廖某华，并扭打在一起。随后，何某江夫妇二人合力摁倒廖某华，并叫儿子打电话报警。民警到达现场后，在廖某华的裤袋内缴获被盗的一部价值1279元的华为牌手机。同年10月13日，涉案手机已发还给被害人。

另查明，被告人廖某华因犯诈骗罪于2012年5月17日被宁明县人民法院判处拘役五个月，并处罚金人民币一千元。因犯盗窃罪于2014年9月5日被宁明县人民法院判处有期徒刑十个月，并处罚金人民币二千元。2015年3月4日刑满释放。因犯盗窃罪于2016年2月2日被宁明县人民法院判处有期徒刑一年零三个月，并处罚金人民币二千元。2017年2月19日刑满释放。因犯盗窃罪于2018年9月12日被宁明县人民法院判处拘役四个月，并处罚金人民币一千元。2018年10月24日刑满释放。

【案件焦点】

1. 被告人仅有盗窃的故意，因抗拒抓捕转化成抢劫后，是否存在犯罪未遂；2. 一审认定被告人构成抢劫罪处以十年有期徒刑是否达到罪责刑相适应。

【法院裁判要旨】

广西壮族自治区宁明县人民法院经审理认为，被告人廖某华以非法占有为目的，入户盗窃他人财物，在被发现后在被害人的住处内使用暴力抗拒抓捕，其行为已触犯《中华人民共和国刑法》第二百六十九条的规定，构成抢劫罪。公诉机关指控被告人廖某华犯抢劫罪的犯罪事实清楚，证据确实、充分，指控罪名成立。本院予以支持。被告人廖某华曾因故意犯罪被判处有期徒刑，刑罚执行完毕以后，在五年内又故意犯应当判处有期徒刑以上刑罚之罪，系累犯，依法应当从重处罚。被告人廖某华自愿认罪，可酌情从轻处罚。根据被告人的事实、性质、情节以及对社会的危害程度，依照《中华人民共和国刑法》第二百六十三条、第二百六十九条、第六十五条第一款、第五十五条、第五十六条、第五十二条、第五十三条之规定，判决如下：

廖某华犯抢劫罪，判处有期徒刑十年，并处罚金人民币一万元，剥夺政治权利一年。

廖某华不服一审判决，向广西壮族自治区崇左市中级人民法院上诉。广西壮族自治区崇左市中级人民法院经审理认为，上诉人廖某华以非法占有为目的，采取秘密手段入户实施盗窃，在被发现后为抗拒抓捕以暴力相威胁，其行为已触犯《中华人民共和国刑法》第二百六十三条、第二百六十九条之规定，构成抢劫罪，且系入户抢劫。原判定性准确。廖某华曾因故意犯罪被判处有期徒刑，刑罚执行完毕以后，在五年内又故意犯应当判处有期徒刑以上刑罚之罪，是累犯。廖某华具有入户抢劫和累犯两个加重处罚的情节，依法应对其判处十年以上有期徒刑，但本案属于转化型抢劫，廖某华在犯罪性质转化前只有盗窃的故意，与普通抢劫案件相比其主观恶性、人身危险性相对较小，且其实施的暴力程度有限，另其在本案中既没能劫取到财物，又未造成他人人身伤害后果，是犯罪未遂。对于未遂犯，可以比照既遂犯从轻或者减轻处罚。原判认定事实清楚，审判程序合法，但未认定上诉人是抢劫未遂属适用法律错误，导致量刑过重，二审予以纠正。依照《中华人民共和国刑法》第二百六十三条第一项、第二百六十九条、第二十三条、第五十二条、第五十三条、第六十一条、第六十三条、第六十五条第一款，《最高人民法院关于审理抢劫案件具体应用法律若干问题的解释》第一条以及《中华人民共和国刑事诉讼法》第二百三十六条第一款第二项、第二百四十四条之规定，作出判决如下：

一、撤销广西壮族自治区宁明县人民法院（2019）桂1422刑初196号刑事判决；

二、上诉人（原审被告人）廖某华犯抢劫罪，判处有期徒刑五年，并处罚金人民币五千元。

【法官后语】

本案争议焦点在于：(1) 关于转化型抢劫犯罪是否存在未遂；(2) 关于一审以抢劫既遂判处被告人有期徒刑十年是否罪责刑相适应。

本案一、二审对廖某华构成抢劫罪不持异议，但对其是否属抢劫未遂存在不同看法，即对转化型抢劫犯罪是否存在未遂的情形看法不一；若以抢劫罪判处廖某华有期徒刑十年，是否达到罪责刑相适应，一、二审亦有不同的看法。下面，结合本案实际，对上述两个问题进行分析。

一、行为人盗窃后为抗拒抓捕的行为应认定为抢劫罪

刑法第二百六十九条规定，犯盗窃、诈骗、抢夺罪，为窝藏赃物、抗拒抓捕或者毁灭证据而当场使用暴力或者以暴力相威胁的，依照抢劫罪定罪处罚。根据《最高人民法院关于审理抢劫、抢夺刑事案件适用法律若干问题的意见》（以下简称《两抢意见》）第五条的规定，行为人实施盗窃行为，未达到数额较大，为抗拒抓

捕当场使用暴力，致人轻微伤以上后果的，以抢劫罪定罪处罚。理论界与实践均一致认为，转化型抢劫罪中的“盗窃、诈骗和抢夺”不以构成犯罪为必要，即转化型抢劫罪的成立不以所实施的盗窃达到数额较大即构成犯罪的标准为必要条件。本案被告人盗窃价值人民币1279元的手机，未达到盗窃罪数额较大的标准，但在被被害人发现将其扑倒在地上后即以言语威胁称自己是吸毒人员，持有针管注射器，以暴力相威胁，应当认定为抢劫罪。

二、转化型抢劫罪是否存在未遂

本案被告人入室的目的在于实施盗窃，事实也盗得一部手机，在欲离开房间时被被害人发现后即称其是吸毒人员，身上带有针管注射器，其抗拒抓捕的行为构成抢劫罪。但最终其被被害人控制住，手机也没拿到，其这一行为符合因意志以外的原因而未得逞，符合刑法对于未遂犯的相关规定，依法应认定系犯罪未遂。转化型抢劫罪在转化成抢劫后，应与一般的抢劫罪一样存在犯罪形态，应当按照一般抢劫罪的犯罪形态来认定。

三、一审以抢劫罪判处被告人有期徒刑十年有违罪责刑相适应原则

本案根据现有证据，可证实被告人平时没有什么正当职业，称其以“偷”为业不足为怪。案发当时其目的也是入室盗窃，随身也没有携带任何器械，而是在被被害人发现后，为挣脱被害人的抓捕，仅以言语相威胁，并没有造成任何人员轻微伤以上后果。从到案至一、二审均如实供认犯罪事实，认罪态度比较好。其行为转化为抢劫罪后，将面临最低量刑为十年的结局，而综合被告人实施的犯罪，与一般的抢劫罪相比，其人身危险性、社会危害性均不是非常大，处以其十年有期徒刑违背罪责刑相适用原则，与老百姓的普遍价值观严重不符，未能达到罚当其罪的结果。而认定被告人构成抢劫罪且系犯罪未遂，对其减轻处罚，既符合法律的规定，也达到了罪责刑相适应原则，取得较好的法律效果和社会效果。

编写人：广西壮族自治区崇左市中级人民法院　黄秋艳

29

抢劫罪中犯罪预备、未遂、中止的认定

——楚某某、黄某抢劫案

【案件基本信息】

1. 裁判书字号

广西壮族自治区南宁市中级人民法院（2019）桂01刑终741号刑事裁定书

2. 案由：抢劫罪

【基本案情】

广西壮族自治区南宁市兴宁区人民法院经公开审理查明：被告人楚某某于2018年12月在百度贴吧上与被告人黄某、高某（另案处理）通过聊天认识。二人因还不上信用卡以及网贷平台的钱，于是黄某就把楚某某以及同样想找钱的高某约到南宁市商量找钱的办法。2018年12月4日楚某某、高某来到南宁与黄某碰头后住进某宾馆558房，三人在商量后决定通过安装GPS定位器追踪开豪车的人到偏僻地方实施抢劫来快速获取钱财。于是楚某某在网上邮购两个GPS定位器快递给黄某签收并与高某外出购买了刀、塑料枪、封口胶、尼龙胶带等工具。

2018年12月8日晚9时许，经黄某提议，楚某某、黄某、高某来到南宁市青秀区万象城附近昌泰东盟广场健之佳药店门前，由黄某、高某望风，楚某某将GPS定位器安装到一辆黑色路虎汽车底盘上，并且确认安装在自己手机的软件可以对该车辆定位追踪后，三人离开现场。但因楚某某将软件关闭导致GPS定位器失效不能继续追踪到路虎汽车。2018年12月10日晚9时许楚某某、黄某、高某继续寻找作案目标，来到南宁市江南区玫瑰园别墅区F8栋别墅门旁一停车位，由黄某、高某望风，楚某某将GPS定位器安装到一辆黑色奔驰汽车的底盘，并由高某操作安装在自己手机的软件对车辆进行定位追踪。但因2018年12月11日高某被家人劝阻停止继续作案回家，楚某某、黄某无法继续跟踪奔驰汽车。楚某某在网上发布信息寻找愿意参与抢劫的人伺机实施抢劫时被公安机关抓获。

【案件焦点】

在抢劫罪中，犯罪预备与犯罪未遂、犯罪中止如何区分。

【法院裁判要旨】

广西壮族自治区南宁市兴宁区人民法院经审理认为，在共同犯罪中，被告人楚某某、黄某共同商量，共同实施，均系主犯，应当按其所参与的全部犯罪处罚。关于被告人楚某某、黄某所属犯罪形态的问题，综合评判如下：被告人楚某某、黄某为实施抢劫准备工具，使用GPS定位追踪器追踪作案目标，但因客观原因未能着手实施抢劫犯罪，属于犯罪预备。首先，抢劫罪的实行行为是否着手应当以行为人是否当场实施劫取财物行为来判断。经查，楚某某、黄某两次安装了GPS定位追踪器后，楚某某、黄某三人均未在当晚行动，而是回去观察汽车定位，而且其三人虽然确定要追踪的车辆，但是其要抢劫的对象、地点、手段均不确定，其三人的行为仍处于为实施抢劫行为创造条件的阶段，未进入犯罪实行阶段。其次，在第一起抢劫中，楚某某和黄某的供述均证实因GPS定位追踪器无法追踪车辆，其三人未能实施抢劫行为，故楚某某、黄某是由于意志以外的原因而导致抢劫行为不能继续进行，不属于犯罪中止。在第二起抢劫中，楚某某和黄某的供述均证实GPS定位追踪器软件安装在高某手机上，在高某离开南宁后客观上便无法继续定位奔驰车，在该起抢劫中楚某某、黄某未能着手实施抢劫亦是由于意志以外的原因，并非主动放弃犯罪，不属于犯罪中止。综上，对公诉机关指控二被告人构成犯罪未遂的公诉意见不予采纳，对被告人楚某某、被告人黄某及其辩护人提出二被告人的行为属于犯罪中止的辩护意见不予采纳，对楚某某辩护人提出被告人的行为属于犯罪预备的辩护意见予以采纳。被告人楚某某、黄某的行为属于犯罪预备，依法可以比照既遂犯从轻、减轻处罚或者免除处罚。被告人楚某某、黄某归案后如实供述犯罪事实，是坦白，依法可以从轻处罚。本院决定对二被告人减轻处罚。对辩护人提出楚某某、黄某具有坦白情节，请求从轻处罚的辩护意见予以采纳。二被告人利用GPS定位追踪器随机选取作案对象，并为实施犯罪准备了刀、封口胶、尼龙胶带等对人身具有危险性的工具，虽未着手实施犯罪，未造成实际损害，但社会危险性较大，应从严惩处。

广西壮族自治区南宁市兴宁区人民法院依照《中华人民共和国刑法》第二百六十三条、第二十五条第一款、第二十六条第一款和第四款、第二十二条、第六十四条、第六十七条第三款，作出如下判决：

一、被告人楚某某犯抢劫罪，判处有期徒刑一年九个月，并处罚金人民币六千元；

二、被告人黄某犯抢劫罪，判处有期徒刑一年九个月，并处罚金人民币六千元；

三、扣押在案的作案工具塑料手枪三支、木柄水果刀一把、黄色封口胶一卷、尼龙扎带一包、黑色头套一只、黑色华为 Mate 10Pro 手机一部、黑色 Sony Ericsson 手机一部、银色 vivo Y627 手机一部、金色华为 Honor 6A 32GB 型手机一部，依法予以没收。

楚某某、黄某不服一审判决提起上诉。广西壮族自治区南宁市中级人民法院经审理认为，楚某某、黄某以非法占有为目的，积极预谋劫取他人财物，跟踪作案目标，其行为已构成抢劫罪，系共同犯罪。在共同犯罪中，上诉人楚某某、黄某共同预谋、共同实施，起主要作用，均系主犯，二上诉人为实施抢劫购买犯罪工具、追踪被害人，积极为实施抢劫行为创造条件，但因客观原因未能着手实施，属于抢劫罪的犯罪预备，可以从轻处罚。经查，原判认定事实清楚，证据确实充分，定性准确，量刑适当，适用法律正确，审判程序合法，上诉人的上诉理由依法不能成立。

广西壮族自治区南宁市中级人民法院依照《中华人民共和国刑事诉讼法》第二百三十六条第一款第一项之规定，作出如下裁定：

驳回上诉，维持原判。

【法官后语】

本案处理的重点在于正确区分犯罪预备、犯罪未遂和犯罪中止。

犯罪预备发生在犯罪预备阶段，犯罪未遂发生在犯罪实行阶段或者实行行为完成后的实行后阶段。故要区分犯罪预备和犯罪未遂的前提是正确划分犯罪阶段。犯罪的着手是犯罪实行阶段的起点，指的是行为人开始实施刑法分则所规定的具体犯罪实行行为。但是刑法分则规定的具体犯罪实行行为具有高度概括性，而犯罪的本质是侵犯犯罪客体，故犯罪着手的认定应当根据犯罪客体是否具有被侵犯的紧迫危险来进行判断。犯罪开始着手后，行为人由于意志以外的原因而停止犯罪的，成立犯罪未遂；在犯罪着手前，也就是在犯罪预备阶段，行为人由于意志以外的原因停止犯罪的，成立犯罪预备。犯罪中止则可能出现在危害结果发生前的整个犯罪过程，它与犯罪预备、犯罪未遂的本质区别在于其具有自动性，系行为人基于本人意志而自动放弃犯罪或者主动有效防止危害结果发生。

抢劫罪既侵犯财产权利又侵犯人身权利，指的是行为人使用暴力、胁迫或者其他方法致使他人反抗不能从而劫取他人财物的行为，其实行行为包括手段行为和目的行为。抢劫罪的着手在犯罪客观方面以是否开始实施暴力、胁迫或者其他方法的手段行为来判断，从本质上应该从行为是否有侵犯犯罪客体的紧迫危险来认定。具体到本案中，楚某某、黄某、高某在客观上实施了购买犯罪工具、安装GPS定位器和追踪豪车定位的一系列行为。从犯罪客观方面上看以上行为并不属于抢劫罪手段行为包含的致使他人反抗不能的暴力、胁迫或者其他方法；从犯罪客体角度看，楚某某等三人虽然已经确定要追踪的车辆，但是对抢劫的对象、地点、手段等均不确定，其三人的行为也没有侵害他人人身权利的紧迫危险性。故楚某某等三人的行为仍处于为实施抢劫行为创造条件的阶段，未进入犯罪实行阶段。在第一起抢劫中，楚某某、黄某因错误关闭GPS定位追踪器而导致无法继续追踪车辆，未能继续实施抢劫；在第二起抢劫中，楚某某、黄某因GPS定位追踪器软件安装在高某手机上，后由于高某离开二人无法继续跟踪车辆致使未能继续实施抢劫。以上两起抢劫均是由于楚某某、高某意志以外的客观原因导致未能着手实施抢劫。综上，楚某某、黄某在犯罪预备阶段因意志以外的原因未能着手实施抢劫，构成抢劫罪的犯罪预备。

编写人：广西壮族自治区南宁市兴宁区人民法院　黄俏莉

30

进入与生活场所有明确隔离的经营场所抢劫的不应认定为“入户”抢劫

——所某拉火抢劫案

【案件基本信息】

1. 裁判书字号

江苏省南通市中级人民法院（2019）苏06刑终293号刑事判决书

2. 案由：抢劫罪

【基本案情】

江苏省南通市中级人民法院经公开审理查明：被告人所某拉火于2019年2月6日凌晨2时左右，步行至如东县袁庄镇竹园村十二组58号被害人高某某（女）宅，意欲盗窃香烟，遂从该宅南围墙处翻墙进入，再通过破门开锁的方式，进入该宅一楼东侧用于零售香烟和日常生活用品的房间，窃得现金人民币625元，还窃得南京、云烟等香烟若干，并将所窃香烟装入现场所得的蛇皮袋内，再将该蛇皮袋放置于该宅院墙东墙角处。其间，居住于该宅二楼的被害人高某某听到家中有异响，遂起床查看。与此同时，被告人所某拉火又携带另一蛇皮袋进入一楼东侧房间，再次盗窃散装香烟，但在散装香烟装入蛇皮袋后，被被害人高某某发现并拽住。被告人所某拉火为逃离现场，遂将该装有散装香烟的蛇皮袋放下，与被害人高某某从该房间拖拽至该宅院落内，并击打被害人面部，致被害人右眼受伤后放手。后被告人所某拉火携带存放于东墙角处的蛇皮袋翻墙逃离。经鉴定，失窃香烟价值人民币5105元，被害人高某某的伤情系轻微伤。被告人所某拉火归案后如实供述了自己的犯罪事实。涉案香烟和现金已于案发后被追回，并依法发还给被害人。

【案件焦点】

1. 所某拉火盗窃被发现后，为了逃离现场而拳击被害人是否构成抢劫罪；2. 所某拉火进入被害人用于经营的房间抢劫是否属于“入户抢劫”。

【法院裁判要旨】

江苏省如东县人民法院经审理认为，被告人所某拉火入户盗窃被发现后为抗拒抓捕，挥拳击打被害人，致使被害人受轻微伤，其行为已构成抢劫罪。被告人所某拉火归案后如实供述自己的罪行，系坦白，已退出赃物，在庭审中自愿认罪，可从轻处罚。

江苏省如东县人民法院依照《中华人民共和国刑法》第二百六十三条第一项、第二百六十九条、第六十七条第三款之规定，作出如下判决：

被告人所某拉火犯抢劫罪，判处有期徒刑十年，并处罚金人民币二万元。

所某拉火不服一审判决，上诉称其系盗窃，不构成抢劫罪，也不是入户抢劫。江苏省南通市中级人民法院经审理认为，所某拉火以非法占有为目的进入超市实施盗窃被发现后，为抗拒抓捕，使用暴力主动攻击被害人，致被害人受轻微伤，其行为已构成抢劫罪。所某拉火实施犯罪的场所系被害人经营的超市，该超市与被害人家庭生活起居场所有明确隔离，所某拉火未进入被害人家庭生活场所实施抢劫，故不宜认定为入户抢劫。原判决认定上诉人所某拉火犯抢劫罪的事实清楚，证据确实、充分，但认定入户抢劫并据此量刑不当，予以纠正。

江苏省南通市中级人民法院依照《中华人民共和国刑法》第二百六十三条、第二百六十九条、第六十七条第三款、《中华人民共和国刑事诉讼法》第二百三十六条第一款第二项之规定，作出如下判决：

一、维持江苏省如东县人民法院（2019）苏0623刑初151号刑事判决中对上诉人所某拉火犯抢劫罪的定性部分；

二、撤销江苏省如东县人民法院（2019）苏0623刑初151号刑事判决中对上诉人所某拉火的量刑部分；

三、上诉人所某拉火犯抢劫罪，判处有期徒刑四年，并处罚金人民币一万元。

【法官后语】

本案需要重点审查两点：其一，被告人为逃离盗窃现场而采取的暴力行为的方式和强度是否满足转化型抢劫的要求。《中华人民共和国刑法》第二百六十九条规定，犯盗窃、诈骗、抢夺罪，为窝藏赃物、抗拒抓捕或者毁灭罪证而当场使用暴力或者以暴力相威胁的，依照抢劫罪定罪处罚。《最高人民法院关于审理抢劫刑事案件适用法律若干问题的指导意见》规定，对于以摆脱的方式逃脱抓捕，暴力强度较小，未造成轻伤以上后果的，可不认定为“使用暴力”，不以抢劫罪论处。这里的“摆脱”应是消极的躲避、挣扎、挣脱，不能积极地攻击。本案中，所某拉火为抗拒抓捕，主动出击，拳击被害人脸部，行为方式超出了一般的摆脱行为，且造成了被害人轻微伤，符合转化型抢劫的构成要件。

其二，“入户抢劫”的认定。根据《最高人民法院关于审理抢劫刑事案件适用法律若干问题的指导意见》之规定，对于部分用于经营、部分用于生活且之间有明确隔离的场所，行为人进入生活场所实施抢劫的，应认定为“入户抢劫”。与之相对应的是，行为人进入经营场所实施抢劫的，不应认定为“入户抢劫”。按照“举重以明轻”的刑法解释规则，行为人进入经营场所实施盗窃的，也不应认定为“入户盗窃”。根据《最高人民法院关于审理抢劫、抢夺刑事案件适用法律若干问题的意见》之规定，入户盗窃被发现，行为人为窝藏赃物、抗拒抓捕或者毁灭罪证而当场使用暴力或者以暴力相威胁的，如果暴力或者暴力胁迫行为发生在户内，可以认定为“入户抢劫”；如果发生在户外，不能认定为“入户抢劫”。本案中，涉案住宅部分用于经营，部分用于生活，经营场所与生活场所有明确隔离，所某拉火进入用于经营的房间盗窃，不构成“入户盗窃”。所某拉火盗窃被发现后，与被害人由用于经营的房间拉扯至宅院，拉扯期间以暴力攻击被害人眼部。宅院虽属生活场所，但无法证明其暴力行为究竟发生在属于经营场所的房间还是属于生活场所的宅院。根据存疑有利于被告人的原则，不应认定其暴力行为发生在生活场所。综上，所某拉火既未“入户盗窃”，也无充分证据证明其在户内实施了暴力攻击行为，故不能认定其“入户抢劫”。

编写人：江苏省南通市中级人民法院　胡元吉

31

冒充武警人员查处违法行为时采用短暂限制人身自由方式强取财物应如何定性

——刘某等抢劫案

【案件基本信息】

1. 裁判书字号

云南省昆明市中级人民法院（2019）云01刑终66号刑事裁定书

2. 案由：抢劫罪

【基本案情】

云南省昆明市呈贡区人民法院经审理查明：2017年上半年，被告人吴某某、刘某、兰某某共同商议冒充军警人员抢劫运输走私冻品的大货车，后邀约阙某某等人共同参与。由吴某某购买了冒充武警人员的服装、盾牌、手铐等物品，并约定由吴某某、兰某某分别冒充大队长、副大队长，负责现场指挥，刘某负责联系销赃，阙某某等其余人员冒充武警人员，根据指挥控制大货车驾驶员、拉运冻品等。

2017年7月29日21时许，上述人员冒充武警人员，强行将被害人赵某、黄某某驾驶的车牌为云G7××××东风牌大货车拦下，并用手铐将赵某、黄某某铐上控制后，抢走大货车上十二吨冻品，并以罚款名义向赵某索要现金2900元。后刘某等人将抢来的冻品运至嵩明销赃，卖得人民币24000元。

2017年7月31日晚，上述人员冒充武警人员，强行将被害人杨某某、吴某某驾驶的车牌为云G6××××的东风牌大货车拦下，对杨某某、吴某某实施控制后，抢走大货车上十四吨冻品，并将前来接货的被害人王某某驾驶的车牌为粤BU××××的别克商务车砸坏。后吴某某、刘某等人将抢来的冻品运至嵩明，卖得人民币84000元。经认定，粤BU××××号别克商务车被损坏的价值为人民币2270元。

另，被告人刘某累计透支信用卡本金共计人民币 199710.58 元。2013 年 7 月后，经银行多次催收超过三个月仍未归还。

【案件焦点】

1. 被告人冒充武警人员以查处走私货物为由，没有使用传统的暴力行为，而采用短暂限制人身自由等方式强行占有财物，能否认定为使用暴力、威胁劫取财物，构成抢劫罪；2. 二审案件中评价对共同犯罪中各被告人量刑是否适当，是根据独立评价被告人的行为、情节判断还是根据作用、地位与其余被告人量刑对比是否均衡判断。

【法院裁判要旨】

云南省昆明市呈贡区人民法院经审理认为，被告人吴某某、刘某、兰某某、阙某某以非法占有为目的，伙同他人，冒充军警人员抢劫，四人的行为构成抢劫罪，抢劫数额巨大。吴某某、刘某、兰某某系主犯，阙某某系从犯；吴某某、兰某某、阙某某系坦白，可以从轻处罚；兰某某有犯罪前科，可酌情从重处罚。刘某撤销缓刑，数罪并罚。

云南省昆明市呈贡区人民法院依照《中华人民共和国刑法》第二百六十三条、第二十五条第一款、第二十七条、第六十九条、第六十七条第三款、第七十七条第一款、第一百九十六条、第六十四条作出如下判决：

一、被告人刘某犯抢劫罪，判处有期徒刑十三年，并处罚金 60000 元；犯信用卡诈骗罪，判处有期徒刑五年，并处罚金 50000 元，撤销原判前罪犯信用卡诈骗罪，判处有期徒刑二年，缓刑二年，并处罚金 20000 元，决定执行有期徒刑十七年，并处罚金 130000 元；

二、被告人吴某某犯抢劫罪，判处有期徒刑十三年，并处罚金 60000 元；

三、被告人兰某某犯抢劫罪，判处有期徒刑十三年六个月，并处罚金 60000 元；

四、被告人阙某某犯抢劫罪，判处有期徒刑七年八个月，并处罚金 50000 元；

五、扣押在案的作案工具标有“武警盾牌”字样的纸板一块，予以没收；违法所得继续追缴，发还被害人。

刘某、阙某某以其构成招摇撞骗罪、吴某某以其构成敲诈勒索罪、兰某某以量刑过重等为由，提出上诉。云南省昆明市中级人民法院经审理后认为，四名上诉人伙同他人冒充军警人员拦截被害人车辆，强行将被害人押解至车中，并使用手铐进行约束，趁机强行开走被害人车辆的行为已经达到抢劫罪的暴力程度，故三人不构成抢劫罪的上诉意见不能成立。吴某某、刘某、兰某某均属主犯，但兰某某的地位、作用轻于吴某某、刘某，阙某某属从犯，一审对兰某某判处的刑罚不属于量刑畸重，虽吴某某、刘某的抢劫罪的量刑轻于兰某某，但根据上诉不加刑原则，二审不加重二人刑罚。

云南省昆明市中级人民法院依照《中华人民共和国刑事诉讼法》第二百三十六条第一款一项之规定，作出如下裁定：

驳回上诉，维持原判。

【法官后语】

被告人在冒充武警查处走私行为时，采用短暂限制人身自由方式强行占有财物的行为是否能够评价为使用暴力，从而认定为抢劫罪。对行为人冒充警察以“执法”活动为由占有被害人的财物行为构成何种犯罪，2005年6月8日最高人民法院颁布的《关于审理抢劫、抢夺刑事案件适用法律若干问题的意见》作出了专门规定，冒充人民警察“抓赌”“抓嫖”、没收赌资或者罚款的行为，构成犯罪的，以招摇撞骗罪从重处罚；在实施上述行为中使用暴力或者暴力威胁的，以抢劫罪定罪处罚。因此，本案能否认定为抢劫罪的关键在于四被告人“查处违法行为”时使用的手段是否是暴力或者暴力威胁。

本案中，一、二审法院均认为四被告人事前共谋，以“武警查缉”名义对走私货物的车辆实施拦路堵截，并将被害人押解至几人驾驶的车辆中，对其使用手铐，强行开走被害人货车等一系列行为，虽未使用传统的殴打、伤害等暴力，被害人亦未受到实际的损伤，但是其对被害人采用的短暂限制人身自由行为已经使被害人产生恐惧进而形成心理强制，达到了足以压制被害人反抗的程度，远远超出了敲诈勒索的“基于害怕被查处的恐惧心理而交出财物”的程度，且与招摇撞骗的“被害人基于被骗自愿交付财物”有显著区别，四被告人使用的“拦截”“使用手铐”“押解至车中”等能达到短暂限制人身自由目的的行为在程度、样态、手段、场所、双方人数、心理震慑力等层面上已经达到了足以压制被害人反抗的程度，应当认定使用暴力当场强行劫取财物，构成抢劫罪，且属于冒充军警人员抢劫的从重处罚情节。

本案的另一个问题是，在共同犯罪中，二审法院评判一审法院量刑是否适当的标准，是根据独立评价被告人的行为、情节，还是根据从行为、情节与其余被告人对比量刑是否均衡。

罪责刑相适应是量刑的根本原则，也是评价对被告人量刑是否适当的根本标准。具体而言，衡量对被告人的刑罚是否适当的标准首先应该是从其作为独立个体角度考量对其的量刑是否与其犯罪行为、性质、社会危害性等查明的犯罪事实及情节相适应，这是其承担刑罚的基础，其次才是其与共同犯罪中其余被告人相比，对其的判处的刑罚是否实现量刑均衡。具体到本案中，仅从兰某某本身的犯罪行为上看，根据其积极参与两起抢劫犯罪、犯罪数额特别巨大、冒充军警人员实施抢劫的从重处罚情节和以罚款名义向被害人索要现金2900元等情节，对其判处有期徒刑十三年六个月的量刑适当，不属于量刑畸重的情形；只是从量刑均衡角度看，吴某某、刘某、兰某某均系主犯，兰某某的地位、作用轻于二人，但与二人相比，对兰某某量刑偏重，但单独来看，三人各自的量刑均符合罪责刑相适应原则，只是对于二人量刑轻于兰某某这一量刑略显均衡的情形，二审案件中不能直接依据罪责刑相适应原则加重对二人的处罚。故基于“上诉不加刑”原则，二审法院单独对各被告人行为、情节评价后发现量刑并无明显不当，只是在共同犯罪中出现量刑不均衡，也不得加重对其中量刑畸轻被告人的处罚。

编写人：云南省昆明市中级人民法院　周舒

32

公诉案件中被告人是否应承担部分举证责任

——张某抢劫案

【案件基本信息】

1. 裁判书字号

北京市第二中级人民法院（2019）京02刑终667号刑事裁定书

2. 案由：抢劫罪

【基本案情】

北京市丰台区人民法院经审理查明：2010年11月19日中午，被告人张某尾随被害人吴某红至北京市丰台区华源一里1号楼××号门口，张某持电棍对被害人吴某红以拉拽、电击等方式意图对被害人实施抢劫，因被害人反抗，其本人在受伤后逃跑。被害人于当日报警。后经鉴定，现场勘验提取的血迹为张某所留。张某于2018年12月17日在原籍被抓获归案。

【案件焦点】

在公诉案件中被告人是否应承担部分举证责任。

【法院裁判要旨】

北京市丰台区人民法院经审理认为，在证明责任上应区分说服责任和提供证据责任，公诉案件中被告人有罪的举证责任由人民检察院承担，公诉方始终承担着说服责任，但在提供证据责任上，在公诉方针对指控的事实主张已经提供了相应的证据，承担了初步的证明义务后，被告方也需要对相关的辩护事实承担提供证据的责任，即使最终反驳的责任仍然由公诉方承担。本案被告人张某辩称自己之前被人骗钱、被害人与骗子体貌特征很像等，一直未能提供相关证据或者线索、材料，辩护人提供的几张照片既不能反映出被告人视力近视，也不能反映出被告人当时被骗、认错人，因此将被告人的一些没有依据的辩解的证明责任完全要求公诉方来承担，混淆了说服责任和提供证据责任，不符合证明责任的分配原则。在案证据已证明被告人张某以非法占有为目的，使用暴力手段劫取他人财物，其行为侵犯了公民的人身权利和财产权利，已构成抢劫罪，依法应予惩处。张某已经着手实行犯罪，因意志以外的原因而未得逞，系犯罪未遂，比照既遂犯对其减轻处罚。

北京市丰台区人民法院依照《中华人民共和国刑法》第二百六十三条、第二十三条、第六十一条之规定，判决如下：被告人张某犯抢劫罪，判处有期徒刑二年，并处罚金人民币四千元。

宣判后，张某提出上诉。张某及其辩护人从证据采信、诉讼程序、行为定性、量刑情节等方面提出了相关上诉理由和辩护意见，其中同样包括举证责任分配问题，认为侦查机关、公诉机关、一审法院均怠于履行职责，未收集相关证据排除张某的行为是因为认错人的合理怀疑，将排除合理怀疑的责任强加于张某。

北京市第二中级人民法院经审理认为，公诉机关通过出示证据证明张某实施了抢劫犯罪，张某仍作无罪辩解，在此情形下，张某虽不负有收集、出示证据证明其无罪的义务，但至少应提供可供司法机关查证的线索以证明无罪辩解的合理性，张某行为极其反常，辩解自相矛盾又无据可查，本案司法机关并未要求张某承担排除合理怀疑的证明责任，而是张某及其辩护人所提抗辩不足以构建合理怀疑。张某以非法占有为目的，使用暴力抢劫他人财物，其行为已构成抢劫罪，依法应予惩处。一审法院认定张某犯抢劫罪的事实清楚，证据确实、充分，根据其犯罪的事实、犯罪的性质、情节及对于社会的危害程度所作的判决，定罪及适用法律正确，量刑适当，审判程序合法，应予维持。

北京市第二中级人民法院依照《中华人民共和国刑事诉讼法》第二百三十六条第一款第一项之规定，作出如下裁定：驳回上诉，维持原判。

【法官后语】

随着刑事古典学派的兴起和刑事司法文明的进步，刑法理论和司法实践逐渐确立无罪推定原则，与之配套的是举证责任分配中应坚持不得强迫任何人自证其罪。我国刑事诉讼法亦吸收了理论研究成果，其中第五十一条规定：“公诉案件中被告人有罪的举证责任由人民检察院承担……”如何理解适用上述规定，控辩双方以及一审、二审法院均存在认识分歧。

一、理论学说

在英美证据法理论中，举证责任被明确区分为提出证据责任和说服责任。基于无罪推定原则和对抗主义诉讼模式，被告人被预先推定为无罪，检察官指控被告人有罪，既应承担提出证据证明犯罪事实的责任，同时还应承担说服裁判者判定被告人有罪的责任。同时，鉴于被告人对犯罪事实的发生较检察官更为知悉来龙去脉，“对于阻却违法、阻却责任之事实，被告最容易得到知识或证据，依一般举证责任分配的原则，亦应由被告负举证责任”。[①] 控辩双方所承担的说服责任存在程度上的差异，检察官承担的说服责任需要达到排除合理怀疑程度，被告

① 王兆鹏：《美国刑事诉讼法》，北京大学出版社2005年版，第530页。

人只需达到优势证据程度即可。大陆法中举证责任区分基本相似，说服责任被称为客观举证责任或实质举证责任，与提出证据责任相对应的为主观举证责任或形式举证责任。①

二、一审法院观点

针对本案控辩双方关于公诉案件中被告人是否应承担部分举证责任的争议焦点，一审法院采信了证据法理论对举证责任作出的提出证据责任与说服责任的区分，在坚持公诉案件证明被告人有罪提供证据责任、说服责任均应由检察机关承担的基础上，认为被告人及其辩护人对辩解事实也应承担相应的举证责任。在本案中，被告人张某辩称之前为人所骗，被害人与其遭遇的诈骗嫌疑人体貌特征相似，但未履行提供证据责任和说服责任，应承担由此造成的不利后果。

理论可用于指导实践，但需要注意的是理论与实践之间仍然存在一定程度的差异。刑事司法实践中运用证据理论，应结合具体法律规定。我国刑事诉讼法对举证责任尚未区分提供证据责任与说服责任，其中第五十二条明确规定："审判人员、检察人员、侦查人员必须依照法定程序，收集能够证实犯罪嫌疑人、被告人有罪或者无罪、犯罪情节轻重的各种证据……"结合以上规定，司法机关负有全面收集证明被告人有罪、无罪以及罪轻罪重证据的责任。收集、提供证据更多的是被告人、辩护人享有的一项诉讼权利而非法定义务。被告人、辩护人未行使提供证据的权利，并不能免除司法机关积极收集证明被告人无罪、罪轻证据的义务，亦不能直接判令被告人承担有罪或罪重的法律后果。

三、二审法院意见

二审法院针对本案控辩双方争议焦点的论证思路与一审法院略有不同，但在裁判结果上又殊途同归。笔者认为：

1. 刑事司法应鼓励被告人收集、提供无罪或罪轻的证据。被告人是犯罪事实的亲历者，对有利于己方证据的种类、收集渠道更为熟悉，这正是域外证据理论和司法实践将阻却违法、阻却责任的举证责任划归辩方承担的重要理由和积极意义所在。我国刑事诉讼法完整地采用职权主义诉讼模式，尚未将此规定为被告人的法定

---

① ［日］田口守一：《刑事诉讼法》，刘迪、张凌、穆津译，法律出版社2000年版，第226～227页。

举证义务，但基于程序参与原则和查明案件事实的需要，应鼓励被告人积极收集、提供证据以支持无罪或罪轻辩解，并为被告人陈述意见、提出证据提供“所必需的时间上及机会上的便利和程序保障”。①

2. 被告人应当提供证明无罪或罪轻辩解可供查证的线索。我国刑事诉讼法及相关司法解释虽未规定被告人负有举证责任，但已明确规定被告人负有提供相关证据线索的义务。例如，刑事诉讼法第五十八条第二款规定，被告人申请排除以非法方法收集的证据的，应当提供相关线索或者材料。《最高人民法院关于适用〈中华人民共和国刑事诉讼法〉的解释》第二百七十三条规定，被告人申请通知新的证人到庭，调取新的证据应当提供证人的姓名、证据的存放地点。被告人拒不提供证明辩解合理的证据线索，或其辩解本身就是无从查证的“幽灵抗辩”，在此情形下要求司法机关承担收集、提供证据的责任，既不合理又无法律依据。在本案中，检察机关通过出示证据证明张某实施了抢劫犯罪，张某仍作无罪辩解，张某虽不负有收集、出示证据证明其无罪的义务，但至少应提供可供司法机关查证的线索以证明无罪辩解的合理性。在此前提下，司法机关才负有收集证据排除合理怀疑的义务。张某辩称曾被他人所骗，因眼睛近视将吴某红误认为骗取其钱款之人，尾随吴某红的目的是要回被骗款项。案发当日，张某携带电棍等物品从小区门口一直尾随被害人，至被害人居住的13楼而不与之确认身份；趁被害人单独一人反身锁门背后无防备之机，不出声询问却突然发难；既不能叙述被骗经过，也不能提供骗其钱款女子的体态特征及身份信息；辩称近视“未看清”“不敢看”被害人，又表示骗其钱款的女子与被害人很像。张某行为极其反常，辩解自相矛盾又无据可查。本案司法机关并未要求张某承担排除合理怀疑的举证责任，而是张某及其辩护人所提抗辩不足以构建合理怀疑。

编写人：北京市第二中级人民法院　周耀

① 宋英辉：《刑事诉讼原理》，法律出版社2003年版，第107页。

（二）抢夺罪

33

跟车尾随闯卡偷逃高速通行费行为认定

——王某抢夺案

【案件基本信息】

1. 裁判书字号

北京市第一中级人民法院（2019）京01刑终183号刑事判决书

2. 案由：抢夺罪

【基本案情】

北京市海淀区人民法院经审理查明：2013年5月7日至2016年6月8日，被告人王某在本市海淀区京藏高速清河收费站进京出口等地，为逃避缴纳高速公路通行费，多次驾驶车牌号为京GVY×××的小型轿车，采用跟车尾随过杆的方式强行闯卡。2017年11月16日，被告人王某被公安机关抓获归案。

【案件焦点】

对于机动车驾驶员在高速公路出口处人工收费通道多次采取跟车尾随过杆的方式，趁收费员来不及防备从而实现闯卡逃费行为的性质，应该评价为何种犯罪。

【法院裁判要旨】

北京市海淀区人民法院经审理认为，被告人王某驾驶机动车，在高速公路收费出口趁前车缴费通过抬杆未落之机，多次跟车不缴费强行通过，任意扰乱高速公路的通行秩序，情节严重，其行为已构成寻衅滋事罪，应予惩处。被告人王某系自首；且在家属的帮助下补缴了车辆通行费，依法对其从轻处罚。据此判决如下：

被告人王某犯寻衅滋事罪，判处有期徒刑六个月。

北京市第一中级人民法院经审理认为，王某在高速公路收费站出口处人工收费通道，利用升降杆智能识别的特征驾车紧随前车快速通过升降杆，其主观目的在于非法占有应缴纳给首都公路公司的车辆通行费而非无故滋事、无事生非，客观行为缺少“强拿硬要”的言语及行为特征，且未曾出现阻碍高速公路车辆通行秩序的情形，因而王某行为的性质不属于寻衅滋事，其行为不构成寻衅滋事罪。上诉人王某乘首都公路公司收费员不备，多次公然采取跟车尾随过杆方式逃避缴纳应支付给首都公路公司的车辆通行费，其行为已构成抢夺罪，依法应予惩处。鉴于其在家属的帮助下及时补缴了车辆通行费，且在归案后能如实供述主要犯罪事实，故可对其酌予从轻处罚。一审法院定罪及适用法律有误，依法予以纠正。虽然刑法规定，人民法院对于犯抢夺罪的被告人，应当在判处主刑的同时，并处或者单处罚金。但根据《中华人民共和国刑事诉讼法》第二百三十七条之规定，人民法院审理被告人上诉的案件，不得加重被告人刑罚。因此，二审程序虽然变更了王某的罪名，但对王某不予并处罚金。北京市第一中级人民法院据此判决如下：

一、撤销北京市海淀区人民法院（2018）京0108刑初1088号刑事判决；

二、上诉人王某犯抢夺罪，判处有期徒刑六个月。

【法官后语】

对于机动车驾驶员在高速公路出口处人工收费通道多次采取跟车尾随过杆的方式，趁收费员来不及防备从而实现闯卡逃费行为的性质，应该评价为何种犯罪，对此分析如下：

一、本案的行为依法应被评价为犯罪

犯罪行为应具有两方面的特征，即具有社会危害性和依法应受刑罚处罚性。

就王某的行为而言，第一，该行为具有一定的社会危害性。王某逃避缴费的次数高达147次，时间长达3年，因而其该行为可被认定为具有社会危害性。第二，该行为不属于情节显著轻微危害不大。第三，该行为应受刑罚处罚。王某对该行为在主观上属故意，主体上达到法定刑事责任年龄且具有责任能力，因而应受到刑罚处罚。

二、本案行为不应被评价为寻衅滋事罪

（一）从客观行为角度分析，王某的行为不具有“强拿硬要”的行为特征

所谓“强拿硬要”，一般解释为“违背他人意志强行取得他人财物的行为，该行为应具有一定的强制性，虽然不需要达到足以压制被害人反抗的程度。①对“强拿硬要”更为通行的解释是，“以蛮不讲理的手段，强行索要市场、商店的商品以及他人的财物”②。而纵观高速公司提供的王某五次驾车逃避缴费的监控录像，王某手段较为平和。虽然其在收费员的注视下驶离出站口，但未见王某存在体现“强拿硬要”特征的语言及行为。

（二）从主观动机角度分析，王某在主观上缺少流氓动机

1997年修改刑法时，流氓罪被拆解称聚众斗殴、寻衅滋事等多个罪名。拆解的目的在于“将罪状具体化，有利于对本罪的正确认定”③，并明确“本罪的犯罪目的和动机，一般具有要个人威风、寻求精神刺激等流氓性质”④。而王某的客观行为并非无故滋事、无事生非、逞强好胜等流氓行径。

（三）从犯罪客体角度分析，王某的行为并未侵犯法律保护的高速公路通行秩序

纵观王某的行为，其既没有聚众，也没有破坏高速公路的通行秩序，更不存在抗拒、阻碍国家治安管理工作人员依法执行职务的行为，因而不可能构成聚众扰乱交通秩序罪。

三、本案行为应被评价为抢夺罪

根据刑法第二百六十七条的规定，抢夺罪的罪状是“抢夺公私财物，数额较大的，或者多次抢夺”的行为。相比较其他罪名而言，王某的行为被评价为抢夺罪更为恰当，属于多次抢夺的情形。

（一）关于客观要件分析

通常，抢夺罪的客观要件被界定为“乘人不备，公然夺取数额较大的公私财物”，或者多次抢夺公私财物⑤，或者被界定为“当场直接夺取他人紧密占有的数

---

① 张明楷：《刑法学》，法律出版社2016年版，第1065页。

② 周道鸾、张军主编：《刑法罪名精释》（下），人民法院出版社2013年版，第727页。

③ 陈兴良：《刑法疏义》，中国人民公安大学出版社1997年版，第473页。

④ 胡康生、李福成主编：《中华人民共和国刑法释义》，法律出版社1997年版，第418页。

⑤ 周道鸾、张军主编：《刑法罪名精释》（下），人民法院出版社2013年版，第651页。

额较大的公私财物，或者多次抢夺的行为”①。

1. 在行为特征上，王某的行为符合“乘人不备，公然夺取”的特征

所谓“乘人不备，公然夺取”，一般指行为人当着财物所有人、管理人或者其他人的面，乘其不防备，将财物夺走，据为己有或者给第三人所有；也有的采取可以使被害人立即发现的方式，公开把财物抢走，但不使用暴力或者以暴力相威胁②。就本案而言，王某驾车在收费站出口处尾随前车，在前车通过出口升降杆的瞬间，趁高速公司收费员及升降杆来不及防备，即驾车离开收费站，逃避缴纳车辆通行费。该行为虽然并非直接夺走高速公司现有的财物，但客观上导致高速公司失去应该收取的车辆通行费，导致高速公司消极利益的增加。此行为与直接夺走高速公司现有的财物，导致高速公司积极利益的减少，在本质上完全一致，均是导致高速公司失去对车辆通行费这一财产性利益的控制。

2. 在侵犯法益上，王某的行为侵犯了为抢夺罪所保护的公私财产的所有权

抢夺罪所保护的客体即为公私财产的所有权，而王某147次逃避缴纳车辆通行费的行为，直接侵害的正是高速公司对车辆通行费的所有权。王某的行为直接导致该费用的损失，也正因为如此，高速公司即本案的被害人，在意识到大量车辆通行费被逃避缴纳后，选择了向公安机关报案。

3. 在犯罪对象上，王某抢夺的应缴而未缴的车辆通行费可以被解释为“财物”

刑法第二百六十七条规定抢夺罪的犯罪对象为公私财物，而本案中抢夺的对象系应缴而未缴的车辆通行费，或者说是债务的免除。显然，应缴而未缴的车辆通行费，或者债务的免除不是财物，只是一种财产性利益。所谓财产性利益，即财物以外的财产性的利益，包括积极利益的增加与消极利益的减少③。

虽然目前尚未查询到有司法解释或者指导性案例将抢夺罪构成要件中的“财物”扩大解释到包括“财产性利益”，但此种扩大解释并未违反罪刑法定原则，并不属于类推解释。一是“财产性利益”的含义并未超出“财物”所涵盖的文义，本质上都属于经济利益；二是对于相类似的盗窃罪的犯罪对象，最高人民法院在相关司法解释中早已将“财物”扩大解释到电信资费损失等“财产性利益”；三是此

① 张明楷：《刑法学》（第五版），法律出版社2016年版，第994页。

② 周道鸾、张军主编：《刑法罪名精释》（下），人民法院出版社2013年版，第651页。

③ 张明楷：《外国刑法纲要》，清华大学出版社2007年版，第564页。

种解释并未超出社会一般人可以接受的范围。

（二）关于主观要件分析

抢夺罪的主观要件要求以非法占有公私财物为目的。综合王某归案后的历次供述及其五次驾车逃避缴费的监控录像分析，王某行为的主观目的非常明确，就是为了逃避缴费，贪占便宜。其实，王某驾车逃避缴费的收费站系处于其上下班驾车必经路段。王某有正常的家庭及工作，没有前科劣迹，缺少无事生非的社会现实基础。

因此，基于王某的客观行为可以判断，王某的行为动机就是非法占有应缴而未缴的车辆通行费，达到免除债务的目的。

（三）总体评价

王某在主观上意图通过逃避应缴纳的车辆通行费使高速公司变相遭受财产性损失；客观上在收费员在场的情况下公然跟随前车通过，符合乘人不备、公然夺取的抢夺罪的构成要件；犯罪对象是他人紧密占有的财产性利益。王某不支付对价，多次强行闯关，逃避缴费，是对高速公司应获得的财产性利益占有权的损害。因此，王某的行为应被评价为抢夺罪。

编写人：北京市第一中级人民法院　周维平　廖清顺

34

犯罪嫌疑人在被采取强制措施后主动供述未被司法机关掌握的其他同种罪行但未被追诉，在刑罚执行完毕后又主动投案并再次如实供述同种罪行的，能否认定为自首

——唐某抢夺案

【案件基本信息】

1. 裁判书字号

四川省达州市中级人民法院（2019）川 17 刑终 169 号刑事判决书

2. 案由：抢夺罪

【基本案情】

2017年5月，被告人唐某与张某、雷某强（二人均已被判刑）共谋实施抢夺犯罪，并分工由张某负责驾驶车辆，雷某强负责接应，唐某具体负责实施抢夺。2017年5月26日17时许，三人在宣汉县职教园区附近见到了上街卖枇杷的被害人谯某，被告人唐某便下车尾随，并趁谯某不备将其戴在脖子上的一条重10.256克、价值2615.27元的黄金项链及挂坠抢走。同年6月5日13时许，三人在“鑫世纪公园城”西大门街对面的人行道上见到被害人宋某琼，唐某便下车尾随，并乘宋某琼不备将其戴在脖子上的一条重20.691克、价值5069.29元的黄金项链及挂坠抢走。

另查明，2017年7月16日，被告人唐某单独在通川区西外火车站附近实施抢夺作案一起。2017年8月7日，通川区公安分局民警将唐某抓获归案，同日对其刑事拘留，同月22日执行逮捕。归案后，被告人唐某如实供述了上述三次抢夺犯罪事实。因宣汉县公安局对张某、雷某强、唐某抢夺以及张某、雷某强盗窃一案正在侦查过程中，通川区公安分局仅就已侦查结束的唐某在通川区抢夺作案的犯罪事实移送通川区人民检察院审查起诉，通川区人民检察院亦仅就该笔犯罪事实向通川区人民法院起诉，通川区人民法院经审理后于2017年11月24日依法作出判决，判处被告人唐某有期徒刑一年二个月，并处罚金人民币4000元。判决生效后，被告人唐某被送往达州监狱服刑，于2018年10月6日刑满释放。2018年10月29日，被告人唐某主动到宣汉县公安局投案，到案后再次如实供述了在2017年5月26日、6月5日两次在宣汉县城区抢夺作案的犯罪事实。

【案件焦点】

被告人唐某的行为是否成立自首。

【法院裁判要旨】

四川省宣汉县人民法院经审理认为，被告人唐某公然抢夺他人财物，数额较大，构成抢夺罪。被告人唐某系累犯，依法应当从重处罚。关于唐某是否成立自首的问题。根据法律规定，成立构成自首必须同时符合“自动投案”和“如实供述”两个条件。本案中，控辩双方认定唐某自动投案的时间节点是2018年10月29日，实际这之前，本案犯罪事实和犯罪行为人唐某均已经被司法机关发觉（有公安机关立案时间以及通川区公安分局的抓获时间为证，均在2017年），而且被告人唐某已于2017年8

月7日被通川区公安分局刑事拘留，同月22日被执行逮捕，其间，宣汉县公安局于2017年8月17日对唐某进行第一次讯问，在讯问中唐某已经对本案的犯罪事实予以交代。因此，唐某的投案行为不符合《最高人民法院关于处理自首和立功具体应用法律若干问题的解释》（以下简称《解释》）关于“自动投案，是指犯罪事实或者犯罪嫌疑人未被司法机关发觉，或者虽被发觉，但犯罪嫌疑人尚未受到讯问、未被采取强制措施时，主动、直接向司法机关投案”的规定。同时，根据《解释》规定，被采取强制措施的犯罪嫌疑人、被告人和已宣判的罪犯，如实供述司法机关尚未掌握的罪行，与司法机关已掌握的或者判决确定的罪行属同种罪行的，可以酌情从轻处罚，如实供述的同种罪行较重的，一般应当从轻处罚。本案中，被告人唐某于2018年10月29日投案后，向宣汉县公安局如实供述的罪行，系宣汉县公安局在之前已经掌握的罪行，且与通川区人民法院已经判决确定的罪行属同种罪行，不符合自首认定中关于“如实供述”的罪行范围的规定。综上，唐某的行为不成立自首，但属于如实供述司法机关尚未掌握的较重的同种罪行，依法可从轻处罚。遂依法判决：一、被告人唐某犯抢夺罪，判处有期徒刑一年六个月，并处罚金人民币2000元；二、责令被告人唐某退赔被害人谯某人民币2615.27元、退赔被害人宋某琼人民币5069.29元。

四川省达州市中级人民法院经审理认为，本案未与唐某在达州市通川区所犯抢夺案并案追诉，当时的强制措施只是针对其在达州市通川区所犯抢夺案，其在刑满释放后，本案司法机关仍然未主动追诉，未对其采取强制措施的情况下主动向公安机关投案并如实供述其犯罪事实，其行为符合自首的法律规定，依法应当认定为自首。原判认定被告人唐某犯抢夺罪的事实清楚，审判程序合法，但没有认定唐某的自首情节，导致量刑不当，应予纠正。遂依法判决：一、维持四川省宣汉县人民法院（2019）川1722刑初40号刑事判决的第二项；二、撤销四川省宣汉县人民法院（2019）川1722刑初40号刑事判决的第一项；三、上诉人（原审被告人）唐某犯抢夺罪，判处有期徒刑一年二个月，并处罚金人民币2000元。

【法官后语】

本案是一起因自首认定错误被上级法院改判的案件，争议的焦点在于行为人唐某于刑满释放后主动投案并再次如实交代之前被采取强制措施时已经向公安机关交代过但未被追诉的同种罪行的行为，能否认定为自首。一审法院认为唐某在之前因同种罪行被采取强制措施并已经交代了本案的罪行属于已经受到讯问且被采取强制措施的人，其行为属于主动交代同种余罪，构成坦白。二审法院认为唐某在本次投案时并未被采取强制措施，亦未被司法机关主动追诉，且主动投案并如实供述，符合自首认定的法律规定，成立自首。笔者认为二审法院的裁判是正确的。

本案认定自首的主要障碍在于唐某在本次主动投案之前因同种罪行被采取强制措施期间已经主动交代过本案的罪行。因司法机关当时未并案追诉，事后又未及时主动追诉，唐某在原判刑罚执行完毕后主动投案要求追究其本案的刑事责任，对其前次被采取强制措施时主动交代本案罪行的行为产生的法律后果应否在本案中进行评价，是本案能否认定为自首的关键。

再看本案的具体情形，唐某于2017年5月、6月在宣汉县抢夺作案两起，于2017年7月在通川区抢夺作案一起。2017年8月，唐某因在通川区的抢夺罪行被通川区公安机关抓获并被刑事拘留，在此期间，其主动交代了在宣汉县抢夺作案两起的犯罪事实。因其在宣汉县的两起抢夺作案另有两名同案犯并已由宣汉县公安机关立案侦办，案件尚未办结，故通川区公安机关对其在宣汉县的抢夺罪行未并案追诉，仅针对唐某在通川区的抢夺罪行予以追诉并经通川区人民法院判决，判处唐某有期徒刑一年二个月。在唐某服刑期间，司法机关亦未对唐某在宣汉的抢夺罪行主动追诉。后唐某在原判刑罚执行完毕后于2018年10月29日主动到宣汉县公安机关投案要求对其在宣汉县的抢夺罪行予以追诉。因为行为人唐某的主动投案如实供述行为，其在宣汉县实施的两起抢夺案件的追诉程序才被启动，其主动投案时既未受到讯问亦未被采取强制措施。针对其因在通川区抢夺被刑事拘留期间主动交代在宣汉县抢夺罪行的行为，由于司法机关一直未予主动追诉，而此前唐某在通川区的抢夺罪案件的诉讼程序已经全部完结，因该行为带来的法律评价亦随之自动消灭，不应再将该行为纳入本案进行评价。对其在本案中的主动投案和如实供述行为应在在本案中进行独立评价，符合“犯罪以后自动投案，如实供述自己的罪行的，是自首”的规定，应依法认定为自首。从刑事政策层面来看，法律设立自首制度，给予犯罪嫌疑人从轻、减轻或免除处罚的奖励政策，目的在于鼓励犯罪嫌疑人自动投案，如实供述犯罪事实，从而有利于节约司法资源，促进罪犯认罪悔过。本案中对唐某的行为认定为自首，亦符合自首的立法初衷。

编写人：四川省宣汉县人民法院　侯维平

（三）盗窃罪

35

盗窃他人信用卡与拾得他人信用卡的区分与认定

——吕某波盗窃案

【案件基本信息】

1. 裁判书字号

北京市第一中级人民法院（2019）京01刑终629号刑事判决书

2. 案由：盗窃罪

【基本案情】

北京市第一中级人民法院经公开审理查明：2017年12月，被告人吕某波在湖北省黄石市三江共和城铜锣湾广场售楼部更衣室内，趁被害人杨某珍掉落零钱、信用卡、名片等物品时，采用脚踩的方式，使得被害人及其他同事未发现掉落的物品，后将上述物品非法占有。吕某波分别于2018年1月1日使用杨某珍中国邮政银行信用卡取款人民币2000元；同年1月2日使用该卡取款人民币4000元；同年1月8日使用杨某珍中国招商银行信用卡取款人民币2000元。上述赃款已挥霍。

2017年12月4日14时许，被告人吕某波在湖北省黄石市三江共和城铜锣湾广场售楼部私自解锁其同事被害人杨某珍手机，从其支付宝账户中分两次将人民币600元转账至自己的支付宝账户使用，赃款已挥霍。

2017年12月8日14时许，被告人吕某波在湖北省黄石市三江共和城铜锣湾广场售楼部私自解锁被害人杨某珍手机，从其支付宝账户中分两次将人民币400元转账至自己的支付宝账户使用，赃款已挥霍。

2018年4月23日，被告人吕某波的家属代其赔偿被害人杨某珍人民币14000元，杨某珍对吕某波的行为表示谅解。

2019年3月3日0时许，被告人吕某波进入被害人陈某松位于本市石景山区倚翠园××号楼×单元×××号C的住所，盗窃被害人陈某松钱包1个，内有现金人民币9500元。钱包已灭失，赃款部分用于购买vivo nexa手机一部，其余部分已挥霍。

2019年3月12日，被告人吕某波被民警抓获，起获赃物vivo nexa手机1部扣押于公安机关。同年4月23日，被告人吕某波的家属代其赔偿被害人陈某松人民币11500元，陈某松对吕某波的行为表示谅解。

【案件焦点】

如何判断被告人的行为是属于拾得他人信用卡还是盗窃他人信用卡，不同的认定将导致分别适用信用卡诈骗罪和盗窃罪。

【法院裁判要旨】

北京市石景山区人民法院经审理认为，北京市石景山区人民检察院指控被告人吕某波在更衣室取得被害人信用卡系拾得，应认定为信用卡诈骗罪。被告人吕某波到案后如实供述自己的罪行，自愿签署认罪认罚具结书，案发后在家属帮助下退赔全部涉案赃款并获得被害人谅解，依法对其从宽处罚。被告人吕某波以非法占有为目的，多次窃取他人财物，且数额较大，其行为已构成盗窃罪，依法应予惩处。其以非法占有为目的，拾得他人信用卡并使用，数额较大，其行为已同时构成信用卡诈骗罪，应当对两罪实行数罪并罚。

北京市石景山区人民法院判决：一、被告人吕某波犯盗窃罪，判处有期徒刑七个月，并处罚金人民币2000元；犯信用卡诈骗罪，判处拘役四个月，并处罚金人民币20000元，数罪并罚，决定执行有期徒刑十个月，并处罚金人民币22000元；二、在案扣押的赃物vivo nexa手机一部，由扣押机关予以没收。

北京市石景山区人民检察院提出抗诉，北京市人民检察院第一分院支持抗诉，意见均为：（1）认定被告人吕某波拾得他人信用卡并使用属事实认定错误。被告人吕某波的行为应当认定为盗窃他人信用卡并使用，构成盗窃罪。（2）一审判决对被告人吕某波数罪并罚，决定执行有期徒刑十个月系法律适用错误。北京市第一中级人民法院经审理认为，原审被告人吕某波以非法占有为目的，窃取他人财物，数额较大，其行为已构成盗窃罪，依法应予惩处。一审判决认定其犯信用卡诈骗罪有误，数罪并罚后决定执行的刑罚法律适用错误，本院一并予以纠正。鉴于吕某波到案后能够如实供述自己的罪行，自愿签署认罪认罚具结书，案发后在家属帮助下退赔全部涉案赃款并获得被害人谅解，依法可对其从宽处罚。但其多次实施盗窃，入户实施盗窃，对其量刑时亦应予以考虑。

北京市第一中级人民法院判决：

一、撤销（2019）京0107刑初247号刑事判决；

二、被告人吕某波犯盗窃罪，判处有期徒刑十个月，并处罚金人民币5000元；

三、在案扣押的vivo nexa手机一部，变价后折抵罚金执行。

【法官后语】

本案的主要争议焦点是认定被告人的行为属于盗窃他人信用卡还是拾得他人信用卡，这关系到本案的罪名认定，一审法院与检察院对此持有不同意见，涉及盗窃他人信用卡和拾得他人信用卡的界定标准问题。

根据《中华人民共和国刑法》及相关司法解释的规定，盗窃信用卡并使用的，认定为盗窃罪。拾得他人信用卡并使用的，属于冒用他人信用卡的情形，认定为信用卡诈骗罪。

盗窃和拾得两种方式在刑法意义上的差别在于行为时财物是否由他人占有。根据刑法理论，在判断财物是否属于他人占有时，一般标准指的是物理意义上自然人对物的支配或者控制。但在某些特殊情况下，还应包括虽然物理意义的占有较弱，但根据社会一般人的观念应予承认的其他占有情形。一审判决认为，被害人杨某珍根本没有意识到掉在地上的卡，不论吕某波踩不踩杨某珍掉在地上的东西，杨某珍都没有意识到自己的东西丢了，所以本案中掉落在地上的信用卡已经脱离了被害人的占有，应该属于遗失物或者遗忘物，而吕某波取得作为遗失物的信用卡行为应当认定为拾得信用卡而非盗窃信用卡。但上述认为信用卡是遗失物或者遗忘物的分析是建立在案发后的事实基础上进行的判断。客观上，判断是否属于遗忘物或者遗失物显然不能仅仅依靠信用卡掉落于地上这一个事实，还要结合掉落后原主人与信用卡分开的时空距离，以及造成这种时空分离的原因行为加以综合判断。本案中，按照被告人的供述，当被害人的银行卡掉落在更衣室的地上时，被害人尚未离开，且更衣室内仍有其他人，如果被告人不实施用脚踩的行为，该信用卡很有可能被被害人发现，或者被其他同事看见。正是该脚踩的行为破坏了旧的占有而形成新的占有。故应认定吕某波获取信用卡的行为属于盗窃。另外，刑法通说中认可“在他人事实支配领域内的财物，即使他人没有现实地控制或者监视，也属于他人占有”的占有类型，如住宅、车内的财物。本案中的更衣室是单位内部的特定场所，供单位内部人员存放物品，故即使财物所有人离开，仍应视为对财物拥有占有。且只要在更衣室内，无论是衣柜中，还是在地上，均不影响该占有的存在。当信用卡掉落时，只要还在更衣室内，即使被害人没有认识到卡掉落的事实，也不应认为其已经丧失对信用卡的占有。进入单位内部更衣室，无论是从衣柜中或者在地上取得他人财物，都应该认定为破坏他人占有而取得财物。故掉落在更衣室内的信用卡不属于遗忘物或者遗失物，根据本案特殊的场所特征，也应该认定吕某波的行为为盗窃信用卡而非拾得信用卡。

综上，吕某波的行为应认定为盗窃信用卡并使用，构成盗窃罪。关于如何区别盗窃和拾得，重点在于行为时财物是否由他人占有以及行为人是否实施了侵犯他人占有的行为，判断财物是否属于他人占有时，一般标准指的是物理意义上自然人对物的支配或者控制，但在某些特殊情况下，还应包括虽然物理意义的占有较弱，但根据社会一般人的观念应予承认的其他占有情形。

编写人：北京市第一中级人民法院　江伟　丁睿智

36

盗窃刑事案件中未被缴获的被盗物的事实认定规则及价格认定结论审查认定规则

——邓某某盗窃案

【案件基本信息】

1. 裁判书字号

福建省厦门市中级人民法院（2020）闽 02 刑终 137 号刑事裁定书

2. 案由：盗窃罪

【基本案情】

公诉机关厦门市同安区人民检察院起诉指控：1. 2019年4月22日17时许，被告人邓某某到厦门市同安区舜弘现代城BRT桥下，盗窃被害人周某某的一辆闽D4××××摩托车（经鉴定价值为人民币1301元），后骑车逃离现场。

2. 2019年4月27日17时许，被告人邓某某到厦门市同安第三医院旁的天桥下，盗窃被害人陈某某的一辆闽DC××××摩托车（经鉴定价值为人民币3229元），后将该摩托车骑至厦门市同安区新民镇四口圳藏匿并离开现场。当日20时30分许，被告人邓某某返回藏匿点将摩托车骑走。

3. 2019年4月27日18时33分许，被告人邓某某到厦门市同安区新民镇四口圳里732号“我的画室艺术机构”门口，盗走被害人吕某某停放在该门口的一辆锁上电门锁及车架锁的车牌号为闽DD××××的白色新大洲－本田SDH110T型摩托车（经鉴定价值为人民币6533元），后骑车逃离现场。

4. 2019年5月8日凌晨，被告人邓某某到福建省安溪县蓬莱镇温泉村，盗走被害人李某某的一辆闽C0××××五羊本田摩托车（经鉴定价值为人民币6603元），后将车藏匿于厦门市集美区BRT凤林站地下通道内后离开。18时40分许，被告人邓某某返回欲将盗窃的闽C0××××摩托车骑走时被在该处伏击守候的民警人赃俱获。闽C0××××五羊本田摩托车已被缴获并返还给被害人。

2019年5月8日被告人邓某某被抓获时，民警当场从其身上缴获作案工具一字批一套（一字型尖端三个、T型套筒一个、长方体磁块一个）。

起诉认为，被告人邓某某以非法占有为目的，多次秘密窃取他人财物，数额较大，其行为应以盗窃罪追究刑事责任。被告人邓某某系累犯，提请本院依法判处。

被告人邓某某提出其仅实施第四起盗窃，没有实施第一起至第三起盗窃的辩解意见。辩护人提出指控的第一起、第二起盗窃物品的评估价格偏高，被告人邓某某对第四起盗窃如实供述，具有坦白情节，且涉案的摩托车已被追缴并发还被害人，建议对被告人邓某某一定程度的从轻处罚等辩护意见。

【案件焦点】

盗窃刑事案件中未被缴获的被盗物的事实认定规则及未被缴获的被盗物的价格认定结论审查认定规则。

【法院裁判要旨】

福建省厦门市同安区人民法院经审理认为，对于被告人邓某某提出其没有实施第一起至第三起盗窃的辩解意见。经查，公安机关调取的现场及附近道路卡口监控视频及截图、被告人邓某某手机基站位置记录单、福建历思司法鉴定所司法鉴定意见书等证据可以相互印证，证实被告人邓某某到过该三起盗窃现场盗走摩托车的犯罪事实，与三名被害人关于摩托车被窃的时间、地点的陈述一致，可以相互印证。公诉机关指控被告人邓某某实施第一起至第三起盗窃的犯罪事实清楚，证据充分，足以认定。被告人邓某某提出的该节辩解意见，与查明的事实不符，不予采纳。对于辩护人提出指控的第一起、第二起盗窃物品的评估价格偏高的辩护意见。经查，本案第一起、第二起盗窃物品的评估价格是鉴定机构根据国家有关规定和标准，结合被盗摩托车的品牌、品名、型号、状态及车牌号、车辆识别代号、发动机号、初次登记时间等有关情况，深入开展市场调查，采用成本法对价格认定标的在价格认定基准日的市场零售价格进行了客观公正的分析测算得出的结论，认定周某某被盗摩托车价值人民币1301元、陈某某被盗摩托车价值人民币3229元。鉴定方法符合相关规定，结论也符合市场规则，可以采信。辩护人提出的该节辩护意见，理由依据不足，不予采纳。被告人邓某某以非法占有为目的，秘密窃取他人财物价值共计人民币17666元，数额较大，其行为已构成盗窃罪。公诉机关指控的罪名成立。

福建省厦门市同安区人民法院认为，被告人邓某某曾因故意犯罪被判处有期徒刑，刑满释放后五年内又故意犯应当判处有期徒刑以上刑罚之罪，系累犯，依法应当从重处罚；有犯罪前科，可酌情从重处罚；多次实施盗窃，可酌情从重处罚；部分赃物已追缴归还被害人，可酌情从轻处罚。辩护人提出的相关辩护意见，理由成立，予以采纳。

福建省厦门市同安区人民法院依照《中华人民共和国刑法》第二百六十四条、第六十五条第一款、第六十四条之规定，判决如下：一、被告人邓某某犯盗窃罪，判处有期徒刑一年五个月，并处罚金人民币5000元；二、随案移送的作案工具一字批一套予以没收；三、责令被告人邓某某退赔被害人周某某人民币1301元、陈某某人民币3229元、吕某某人民币6533元。

被告人李某某以原判量刑过重为由提出上诉，后在二审法院审理过程中自愿申请撤回上诉。福建省厦门市中级人民法院经审理认为，原判认定事实和适用法律正确，量刑适当，审判程序合法。上诉人邓某某撤回上诉的申请符合法律规定，应予准许。故准许上诉人邓某某撤回上诉。

【法官后语】

盗窃刑事案件中认定未被缴获的被盗窃物的事实应当综合审查全案证据作出裁判；未被缴获的被盗窃物的价格认定结论经依法审查，可以认定采信。

本案的争议焦点有两个，一个是未被缴获的三部被盗摩托车能否认定？另一个是未被缴获的三部被盗摩托车在没有实物查验的情况下价格认证中心所作出的价格认定结论是否可以采信？

《中华人民共和国刑事诉讼法》第五十五条规定，对一切案件的判处都要重证据，重调查研究，不轻信口供。只有被告人供述，没有其他证据的，不能认定被告人有罪和处以刑罚；没有被告人供述，证据确实、充分的，可以认定被告人有罪和处以刑罚。证据确实、充分，应当符合以下条件：(1) 定罪量刑的事实都有证据证明；(2) 据以定案的证据均经法定程序查证属实；(3) 综合全案证据，对所认定事实已排除合理怀疑。具体到本案，被告人邓某某提出其没有实施第一起至第三起盗窃的辩解意见。经查，公安机关调取的现场及附近道路卡口监控视频及截图、被告人邓某某手机基站位置记录单、福建历思司法鉴定所司法鉴定意见书等证据可以相互印证，证实被告人邓某某到过该三起盗窃现场盗走摩托车的犯罪事实，与三名被害人关于摩托车被窃的时间、地点的陈述一致，可以相互印证。公诉机关指控被告人邓某某实施第一起至第三起盗窃的犯罪事实清楚，证据充分，足以认定。被告人邓某某提出的该节辩解意见，与查明的事实不符，不予采纳。

根据《最高人民法院关于适用〈中华人民共和国刑事诉讼法〉的解释》(以下简称《解释》) 第九十七条，对鉴定意见应当着重审查以下内容：(1) 鉴定机构和鉴定人是否具有法定资质；(2) 鉴定人是否存在应当回避的情形；(3) 检材的来源、取得、保管、送检是否符合法律、有关规定，与相关提取笔录、扣押物品清单等记载的内容是否相符，检材是否充足、可靠；(4) 鉴定意见的形式要件是否完备，是否注明提起鉴定的事由、鉴定委托人、鉴定机构、鉴定要求、鉴定过程、鉴定方法、鉴定日期等相关内容，是否由鉴定机构加盖司法鉴定专用章并由鉴定人签名、盖章；(5) 鉴定程序是否符合法律、有关规定；(6) 鉴定的过程和方法是否符合相关专业的规范要求；(7) 鉴定意见是否明确；(8) 鉴定意见与案件待证事实有无关联；(9) 鉴定意见与勘验、检查笔录及相关照片等其他证据是否矛盾；(10) 鉴定意见是否依法及时告知相关人员，当事人对鉴定意见有无异议。《解释》第九十八条规定，鉴定意见具有下列情形之一的，不得作为定案的根据：(1) 鉴定机构不具备法定资质，或者鉴定事项超出该鉴定机构业务范围、技术条件的；(2) 鉴定人不具备法定资质，不具有相关专业技术或者职称，或者违反回避规定的；(3) 送检材料、样本来源不明，或者因污染不具备鉴定条件的；(4) 鉴定对象与送检材料、样本不一致的；(5) 鉴定程序违反规定的；(6) 鉴定过程和方法不符合相关专业的规范要求的；(7) 鉴定文书缺少签名、盖章的；(8) 鉴定意见与案件待证事实没有关联的；(9) 违反有关规定的其他情形。本案中，第一起、第二起盗窃物品的评估价格是鉴定机构根据国家有关规定和标准，结合被盗摩托车的品牌、品名、型号、状态及车牌号、车辆识别代号、发动机号、初次登记时间等有关情况，深入开展市场调查，采用成本法对价格认定标的在价格认定基准日的市场零售价格进行了客观公正的分析测算得出的结论。《解释》第九十七条、第九十八条为刑事审判实践如何审查认定鉴定意见、结论树立了明确规则。

编写人：福建省厦门市同安区人民法院 吴绍伟

37

盗窃罪作为取得型财产犯罪兜底罪名的司法适用

——王某红、王某兵盗窃案

【案件基本信息】

1. 裁判书字号

北京市第三中级人民法院（2019）京 03 刑终 931 号刑事裁定书

2. 案由：盗窃罪

【基本案情】

北京市朝阳区人民法院经公开审理查明：2018 年 7 月 4 日凌晨，被告人王某红、王某兵在北京市朝阳区东大桥路与朝阳北路交叉口附近，借乘坐二人“摩的”的Luncescu Christian（德意志联邦共和国公民）醉酒之际，取走其劳力士牌手表一块（经鉴定价值人民币31200元）、现金1800元人民币、欧元4200元（折合人民币32300.52元）、苹果牌6s型移动电话机一部、皮带等物（无法作价）。二被告人后于当日将相关物品销赃。2018年7月7日公安机关将二被告人查获归案，涉案劳力士手表现已起获并发还。

【案件焦点】

二被告人取走被害人财物的行为应该如何定性。

【法院裁判要旨】

北京市朝阳区人民法院经审理认为，二被告人来回反复改变供述内容，与正常捡拾物品后的反应不符，且之后的销赃过程有介绍人、买方的证言以及相应的转账记录相互印证，结合被告人前后供述的变化情况，可以推定涉案财物系二人共同实施犯罪行为所得。故涉案财物非遗失物，二被告人不构成侵占罪。相关辩解及辩护意见不予采纳。对公诉机关指控二被告人构成抢劫罪的意见，经查，在案证据无法证明二被告人使用暴力劫取财物，故无法认定二被告人构成抢劫罪。根据现有证据，可以认定二被告人是借他人醉酒之际秘密窃取他人财物，数额巨大，其行为构成盗窃罪，依法应予惩处。

北京市朝阳区法院依照《中华人民共和国刑法》第二百六十四条、第二十五条第一款、第五十二条、第五十三条、第六十一条、第六十四条之规定，判决如下：

一、被告人王某红犯盗窃罪，判处有期徒刑四年六个月，罚金人民币50000元；

二、被告人王某兵犯盗窃罪，判处有期徒刑四年六个月，罚金人民币50000元；

三、责令被告人王某红、王某兵退赔Luncescu Christian人民币34100.52元。

被告人王某红提起上诉，北京市朝阳区人民检察院提出抗诉，北京市人民检察院第三分院经审查认为抗诉不当，决定撤回抗诉。北京市第三中级人民法院经审理认为，王某红、王某兵以非法占有为目的，秘密窃取他人财物，数额巨大，其行为均已构成盗窃罪，依法应予以惩处。一审判决事实清楚，证据确实、充分，定罪及适用法律正确，量刑适当，审判程序合法，应予维持。北京市人民检察院第三分院撤回抗诉的申请，符合法律规定，应予准许。

北京市第三中级人民法院依照《中华人民共和国刑事诉讼法》第二百三十六条第一款第一项及《最高人民法院关于适用〈中华人民共和国刑事诉讼法〉的解释》① 第三百零七条、第三百零八条之规定，作出如下裁定：

准许北京市人民检察院第三分院撤回抗诉。

驳回上诉人王某红的上诉，维持原判。

【法官后语】

本案系财产犯罪体系中的取得型财产犯罪，以是否转移占有为标准，可分为不转移占有罪（侵占）与转移占有罪（盗窃、抢劫、诈骗、敲诈勒索）；转移占有罪可分为违背意志的占有取得罪（盗窃、抢夺、抢劫）与基于对方意思的交付罪（诈骗、敲诈勒索）。

本案中辩方认为涉案财物系二被告人捡拾所得，故行为应定性为侵占罪。但若是正常的捡拾行为，二被告人在见到警察后陈述事实即可，没有必要反复改变供述内容，据此可初步推定涉案财物非通过合法途径获得。被告人之后销赃过程有证人证言、转账记录等证据相互印证，形成完整的证据链，可推定涉案财物系二人共同实施犯罪行为所得。故涉案财物非遗失物，本案不构成侵占罪。

公诉机关认为，二被告人采用暴力手段强行劫取他人财物，其行为构成抢劫罪。抢劫罪最显著的特征是有足以压制被害人反抗的暴力行为（或与暴力相当的行为）。在本案中，从能证明被告人行为方式的现有证据来看：(1) 视听资料：现有的视听资料证据中看不出二被告人对被害人直接实施了暴力行为；(2) 被害人陈述：被害人提到“忽然过来两名男子将我拉下车来或推下来，我起来发现财物损失”“我左手掌擦破了，不知怎么造成的”，可推断被害人身上有伤，但无法认定被害人的伤情与被告人具有因果关系；(3) 被告人供述：本案的一被告人只承认协助销赃，另一被告人辩称财物系被害人遗忘，二人自始至终没有承认过自被害人处取财。在无确切的证据表明二被告人对被害人实施暴力的情况下，无法判定二被告人构成抢劫罪。

违背意志的占有取得罪除抢劫罪外，还有抢夺罪和盗窃罪，依照目前的通说，

---

① 此处指最高人民法院于2012年12月20日发布的《关于适用〈中华人民共和国刑事诉讼法〉的解释》（法释〔2012〕21号），已被《最高人民法院关于适用〈中华人民共和国刑事诉讼法〉的解释（2021）》废止，本书下同。

二者的区分标准是公开和秘密，即盗窃是“秘密窃取”，抢夺是“公开夺取”。本案中，从被害人陈述、酒店工作人员的证言可认定被害人当时处于醉酒状态，意识模糊。据此无法判断被害人对二被告人的取财行为是否知晓，即无法认定二人是公开取财，故二被告人不构成抢夺罪。现有证据可以判定的事实是：二被告人具有非法占有目的、违背他人意志非法取得财物。从处罚周密性的角度衡量，将这类有法益侵害性的行为纳入刑法的调整范围实有必要。在无法认定被告人构成抢劫、抢夺的情况下，可以定取得型财产犯罪的兜底罪名——盗窃罪。故法院最终认定二被告人借他人酒醉之际秘密窃取他人财物，数额巨大，其行为构成盗窃罪。

认定不同罪名是为了使罪刑相适应，探讨罪名的界分是为了明确各自内涵，并非为了与其他罪名之间划定明显的界限，且各罪之间也并非有明确非此即彼的区分（如犯罪竞合的情况时有发生）。在司法适用过程中，主要考虑行为是否符合某罪的构成要件。在取得型财产犯罪中，若对象是保管物、遗忘物、埋藏物，则定侵占罪；若基于对方意思交付，则定诈骗罪或敲诈勒索罪；若行为有足以压制被害人反抗的暴力，则定抢劫罪；若公然夺取他人财物，则定抢夺罪。如果不符合上述犯罪的特点，但是可以判定行为人具有非法占有目的、违背他人意志非法取得财物，可将这类行为纳入盗窃罪的调整范围。

编写人：北京市朝阳区人民法院　郭碧瑶

38

非盗窃数额入罪的盗窃罪的罚金应如何判处

——王某某盗窃案

【案件基本信息】

1. 裁判书字号

北京市第二中级人民法院（2019）京02刑终671号刑事裁定书

2. 案由：盗窃罪

【基本案情】

北京市第二中级人民法院经公开审理查明：2019年4月1日凌晨1时许，被告人王某某伙同他人在本市丰台区邻枫路5号院怡锦园小区2号楼××室内，盗窃被害人姜某某放于卧室的潘多拉手链一条。经鉴定，上述被盗手链价值人民币350元。

2019年4月1日，被告人王某某在案发地被北京市公安局丰台分局科技园派出所民警查获。涉案赃物已起获并发还被害人姜某某。

【案件焦点】

“被告人以数额较大的财物为盗窃目标，罚金应当在一千元以上盗窃数额的两倍以下，没有盗窃数额的或者盗窃数额无法计算的，应当在一千元以上十万元以下判处罚金”对非数额入罪的盗窃，若在认定案件事实时能够查明其所盗窃金额，且该盗窃金额未达到数额较大，对其判处罚金应否限制。

【法院裁判要旨】

北京市丰台区人民法院经审理认为，被告人王某某以非法占有为目的，伙同他人入户盗窃财物，其行为已构成盗窃罪，应予处罚。北京市丰台区人民检察院指控被告人王某某犯盗窃罪的事实清楚，证据确实充分，罪名成立。辩护人关于被告人王某某系从犯的辩护意见，经查，在案证据证明被告人王某某进入被害人家中盗窃手链一条，并从被告人身上起获涉案财物，被告人王某某积极实施盗窃行为，非起次要、辅助作用，不应认定为从犯。鉴于被告人王某某当庭认罪，涉案手链已起获并发还被害人，故对其酌予从轻处罚。北京市丰台区人民法院依照《中华人民共和国刑法》第二百六十四条、第二十五条第一款、第五十二条、第五十三条、第六十四条、第六十一条之规定，作出如下判决：

被告人王某某犯盗窃罪，判处有期徒刑十一个月，并处罚金人民币5000元。

被告人王某某提出上诉。北京市第二中级人民法院经审理认为王某某伙同他人以非法占有为目的深夜入户盗窃，其行为已构成盗窃罪，鉴于上诉人（原审被告人）王某某因服从原判而要求撤回上诉的申请符合法律规定，应予准许。

【法官后语】

虽我院裁定准许本案上诉人撤回上诉，但在审理过程中，对一审法院对罚金判处的标准颇有争议。对于被告人犯盗窃罪应当附加判处罚金刑的，根据《最高人民法院、最高人民检察院关于办理盗窃刑事案件适用法律若干问题的解释》（以下简称《解释》）规定："因犯盗窃罪，依法判处罚金刑的，应当在一千元以上盗窃数额的二倍以下判处罚金；没有盗窃数额或者盗窃数额无法计算的，应当在一千元以上十万元以下判处罚金。"该司法解释明确规定盗窃数额较大的盗窃罪，罚金刑为1000元以上、盗窃数额两倍以下。那么王某某入户盗窃金额为350元，一审法院判处罚金刑5000元是否适当？

一审法院认为，王某某并非按照盗窃数额较大入罪，应适用"没有盗窃数额或者盗窃数额无法计算"条款，故可在1000元至10万元幅度内对其并处罚金刑。对于本案，存在两种观点上的争议，一种观点认为，应按照《解释》第十四条规定的前半部分"因犯盗窃罪，依法判处罚金刑的，应当在一千元以上盗窃数额的二倍以下判处罚金"，针对本案，应判处罚金1000元。第二种观点认为，由于本案盗窃行为并非数额入罪，而是因为入室盗窃而入罪的，应按照《解释》后半部分，对其判处1000元以上10万元以下罚金。笔者认为，对于非以数额入罪的盗窃，一审法院如仅区分有盗窃数额和"没有盗窃数额或者盗窃数额无法计算"两种情况，却忽视入户盗窃等不以数额较大为入罪标准的情况作出特殊例外规定，会导致出现以下问题：

首先，罪责刑不相适用。按照一审法院的理解，入户盗窃数额未达到较大标准，并处罚金刑可不受最低1000元、最高不超过盗窃数额两倍的限制，入户盗窃数额达到较大标准则受以上限制。按照以上理解，王某某有盗窃前科，入户盗窃1000元达到数额较大标准，并处罚金刑不能超过2000元，入户盗窃350元则可在10万元以下并处罚金，实际并处5000元罚金。这种理解不仅缺乏依据，还容易导致刑罚轻重失衡。

其次，司法解释规定在"盗窃数额的二倍以下判处罚金"，目的在于防止并处罚金刑过高。扒窃、入户盗窃等不以数额较大入罪条件，被告人也不是以数额较大财物为作案目标，对窃得小额财物的被告人，允许在1000元以上10万元以下的幅度内并处罚金刑，不利于解释目的的实现。

最后，一审法院在犯罪事实上认定了王某某的盗窃数额，但却又按照"没有盗窃数额或者盗窃数额无法计算"判处罚金刑，从文义解释看出现自相矛盾。

综上所述，笔者认为司法实践中应统一标准。鉴于被告人的盗窃数额仅350元，罚金刑不宜过高，判处1000元即可。但因司法解释未对如何理解本法条作出明示，亦未有统一标准，各地法院对该解释理解均有不同，一审法院作出如此判决亦可理解，故裁定允许上诉人撤回上诉。

编写人：北京市第二中级人民法院　王芊雯

39

被告人在取保候审期间再次实施同种罪行后自动投案并如实供述新犯罪行的法律适用

——张某某盗窃案

【案件基本信息】

1. 裁判书字号

江苏省无锡市中级人民法院（2019）苏02刑终81号刑事裁定书

2. 案由：盗窃罪

【基本案情】

被告人张某某于2017年11月到2018年8月，先后5次至江阴市青阳镇、无锡市惠山区等地，采用小刀划纱门、伸手开门等手段入户盗窃，窃得人民币7300余元。具体犯罪事实分述如下：

1. 被告人张某某于2017年11月21日晚上，到江阴市青阳镇高田路××号，采用破坏纱门等方式入户盗窃，窃得被害人仇某某人民币1000余元；

2. 被告人张某某于2017年12月9日晚上，到江阴市青阳镇公园新村南环路××号，采用小刀划纱门等手段入户盗窃，窃得被害人薛某人民币3100余元；

3. 被告人张某某于2018年8月11日20时许，到无锡市惠山区洛社镇雅西村吴巷新村××号，采用伸手开防盗门锁等手段入户盗窃，未窃得财物；

4. 被告人张某某于2018年8月15日21时许，到无锡市惠山区洛社镇石塘湾朱巷××号，采用推门等手段入户盗窃，窃得被害人濮某某人民币200元；

5. 被告人张某某于2018年8月24日22时许，到无锡市惠山区洛社镇新兴一村××号，采用翻围墙等手段入户盗窃，窃得被害人顾某某人民币3000元。

案发后，被告人张某某家属分别代为退赔被害人濮某某、顾某某经济损失人民币200元、3000元。

被告人张某某于2018年3月28日被江阴市公安局青阳派出所抓获，归案后如实供述了上述第一笔、第二笔犯罪事实，后被江阴市公安局取保候审；被告人张某某在取保候审期间在无锡市惠山区再次盗窃作案，后于2018年9月6日到无锡市公安局惠山分局洛社派出所投案，并如实供述了新犯罪行。

【案件焦点】

被告人张某某因盗窃犯罪被江阴市公安局取保候审后，在惠山区再次实施盗窃犯罪后到无锡市公安局惠山分局投案并如实供述新犯罪行，对新犯罪行是否认定自首。

【法院裁判要旨】

江苏省江阴市人民法院经审理认为，被告人张某某以非法占有为目的，多次入户窃取他人财物，数额较大，其行为确已构成盗窃罪。被告人张某某曾因犯盗窃罪被判处有期徒刑，在刑罚执行完毕后五年内再故意犯应当判处有期徒刑以上刑罚之罪，系累犯，应当从重处罚。被告人张某某在第一次被抓获后如实供述其所犯罪行，系坦白；后其在取保候审期间又犯盗窃罪，归案情形符合自首的法律规定，对其取保候审期间所犯盗窃罪可认定自首；当庭自愿认罪，退赔部分被害人经济损失，综上依法对其所犯罪行予以从轻处罚。江苏省江阴市人民检察院指控被告人张某某犯盗窃罪的事实清楚，证据确实、充分，指控的罪名正确，予以采纳。

江苏省江阴市人民法院依照《中华人民共和国刑法》第二百六十四条、第六十五条第一款、第六十七条第一款、第三款、第六十四条，《最高人民法院 最高人民检察院关于办理盗窃刑事案件适用法律若干问题的解释》第一条、第三条第一款、第二款及《最高人民法院关于处理自首和立功具体应用法律若干问题的解释》第一条，作出如下判决：

一、被告人张某某犯盗窃罪，判处有期徒刑一年二个月，并处罚金人民币

3000元；

二、责令被告人张某某退赔人民币4100元，分别发还被害人仇某某人民币1000元、薛某人民币3100元。

张某某不服提起上诉，审理过程中又申请撤回上诉。江苏省无锡市中级人民法院经审理认为原审判决认定上诉人张某某犯盗窃罪的事实和适用法律正确，量刑适当，诉讼程序合法。现张某某自愿申请撤回上诉，应予准许。

江苏省无锡市中级人民法院依照《最高人民法院关于适用〈中华人民共和国刑事诉讼法〉的解释》[①] 第三百零五条第一款之规定，作出如下裁定：

准许上诉人张某某撤回上诉。

【法官后语】

本案处理的重点在于如何评析认定被告人被取保候审前和取保候审期间所犯罪行的归案情形属于自首还是坦白。以被告人被采取取保候审强制措施的时间为节点，被告人被取保候审之前在江阴市实施盗窃犯罪系被江阴市公安局抓获，归案后如实供述犯罪事实，认定为坦白是毋庸置疑的；而被告人取保候审期间在惠山区再次实施盗窃犯罪后，自动到无锡公安局惠山分局投案并如实供述新犯罪行，针对被告人新犯罪行的归案情形是与之前的罪行合并认定为坦白，还是将前后区分评价认定为自首，存在争议。

一种意见认为，对被告人应全案认定坦白。第一，虽然我国刑法第六十七条第二款规定："被采取强制措施的犯罪嫌疑人、被告人和正在服刑的罪犯，如实供述司法机关还未掌握的本人其他罪行的，以自首论"，但被采取强制措施的被告人如实供述的罪行系与之前的罪行属同种罪行，不能认定为新犯罪行自首；第二，取保候审期间被告人应随传随到，即使自动投案也不能认定其新犯罪行为自首。

另一种意见认为，对被告人取保候审之前所犯罪行认定坦白，取保候审期间新犯罪行认定自首。第一，刑法第六十七条第一款中规定："犯罪以后自动投案，如实供述自己的罪行的，是自首……"，此为典型自首。被告人取保候审期间再犯罪

---

① 此处指最高人民法院于2012年12月20日发布的《关于适用〈中华人民共和国刑事诉讼法〉的解释》（法释〔2012〕21号），已被《最高人民法院关于适用〈中华人民共和国刑事诉讼法〉的解释（2021）》废止，本案下同。

后自动投案并如实供述新犯罪行，符合典型自首；第二，被告人投案的派出所系无锡公安局惠山分局，并不是对其取保候审的江阴市公安局，即使要求被告人随传随到，那也是江阴市公安局对被告人的权力，故符合自首的法律规定。

在审判实务中常遇到的是对被告人被采取强制措施之前的罪行进行自首或坦白的认定，较少遇到对取保候审期间新犯罪行自首或坦白的认定。对于这种新型情况，司法实践中比较认同第二种意见。首先，本案不应按照余罪自首的相关规定来裁量。刑法第六十七条第二款规定的系准自首即余罪自首，余罪自首要求被告人如实供述的是司法机关还未掌握的其被采取强制措施之前的罪行，而本案中被告人自动投案交代的罪行为其取保候审期间新犯的罪行，故对新犯罪行不能适用刑法第六十七条第二款规定；其次，本案中被告人主动到公安机关投案，并如实供述新犯罪行，其投案具有主动性，在主观上又愿意接受审判，其行为符合典型自首的构成要件；最后，从社会效果的角度出发，对新犯罪行认定自首符合宽严相济的刑事政策，能起到鼓励犯罪人自动投案、提高司法效率、节约司法资源的社会效果，但从轻幅度可以从严把握。

编写人：江苏省江阴市人民法院　蒋正光　陈梦　刘啸云

（四）诈骗罪

40

通过网络平台实施诈骗的责任认定

——石某红等电信网络诈骗案

【案件基本信息】

1. 裁判书字号

河南省开封市中级人民法院（2019）豫02刑终389号刑事裁定书

2. 案由：诈骗罪

【基本案情】

2015年12月，被告人石某红、王某、周某共同出资，购买他人身份信息，注册成立鑫雅睿信公司，先后招募21人组成市场部、行政人事部、财务部、分析部、业务部等部门，租用办公场所，利用两个未在中国大陆取得运营资质的平台，非法从事炒黄金、炒指数等经营活动。

平台采用封闭独立的交易系统，未与交易市场进行交易数据、资金支付结算链接，内部无交易价格产生条件，鑫雅睿信公司是实际的报价主体，以做市商模式进行对手交易，鑫雅睿信公司不投入自有资金、不承担交易费用，通过设置高额手续费、点差、过夜费等，增加客户的交易成本和持仓成本，并设置交易杠杆增加交易中的强制平仓风险，实质是客户在平台内与鑫雅睿信公司对赌，客户亏损即为公司盈利，其平台属于没有监管的封闭性对赌电子盘。

石某红等人隐瞒平台的真实情况，用设计好的术语和诈骗方案对业务员进行培训，为业务员包装成功人士的身份，利用虚假身份的微信号码，加不特定对象为好友聊天，寻找诈骗目标，取得信任后引导进入直播间听课，业务部员工冒充客户与伪装的讲师配合，相互吹捧，对被害人进行洗脑，诱导被害人在鑫雅睿信公司平台投资炒黄金、炒期货，在被害人开户入资后，用虚拟的高额回报、盈利截图，频繁向被害人发送操作指令，引诱被害人多注资、多交易，鑫雅睿信公司通过高额交易手续费、被害人资金亏损、出售直播课程、收取代理佣金等方式，达到骗取财物的目的。

自2017年4月至2018年5月，该团伙共计诈骗被害人21人，诈骗钱款273万余元。

【案件焦点】

涉案公司和相关人员在没有从业资质的前提下，在未取得运营资质的网络平台上，诱骗客户投资交易，最终侵占客户资金的行为，是构成非法经营罪还是诈骗罪。

【法院裁判要旨】

河南省开封市金明区人民法院经审理认为，被告人石某红等冒用他人身份信息注册成立鑫雅睿信公司，公司内部层次清晰、分工明确、组织固定，构成犯罪集团，以非法占有为目的，虚构身份和投资赚钱的事实，隐瞒平台真实的交易状况，诱骗他人进行投资，通过频繁交易、重仓交易、强制平仓等，达到骗取他人财物的目的，其中被告人石某红等14人参与诈骗数额特别巨大，其余10名被告人参与诈骗数额巨大，24名被告人的行为均构成诈骗罪。

对部分被告人及辩护人提出构成非法经营罪的意见，经查，虽涉案平台未在中国大陆取得运营资质，涉案公司和相关人员也无相应从业资质，但定性本案的关键不在资质，而在平台性质，涉案平台实际属于没有监管的封闭平台，交易数据、资金结算不与国际市场接轨，鑫雅睿信公司是实际的报价主体，盈利全靠投资人的交易成本和交易亏损形成的减损，公司与投资人处于信息不对等状态，被隐瞒的对赌性质违背了投资人的意愿，认为构成非法经营罪的意见，夸大了无资质的问题，曲解了正常交易市场资金对冲和投资风险的概念，综合全案案情，本案符合诈骗罪的构成特征，对上述意见不予支持。

河南省开封市金明区人民法院依照《中华人民共和国刑法》第二百六十六条、第二十五条第一款、第二十六条第三款、第二十七条、第六十七条第三款、第六十四条之规定，判决如下：

一、石某红等3人在犯罪集团中起组织、领导作用，属于首要分子，依法按照集团所犯的全部罪行处罚，判处十二年至十年六个月不等有期徒刑，并处200000万元至十五万元不等罚金；

二、其余21名被告，属于共同犯罪中的从犯，考虑其参与的时间、程度和情节、所起作用及退赔情况，依法予以减轻处罚，判处四年至一年十个月不等有期徒刑，并处五万元至五千元不等罚金。

宣判后，石某红等19人提出上诉。河南省开封市中级人民法院依照《中华人民共和国刑事诉讼法》第二百三十六条第一款第一项之规定，作出如下裁定：

驳回上诉，维持原判。

【法官后语】

石某红等3人用购买的他人信息注册成立公司，为公司打造虚假身份，对招聘的员工进行话术培训，以便相互配合实施犯罪行为，利用包装为成功人士的微信、QQ账号，加被害人为好友聊天，引导被害人进入直播间，业务员冒充客户身份在直播间听课、烘托气氛，配合所谓的“讲师”骗取被害人信任，诱导被害人在公司平台上开户入金，可以说，从公司设立到员工培训，再到社交软件的形象包装，均是在虚构身份事实，为实施犯罪做准备。尤其是涉案的两个平台，属于没有监管的封闭性平台，具有赌博的性质，平台交易数据、资金结算均不与国内外交易市场接轨，涉案公司通过操纵后台，采用让被害人先赚后赔的策略，频繁发送操作指令鼓动被害人多投资、多交易，赚取被害人高额的手续费和亏损，其实被害人资金在平台上只是一个数字，早已进入石某红个人账户，如果被害人盈利则公司亏损，所以会引导被害人继续交易直至亏损，形成公司盈利。

根据刑法第二百二十五条第三项之规定，未经国家有关部门批准，非法经营证券、期货或者保险业务的，或者非法从事资金结算业务的，构成非法经营罪。具体到本案中，虽然涉案的两个平台未在中国大陆取得运营资质，涉案公司和相关人员也无相应从业资质，但若认定构成非法经营罪，实际夸大了无资质的问题，曲解了正常市场交易资金对冲和投资风险的概念。综合全案案情，本案是利用社交、投资等网络平台，通过精心布局，相互配合，虚构身份事实，隐瞒封闭平台对赌真相，诱骗他人进行投资，达到骗取他人财物的目的，符合诈骗罪的构成特征。因此，本案应被认定为诈骗案。

值得关注的是，本案大部分被告人年龄只有二十多岁，17 人具有大专以上学历，属于年轻化、高学历犯罪。分析本案，可以发现电信网络诈骗类案件的一些新特点：一是招聘渠道正式，涉案公司通过 58 同城、赶集网等正规渠道招聘，求职者在不知情的情况下进入诈骗团伙。这暴露出网络招聘平台资格审核不严、劳动部门监管不善的问题。二是工作地点正规。诈骗公司先后租用长沙市某行政楼、某写字楼、某行政公馆等处作为场所，以周边合法公司为屏障，隐蔽性较高。工作地址是求职者判断公司正规与否的重要因素，诈骗公司的工作地点看似正式且正规，容易造成求职者判断错误，误入犯罪团伙。三是涉案人员年纪小，本案 21 名从犯中，6 人出生于 1988 年至 1991 年，10 人出生于 1994 年至 1998 年，其中 1 人入职时刚成年，社会经验普遍匮乏，容易被蒙蔽。四是犯罪呈现高学历化，21 名从犯学历均为初中以上，其中 10 人为大专学历，7 人为本科学历。当前大学生就业难已是社会突出问题，大学不断扩招与就业岗位缺乏，导致很多大学生毕业即失业，工作与生活的双重压力，让一部分大学生铤而走险，走上违法犯罪道路。高学历人员从事诈骗，因其知识面广、逻辑性强，往往诈骗行为更容易成功，造成严重社会危害。

近年来，随着信息技术的发展，电信网络诈骗类案件频发，其犯罪手段隐蔽性强，花样翻新快，极具诱惑性和欺骗性，容易使人上当受骗。本案就是一起典型的电信网络诈骗案，被害人范围广，数量多，诈骗数额巨大，严重侵害人民群众的财产安全，影响社会和谐稳定。人民法院在审理过程中，对案件的事实、证据、适用法律、定罪、量刑等方面进行全面审查，最终对各被告人判处相应的刑罚，有力打击了猖獗的电信网络诈骗犯罪，维护了社会秩序，挽回了人民群众财产损失。

编写人：河南省开封市中级人民法院　曹亚东　霍方方

41

“淘宝代运营”中商业欺诈与诈骗之间的界限

——白某萍、王某波等诈骗案

【案件基本信息】

1. 裁判书字号

河南省洛阳市中级人民法院（2018）豫03刑终145号刑事判决书

2. 案由：诈骗罪

【基本案情】

2015年7月13日，被告人白某萍在洛阳市西工区九都路45号院某小区8幢3－××室注册成立亿淘公司，白某萍任公司法定代表人。

被告人王某波、李某、王某飞、白某啸、吕某朋、杜某峰、周某、邓某恩先后加入亿淘公司，王某波、李某任该公司业务经理，负责公司日常行政工作和拓展业务；王某飞、白某啸、吕某朋任该公司主管；杜某峰、周某、邓某恩系该公司业务员。白某萍利用制作的“话术单”对业务人员进行培训，并发放两个QQ号，一个是冒充女性的QQ号，另一个是亿淘公司客服QQ号（名称为亿淘网络已认证），由业务人员冒充美女在QQ上主动添加年轻男子为好友，后在聊天过程中虚构自己通过加盟亿淘公司经营淘宝网店非常赚钱的事实，冒用他人销量好的店铺截图，诱骗被害人开淘宝网店，再将由自己使用的所谓“亿淘公司客服QQ号”推荐给被害人，同时以“好友”和“亿淘公司客服人员”两种身份与被害人聊天，再由“亿淘公司客服人员”虚假宣称公司有独立货源，公司负责网店推广及代理发货等服务，骗取对方向公司缴纳1680元、1880元、2280元不等的加盟费。

2016年1月至6月，被告人白某萍等人利用上述手段骗取加盟费共计1477280元。其中，王某波所在团队骗取477200元，个人骗取24680元，获利49843.4元；李某所在团队骗取288670元，个人骗取25260元，获利34208元；王某飞所在团队骗取178270元，个人骗取89120元，获利45568元；白某啸所在团队骗取163320元，个人骗取44000元，获利34113元；吕某朋所在团队骗取97740元，个人骗取41040元，获利24905元；杜某峰个人骗取36480元，获利14542元；周某个人骗取34200元，获利13680元；邓某恩个人骗取22400元，获利8960元。

案发后，被告人王某波主动退缴55018元，被告人李某主动退缴37783元，被告人王某飞主动退缴60000元，被告人白某啸主动退缴34590元，被告人吕某朋主动退缴26400元，被告人杜某峰主动退缴14600元，被告人周某主动退缴13680元，被告人邓某恩主动退缴8960元。

河南省洛阳市西工区人民检察院提起公诉，认为被告人白某萍等行为均已构成诈骗罪。

【案件焦点】

淘宝代运营中的欺骗行为属于商业欺诈的民事纠纷，还是具有非法占有目的的诈骗犯罪？

【法院裁判要旨】

河南省洛阳市西工区人民法院经审理认为，被告人白某萍、王某波、李某、王某飞、白某啸、吕某朋、杜某峰、周某、邓某恩以非法占有为目的，虚构事实、隐瞒真相，利用互联网络手段，骗取他人财物，其行为均已构成诈骗罪。其中，白某萍诈骗数额特别巨大；王某波、李某、王某飞、白某啸、吕某朋、杜某峰、周某诈骗数额巨大；邓某恩诈骗数额较大。公诉机关指控罪名成立，予以支持。白某萍在共同犯罪中起主要作用，系主犯，应对犯罪总额负责；王某波、李某、王某飞、白某啸、吕某朋、杜某峰、周某、邓某恩在共同犯罪中起次要作用，系从犯，且主动退赃，应当从轻、减轻处罚。各被告人到案后均能如实供述主要犯罪事实，系坦白，可以从轻处罚。一审判决：被告人白某萍犯诈骗罪，判处有期徒刑十二年，并处罚金人民币100000元；被告人王某波犯诈骗罪，判处有期徒刑六年，并处罚金人民币15000元；被告人李某犯诈骗罪，判处有期徒刑四年，并处罚金人民币15000元；被告人王某飞犯诈骗罪，判处有期徒刑三年，缓刑四年，并处罚金人民币15000元；被告人白某啸犯诈骗罪，判处有期徒刑三年，缓刑四年，并处罚金人民币10000元；被告人吕某朋犯诈骗罪，判处有期徒刑二年零六个月，缓刑三年，并处罚金人民币10000元；被告人杜某峰犯诈骗罪，判处有期徒刑二年，缓刑二年，并处罚金人民币5000元；被告人周某犯诈骗罪，判处有期徒刑二年，缓刑二年，并处罚金人民币5000元；被告人邓某恩犯诈骗罪，判处有期徒刑一年零六个月，缓刑一年零六个月，并处罚金人民币5000元；扣押在案的赃款依法清退给被害人；本案尚未追回的赃款、赃物，依法继续追缴或责令退赔。一审宣判后，被告人白某萍、王某波等人不服判决提起上诉。二审法院同意一审法院裁判意见，判决：驳回上诉，维持原判。

【法官后语】

一、罪与非罪

随着互联网经济的发展，网络购物成为时下商业经济的增长点。一些“门外汉”苦于不善网店运营，于是网络上出现了众多的淘宝代运营公司。客户只要交了一定的费用，就能拥有自己的店铺，由公司代为运营、提供客服，并承诺为客户刷流量、刷信誉等。但这些公司往往存在着夸大宣传、价格虚高、运营效果不明显且不退还服务费等问题，这其中的“骗”，究竟是属于商业欺诈的民事纠纷，还是具有非法占有目的的诈骗犯罪，要进行准确地判断，必须围绕以下五个方面：一是获取信息的途径；二是约定收取费用的性质；三是主要合同义务的履行状况；四是履行能力；五是对待费用的态度。具体到本案中：（1）从获取信息的途径看，本案中，为获取信任，被告人同时以“好友”和“客服人员”两种身份与被害人聊天，通过“好友”的所谓的店铺截图，虚构事实，隐瞒真相，诱骗被害人支付加盟费开淘宝网店；(2) 从收取费用的性质看，本案中，为招揽客户，合同约定对赌条约，以收取押金吸引客户，又设定很难到达的返还标准，实际上就具有非法占有的目的；(3) 主要合同义务的履行状况。从合同订立的目的来看，商务合同的最终目的是营利，要保证营利的可能性，合同履行必须达到某种程度。具体到淘宝店铺，其合同目的在于有买家浏览下单的机会，能够正常运营的店铺，有吸引客户产品等，义务履行的状况直接关系到合同目的的实现。本案中，虚假宣传仅仅是为了诱骗客户支付加盟费、服务费等，客观上并未提供等值的代运营服务；(4) 有无履行合同主要义务的能力。在互联网时代，企业自身没有履行能力，但可以从市场上获得替代履行的，也应该认定为有履行能力。本案中，缺乏运营店铺所必需的资金设备、专业人员、物流仓储等基本条件，不具备提供代运营服务的能力而虚构进货渠道，虚假承诺高回报率骗取费用，应认为不具有履行合同主要义务的能力；(5) 对待费用的态度。在无法履行合同的情况下，如何对待收取的押金问题，也是判断非法占有目的的重要依据。如果对收取的押金进行大肆挥霍，致使对方无法追偿，则明显具有非法占有的目的。本案中，在收取费用后，所谓的“好友”及“客服人员”即采取不回复等方式“冷处理”，应认定为具有非法占有的目的。

二、诈骗与电信网络诈骗

《中华人民共和国刑法》中并没有“电信网络诈骗罪”这个罪名，电信网络诈骗按照诈骗罪论处。根据《最高人民法院、最高人民检察院、公安部关于办理电信网络诈骗等刑事案件适用法律若干问题的意见》规定，相对于普通诈骗，电信诈骗的入罪门槛更低，刑罚更重，因此，需要对电信网络诈骗正确地理解定性，才能做到罪责刑相适应。电信网络诈骗的两大特点是“以点对面”及“非接触”，如果代运营的模式虽然利用了互联网面对不特定对象发布广告，但这只是为后续诈骗进行的铺垫，如果诈骗行为的实施开始于面对面、点对点的接触就不适宜认定为电信诈骗，但是偶然性的个别受害人的点对点的接触，并不影响案件属于电信诈骗的定性。

编写人：河南省洛阳市西工区人民法院　张硕　吴可征

42

掩饰、隐瞒犯罪所得罪与诈骗罪的界定

——周某掩饰、隐瞒犯罪所得案

【案件基本信息】

1. 裁判书字号

广西壮族自治区贺州市中级人民法院（2019）桂11刑终字233号刑事裁定书

2. 案由：掩饰、隐瞒犯罪所得罪

【基本案情】

2018年8月，被告人周某经一网友介绍到广东省茂名市帮人用自己的身份证办理电话卡和银行卡并取钱，从而获取高额好处费。同年10月初周某来到广东省茂名市电白区，网友让实施电信网络诈骗的同伙与其对接，并安排好周某吃住，电信网络诈骗犯罪分子先让周某以其身份证办理电话卡，后又指示周某在中国银行、农业银行、农村信用合作银行等各大银行开立账户，并拿走周某办好的电话卡和银行卡，让周某在酒店听候安排取钱。

2018年10月22日至23日，广西壮族自治区昭平县居民何某、陈某，贵州省修文县居民宋某，广西壮族自治区宾阳县居民张某，江苏省苏州市居民黄某，黑龙江省大庆市居民张某某，江苏省太仓市居民王某，贵州省贵阳市居民王某某等人先后接到同一伙电信网络诈骗犯罪分子的电话，对方谎称是被害人的领导，以“领导需要借钱急用”为由，让上述被害人将钱分别汇入指定的王某1、邱某、万某、张某1、宗某、吴某等人的银行账户。

2018年10月23日，被害人将钱转到指定的王某1、邱某、万某、张某1、宗某、吴某等人的银行账户后，上述银行账户又于同日通过绑定严某尾号为8196银行卡的POS机进行刷卡套现，再由严某的银行账户转账183000元到周某的中国银行账户。钱款到账后，电信网络诈骗犯罪分子便立即安排周某到银行取现，其中周某持银行卡在银行柜台取款115000元，在银行自动柜员机取款20000元。取款后，周某乘在银行外等候的诈骗分子不备持卡卷款逃跑，将赃款135000元占为己有。

案发后，公安机关冻结周某涉案的中国银行账户存款42069.36元；周某的亲属代周某共退出赃款102930.64元。

【案件焦点】

1. 本案被告人涉案的金额；2. 本案的定性，应定诈骗罪还是掩饰、隐瞒犯罪所得罪。

【法院裁判要旨】

广西壮族自治区昭平县人民法院经审理认为，被告人周某明知是他人犯罪所得而予以提供资金账户，协助将资金转移的方法进行掩饰、隐瞒，情节严重，其行为已触犯了《中华人民共和国刑法》第三百一十二条第一款的规定，构成掩饰、隐瞒犯罪所得罪。

关于被告人周某涉案金额及取钱数额问题，经查，电信网络诈骗犯罪分子共转183000元到周某的银行账户，周某共取现135000元，而在同一天周某取现之后BANCS卡其他待清算的交易9次共10000元，公诉机关未能提供证据证实为被告人所取、转账或消费，该款不能认定为周某占有。其中173000元为周某领取的现金及一直在其银行账户内，由周某控制，故周某涉案金额为173000元。

关于被告人周某是否明知所取款项是诈骗款，经查，被告人经网友介绍来到广东省茂名市电白区帮助他人取款，到电白区后，根据电信网络诈骗犯罪分子的安排，到当地银行办理银行卡，在电信部门办理手机卡，并将银行卡交到诈骗犯罪分子手上，转到周某银行账户上的款项巨大，及电信网络诈骗犯罪分子约定给予周某高额报酬，综合周某的认知能力，应认定周某是明知所取款项是他人犯罪所得，但公诉机关指控被告人周某明知所取款项为他人诈骗款，证据不足，不予认定。公诉机关指控被告人犯诈骗罪不当，予以纠正。

归案后，被告人能如实供述其主要犯罪事实，依法可以从轻处罚。被告人的家属代被告人退出大部分赃款，可以酌情从轻处罚。

广西壮族自治区昭平县人民法院依照《中华人民共和国刑法》第三百一十二条第一款、第六十七条第三款、第五十二条、第五十三条、第六十四条及《最高人民法院关于审理掩饰、隐瞒犯罪所得、犯罪所得收益刑事案件适用法律若干问题的解释》第一条第一款第一项和第三条第一款第一项，作出如下判决：

一、被告人周某犯掩饰、隐瞒犯罪所得罪，判处有期徒刑三年三个月，并处罚金人民币30000元；

二、被告人周某退出的赃款人民币102930.64元，由本院按比例发还被害人何某、陈某、宋某、张某、黄某、张某某、王某、王某某；

三、冻结被告人周某在中国银行的账户（卡号6266070000222287513）存款人民币42069.36元，由本院按比例发还被害人何某、陈某、宋某、张某、黄某、张某某、王某、王某某；

四、责令被告人周某退赔被害人何某、陈某、宋某、张某、黄某、张某某、王某、王某某经济损失人民币13000元；

五、责令被告人周某退出赃款人民币15000元，待查实具体被害人后，再由本院发还被害人。

一审法院作出判决后，周某不上诉，公诉机关以一审判决定性错误，适用法律错误，导致量刑畸轻为由提出抗诉。二审法院经审理查明，同意一审法院裁判意见。

【法官后语】

本案中，被告人周某用自己的身份证办理电话卡和银行卡，提供给电信网络诈骗分子，并帮忙到银行取钱的事实，各方对此并无争议。

本案争议的焦点在于周某是否明知所取钱款是他人电信网络诈骗所得或诈骗犯罪所得，应定性为掩饰、隐瞒犯罪所得罪还是诈骗罪。

从两罪的犯罪构成要件来看：掩饰、隐瞒犯罪所得罪的主体是一般主体；主观上必须是明知；侵犯的客体为司法机关的正常活动；客观方面包括窝藏、转移、收购、代为销售或者以其他方法掩饰、隐瞒的行为。诈骗罪的主体是一般主体；主观方面表现为直接故意，并且具有非法占有公私财物的目的；侵犯的客体是公私财物所有权；客观上表现为使用欺诈的手段骗取数额较大的公私财物。这样看来，较难看出两罪之间的联系，但纵观掩饰、隐瞒犯罪所得罪的入罪背景，掩饰、隐瞒犯罪所得罪源于2007年5月11日施行的《最高人民法院、最高人民检察院关于办理与盗窃、抢劫、诈骗、抢夺机动车相关刑事案件具体应用法律若干问题的解释》，该解释第一条明确规定“明知是盗窃、抢劫、诈骗、抢夺的机动车，实施下列行为之一的，依照刑法第三百一十二条的规定，以掩饰、隐瞒犯罪所得、犯罪所得收益罪定罪”。首次以司法解释的形式明确了掩饰、隐瞒犯罪所得、犯罪所得收益罪这一罪名。2007年11月6日，“两高”正式出台了《最高人民法院、最高人民检察院关于执行〈中华人民共和国刑法〉确定罪名的补充规定（三）》，正式将刑法第三百一十二条罪名改为掩饰、隐瞒犯罪所得、犯罪所得收益罪。由此可见，掩饰、隐瞒犯罪所得罪是一个下游罪名，必须以盗窃、抢劫、诈骗、抢夺等上游犯罪事实成立为前提。

具体到本案中周某的行为应定性为掩饰、隐瞒犯罪所得罪还是诈骗罪？根据《中华人民共和国刑法》第三百一十二条第一款，《最高人民法院关于审理掩饰、隐瞒犯罪所得、犯罪所得收益刑事案件适用法律若干问题的解释》第一条、第五条的规定，明知是犯罪所得及其产生的收益而予以窝藏、转移、收购、代为销售或者以其他方法掩饰、隐瞒，以掩饰、隐瞒犯罪所得、犯罪所得收益罪定罪论处；事前与盗窃、抢劫、诈骗、抢夺等犯罪分子通谋，掩饰、隐瞒犯罪所得及其产生的收益的，以盗窃、抢劫、诈骗、抢夺等犯罪的共犯论处。综上，本案被告人周某该定何罪取决于其是否明知所取款项是诈骗款。根据现有证据查明的事实，并综合周某的认知能力，只能认定周某是明知所取款项是他人犯罪所得，因此本案周某的犯罪行为定性为掩饰、隐瞒犯罪所得罪较为妥当。

编写人：广西壮族自治区贺州市昭平县人民法院　卢春燕

43

民间送养行为中居间介绍人收取“营养费”的行为如何认定

——莫某凯诈骗案

【案件基本信息】

1. 裁判书字号

广西壮族自治区钦州市中级人民法院（2019）桂07刑终183号刑事判决书

2. 案由：诈骗罪

【基本案情】

被害人莫某娟因没有生育能力想通过被告人莫某凯抱养一个小孩抚养。2018年4月初，被告人莫某凯在黄某珍处获悉黄某玲近期生育了一名有先天性心脏病的女婴，欲寻求家境好的人家收养。同月13日，被告人莫某凯便以有人收养为名与黄某珍一起到黄某玲家将该女婴抱回家中。被告人莫某凯后来联系莫某娟提出有一女婴可以收养，并谎称女婴父母需要人民币3万元的"营养费"，莫某娟同意收养。次日，被告人莫某凯与梁某琪将女婴送到被害人莫某娟的家中，被告人莫某凯收取了莫某娟人民币26000元。同月16日，莫某娟再次向被告人莫某凯支付了剩下的4000元的"营养费"。同年8月的一天，被告人莫某凯向莫某娟提出带女婴到医院检查身体，梁某琪将女婴抱走后与黄某玲一起到医院检查后，黄某玲发现女婴的病情有好转，遂抱回自己抚养。后莫某娟报案，被告人莫某凯被抓。案发后，莫某娟收到被告人莫某凯家属共计6万元赔偿款。莫某娟对被告人莫某凯的行为表示谅解。

【案件焦点】

被告人莫某凯作为民间送养的居间介绍人收取"营养费"的行为应如何认定。

【法院裁判要旨】

广西壮族自治区钦州市灵山县人民法院经审理认为，被告人莫某凯以出卖为目的，贩卖儿童一人，其行为已构成拐卖儿童罪。灵山县人民法院依照《中华人民共和国刑法》第二百四十条等规定判决：莫某凯犯拐卖儿童罪，判处有期徒刑五年六个月，并处罚金人民币10000元。

被告人莫某凯提出上诉。广西壮族自治区钦州市中级人民法院经审理认为，关于上诉人莫某凯的行为是构成拐卖儿童罪，还是构成诈骗罪的问题。经查，莫某娟因没有生育能力想收养一个小孩，黄某玲因生育的女婴患有先天性心脏病而欲寻求人家收养，后经莫某凯居间介绍，莫某娟将黄某玲生育的女婴抱回家中抚养。综合送养女婴的背景和原因分析，可以认定黄某玲与莫某娟的行为属于民间送养行为。本案中，上诉人莫某凯的主观目的是促成黄某玲与莫某娟的民间送养行为，而不是贩卖儿童，而且其居间介绍他人达成民间送养的行为与拐骗、贩卖儿童的行为有明显区别。综合本案的事实和证据分析，上诉人莫某凯通过贩卖儿童获取非法利益的主观故意不明显，客观方面也没有实施拐骗、贩卖儿童的行为，其行为不符合拐卖儿童罪的构成要件，不应以拐卖儿童罪论处。但是，上诉人莫某凯在介绍收养的过程中为谋取私利，故意捏造女婴父母需要“营养费”的虚假事实，使得收养某莫某娟陷入错误认识而自愿交付30000元给上诉人莫某凯。上诉人莫某凯在主观方面具有非法占有的目的，客观方面实施了虚构事实、骗取他人财物的行为，其行为符合诈骗罪的构成要件，应当以诈骗罪追究其刑事责任。一审法院认定莫某凯的行为构成拐卖儿童罪，定性不当，本院依法予以纠正。

广西壮族自治区钦州市中级人民法院依照《中华人民共和国刑事诉讼法》第二百三十六条第一款第二项和《中华人民共和国刑法》第二百六十六条等规定，判决如下：

一、撤销广西壮族自治区灵山县人民法院（2019）桂0721刑初187号刑事判决；

二、上诉人莫某凯犯诈骗罪，判处有期徒刑三年，并处罚金人民币10000元。

【法官后语】

本案争议的焦点在于被告人莫某凯作为民间送养的居间介绍人收取“营养费”的行为应定性为诈骗罪还是拐卖儿童罪。从立法规定来看，二者看似没有直接联系，但在司法实践中，有时会遇到民间送养行为中的居间介绍人收取“营养费”的问题。在此种情况下，区分被告人的此种行为是构成拐卖儿童罪还是诈骗罪，应主要把握以下几点：

一、犯罪目的不同

诈骗罪的犯罪目的在于意图通过欺骗的方式获取财物，其关键在于“骗”。而拐卖儿童罪的主观目的在于意欲通过贩卖儿童而获取财物，其关键在于“卖”。本案中，行为人莫某凯在居间介绍收养过程中的主观目的不是通过贩卖女婴的方式获取财物，而是为了促成黄某玲与莫某娟的民间送养行为。在促成民间送养行为的过程中行为人莫某凯又单独产生了通过欺骗收养人莫某娟女婴父母需要3万元“营养费”的方式获取被害人莫某娟的财物的犯罪目的。行为人莫某凯的犯罪目的不符合拐卖儿童罪通过“卖”儿童获取财物的主观构成要件，而符合诈骗罪通过“骗”获取财物的主观构成要件。

二、客观表现不同

诈骗罪在客观上表现为使用虚构事实或者隐瞒真相的方法使被害人陷入错误认识从而作出行为人所希望的财产处分。拐卖儿童罪在客观上表现为非法拐骗、绑架、收买、贩卖、接送或者中转妇女、儿童的行为。实践中有时会遇到居间介绍民间送养儿童而收取“营养费”的行为，此时应当通过审查将子女“送”人的背景和原因及收取“营养费”的多少等事实进行综合判断。最高人民法院、最高人民检察院、公安部、司法部于2010年3月15日联合出台的《关于依法惩治拐卖妇女儿童犯罪的意见》第十七条规定，不是出于非法获利目的，而是迫于生活困难，或者受重男轻女思想影响，私自将没有独立生活能力的子女送给他人抚养，包括收取少量“营养费”“感谢费”的，属于民间送养行为，不能以拐卖妇女、儿童罪论处。本案中，黄某玲因生育的女婴患有先天性心胜病而欲寻求人家收养，而被害人莫某娟又因没有生育能力想收养一个小孩，因此经行为人莫某凯居间介绍，黄某玲将其生育的女婴送给莫某娟抚养而未收取任何费用，可以认定黄某玲不是出于非法获利的目的出卖亲生子女。综合送养女婴的背景和原因分析，可以认定黄某玲与莫某娟的行为属于民间送养行为。因此，行为人莫某凯实施的行为不属于拐骗、贩卖儿童的行为。但是，行为人莫某凯在介绍收养的过程中个人为谋取私利，另起犯意，故意虚构女婴父母需要“营养费”的虚假事实，使得被害人莫某娟陷入错误认识而作出交付30000元给莫某凯的处分财产的行为。其行为符合诈骗罪的客观构成要件。

行为人莫某凯在主观方面具有非法占有的目的，客观方面实施了虚构事实、骗取他人财物的行为，其行为符合诈骗罪的构成要件，因此，被告人莫某凯作为民间送养的居间介绍人收取“营养费”的行为应认定为诈骗罪。

编写人：广西壮族自治区灵山县人民法院　李媛

44

以欺骗手段让人作出不法原因给付实现截贿的行为应定性为诈骗罪还是介绍贿赂罪

——黄某亮诈骗案

【案件基本信息】

1. 裁判书字号

广西壮族自治区钦州市中级人民法院（2020）桂07刑终65号刑事判决书

2. 案由：诈骗罪

【基本案情】

2017年2月，荣华公司总经理苏某的妻子曾某因为行贿被钦州市人民检察院调查，苏某从其朋友处了解到被告人黄某亮可以通过黄某办理曾某逃避刑罚事宜后，便通过朋友联系被告人黄某亮，被告人黄某亮答应后联系黄某，在得到黄某答复可以办理后，被告人黄某亮便向苏某开价索要人民币200万元作为活动经费，苏某答应后，分别于2017年2月23日至3月上旬通过转账、直接送款等方式交给被告人黄某亮150万元，被告人黄某亮将150万元其中的30万元交给黄某，另有20万元按黄某要求以律师费名义交给黄某金。随后被告人黄某亮通过黄某了解到曾某案件案情重大后向苏某提出加价到450万元才能继续办理的要求，苏某同意继续办理。2017年3月下旬，苏某将120万元交给被告人黄某亮，尔后，被告人黄某亮在将30万元交给黄某。后来因曾某被刑事拘留，苏某表示不想办理了，苏某要求被告人黄某亮退回150万元，被告人黄某亮便出具了一张150万元的借条给苏某。不久后，被告人黄某亮向苏某表示可以继续办理曾某脱罪的事，并且多加150万元可以连苏某儿子及公司都保下来，苏某因害怕其儿子与公司受到牵连便答应继续办理，但表示需要办妥后才给150万元，被告人黄某亮同意后便要求苏某将原来答应的450万元中未给的180万元补足给他。后于2017年4月下旬，苏某将180万元交给被告人黄某亮，被告人黄某亮当晚将其中100万元交给黄某。2017年5月上旬，苏某通过了解知道曾某的事是不可能用钱就能办妥后，便提出不再继续办理事宜，要求被告人黄某亮还钱，但被告人黄某亮至今未把钱退还给苏某。本案中，苏某共交给被告人黄某亮人民币450万元，被告人黄某亮从中将160万元交给黄某，按黄某要求另将20万元以律师费名义交给黄某金，余下270万元被被告人黄某亮用于个人开支。

【案件焦点】

被告人黄某亮的行为构成诈骗罪还是介绍贿赂罪。

【法院裁判要旨】

广西壮族自治区钦州市灵山县人民法院经审理认为，被告人黄某亮以非法占有为目的，伙同他人采用虚构事实、隐瞒真相的方式骗取他人钱财，金额达人民币450万元，数额特别巨大，其行为构成诈骗罪。

广西壮族自治区钦州市灵山县人民法院依照《中华人民共和国刑法》第二百六十六条等规定判决：一、被告人黄某亮犯诈骗罪，判处有期徒刑十二年，并处罚金人民币50万元；二、被告人黄某亮违法所得的人民币270万元，依法追缴上缴国库。

被告人黄某亮提出上诉。钦州市中级人民法院经审理认为，关于上诉人的行为是构成介绍贿赂罪或者是构成诈骗罪的问题。根据本案证据证实，苏某从朋友处了解到黄某亮与黄某熟悉，便通过朋友联系黄某亮通过黄某帮办理其妻子曾某逃避刑罚事宜。黄某亮经与黄某联系得到答复可以办理，当时，黄某亮主观上应当明知黄某不具有通过职务便利帮助他人逃避处罚的事实，仍然以黄某可以办理曾某逃避刑罚为由多次索要财物，并在苏某面前与黄某通话，使被害人苏某陷于错误认识自愿交付财物。在被害人苏某认为办理不了，表示不想办理的情况下，依然欺骗苏某说，只要增加150万元，可以连苏某的儿子及公司都可以保下来，而苏某因害怕其儿子与公司受到牵连便答应继续办理，先后交付450万元给黄某亮。黄某亮从中先后将160万元交给黄某，按黄某要求另将20万元以律师费名义交给黄某金，余下270万元用于其个人开支。后苏某通过了解知道曾某的事是不可能用钱就能办妥后，便提出不再继续办理，要求黄某亮还钱，但黄某亮至今未把钱退还给苏某。综上所述，在诈骗的共同犯罪过程中，黄某亮积极参与实施，起主要作用，是主犯，依法应按其所参与的全部犯罪处罚。在本案中，黄某亮伙同他人以谎称可以帮助被害人苏某办理其妻子曾某免于刑罚事宜为由，故意虚构事实、隐瞒真相，在苏某交出钱后又将大部分的钱供个人开支。其主观上具有非法占有他人财物的目的，客观上实施了以虚构事实、隐瞒真相骗取被害人财物的行为，数额特别巨大。黄某亮的行为符合诈骗罪的构成要件，应当以诈骗罪追究黄某亮的刑事责任。一审法院认定黄某亮构成诈骗罪，判处有期徒刑十二年，并处罚金 50 万元，定罪准确且是在量刑幅度内处罚，并无不当，本院予以维持，但判令黄某亮违法所得的人民币 270 万元，追缴上缴国库不当，本院依法予以纠正。

广西壮族自治区钦州市中级人民法院依照《中华人民共和国刑事诉讼法》第二百三十六条第一款第二项和《中华人民共和国刑法》第二百六十六条等规定，判决如下：

一、维持广西壮族自治区灵山县人民法院（2019）桂 0721 刑初 417 号刑事判决第一项，即被告人黄某亮犯诈骗罪，判处有期徒刑十二年，并处罚金人民币 50 万元；

二、撤销广西壮族自治区灵山县人民法院（2019）桂 0721 刑初 417 号刑事判决第二项，即被告人黄某亮违法所得的人民币 270 万元，依法追缴上缴国库；

三、责令上诉人黄某亮违法所得的 270 万元退赔给被害人苏某。

【法官后语】

本案争议的焦点在于行为人黄某亮以欺骗手段让人作出不法原因给付实现截贿的行为应定性为诈骗罪还是介绍贿赂罪。“截贿”并非规范的法律用语，而是泛指在介绍贿赂案件中，行为人受行贿人委托向受贿人转交贿赂的过程中，出于非法占有的目的，截取贿赂的全部或者一部分归己所有的情况。“截贿”案件应如何定性一直是理论与实务界颇有争议的问题。

截贿案件中，截贿行为往往与介绍贿赂行为交织一起，介绍贿赂有多种表现形式，本案中被告人黄某亮的行为属于居间型截贿行为，并不存在与行贿人或受贿人共同犯罪的故意，用贿赂犯罪的共犯或介绍贿赂罪都不能涵摄对其截贿行为的评价。截贿行为的本质在于将他人财物据为己有，截贿对象不仅在形式上具有财物属性，而且存在财产罪的法益，以财产犯罪规制截贿行为具有合理性。

对“多收少送”的居间型截贿行为的定性应结合行为人的主客观方面综合认定。如果行为人在占有他人行贿款之前已经产生骗取财物故意，之后非法占有财物的应认定为诈骗罪。诈骗罪是行为人在非法占有他人财物主观故意的支配下，通过实施欺骗行为使对方产生错误认识而处分财物，行为人获取财物的犯罪行为。本案中，行为人黄某亮主观上明知黄某不具有通过职务便利帮助他人逃避处罚的事实，仍然通过在苏某面前与黄某通话等形式，虚构黄某可以办理帮助曾某逃避刑罚的事实，并在被害人苏某认为办理不了，表示不想再办理的情况下，依然采取欺骗苏某只要增加150万元，可以连苏某的儿子及公司都保下来的方式使被害人苏某陷入错误认识，进而作出先后交付450万元不法给付的行为。黄某亮将其中少部分的钱交给了黄某，大部分的钱“截贿”归自己所有。由此可见，委托人苏某在将财物交与黄某亮之前，黄某亮已经产生非法占有他人财物的主观故意。在此犯意的支配下，虚构事实欺骗委托人，主观上，黄某亮意图非法占有他人财物，客观上，虚构事实成功骗取了他人财物，其行为符合诈骗罪的犯罪构成，应认定为诈骗罪。

综上所述，行为人黄某亮以欺骗手段让人作出不法原因给付实现截贿的行为应定性为诈骗罪。

编写人：广西壮族自治区灵山县人民法院　李媛

45

合同诈骗罪中被告人主观故意的认定

——周某洪合同诈骗案

【案件基本信息】

1. 裁判书字号

广西壮族自治区桂林市中级人民法院（2019）桂03刑终668号刑事裁定书

2. 案由：合同诈骗罪

【基本案情】

广西壮族自治区桂林市秀峰区人民法院经公开审理查明：2015年5月，被告人周某洪与桂林市A公司协商入股或收购该公司事宜，双方约定被告人周某洪出资500万元可将公司51%股份变更至被告人周某洪名下，或者出资900万元可以获得公司所有股份。2015年6月被告人周某洪在未达成任何书面协议的情况下，借故进驻A公司场所办公。为了取得A公司的信任，被告人周某洪于2015年9月1日、9月16日，10月15日、10月27日四次向A公司账户转入资金共计21万元入股诚意金。被告人周某洪在未经过A公司同意，未获得A公司任何股份及经营管理权，且明知自己无能力支付500万元入股资金的情况下，向被害人蒋某某、张某某谎称其享有A公司正在开发的桂林市B制品厂、桂林市C造纸厂旧房改造项目的发包权。为了取得被害人的信任，被告人周某洪在临时使用的A公司的办公场所处，向被害人出示部分有关桂林市B制品厂、桂林市C造纸厂旧房改造项目的审批文件。2015年9月24日，被告人周某洪以个人名义与被害人蒋某某签订《工程施工承包合同》，约定将桂林市C造纸厂、桂林市B制品厂的水电安装、消防工程发包给被害人蒋某某承包施工，骗取了被害人蒋某某保证金20万元。2015年8月18日，被告人周某洪以个人名义，与被害人张某某签订了《建筑施工劳务合同》，骗取了被害人张某某保证金10万元。被告人周某洪将上述保证金30万元用于偿还其个人债务及用于个人消费挥霍。2015年年底，被告人周某洪与A公司曾经签订过入股协议，但因被告人周某洪无意也无力向A公司支付入股资金，A公司最终解除了该合同，被告人周某洪遂要求A公司退还其所支付的诚意金21万元，并将该款项用于归还其个人债务。2015年年底，被害人张某某、蒋某某发现被骗后，多次向被告人周某洪催款，被告人周某洪均以各种理由推脱，拒绝退还保证金。

综上，被告人周某洪骗取被害人蒋某某人民币20万元，骗取被害人张某某人民币10万元。

【案件焦点】

被告人是否具有非法占有的主观故意，是否构成合同诈骗罪。

【法院裁判要旨】

广西壮族自治区桂林市秀峰区人民法院经审理认为，被告人周某洪以非法占有为目的，在签订、履行合同过程中，骗取对方当事人的钱财，数额巨大，其行为触犯《中华人民共和国刑法》第二百二十四条第一款第五项之规定，构成合同诈骗罪，公诉机关的指控成立。

对于辩护人赵某刚提出的被告人周某洪在案发前一直跟二被害人有项目合作关系，没有携款潜逃，犯罪故意不明显的辩护意见，经查，被告人周某洪明知自己无力支付A公司500万元的入股资金，仍然以收购A公司股份的名义与A公司进行协商，并借故使用A公司的办公场所进行办公，制造其与A公司有关联的假象。在没有A公司的股权及经营管理权的情况下，仍对被害人谎称其有权转让A公司对桂林市B制品厂、桂林市C造纸厂旧房改造项目工程，并向被害人出示上述项目的部分审批材料以获取被害人的信任。在取得的被害人的钱财后用于偿还其个人债务及个人消费挥霍，到期后经被害人多次催要，仍拒不归还，以上行为可以证实被告人周某洪具有非法占有被害人钱财的主观故意，其之后的所谓与被害人有继续合作项目的行为，不影响本案被告人周某洪的主观故意。因此，对于辩护人的该辩护意见，本院不予支持。

辩护人赵某刚还提出被告人周某洪在案发前已经归还了二被害人12万元的意见，经查，被告人周某洪供述中认可其与被害人之间尚有其他经济往来，支付给二被害人的钱款系其他经济关系，被害人的陈述与被告人周某洪的供述相吻合，且有其他证据予以证实。因此，被告人周某洪在案发前并没有归还被害人30万元的保证金，故对于辩护人的该辩护意见，本院不予支持。

辩护人赵某刚还提出，陈某某与被告人周某洪出于同样事由签订的合同经法院判决系经济纠纷，本案应属民事纠纷的意见，前已述及，被告人周某洪主观上对被害人的钱财具有非法占有的故意，客观上实施了骗取二被害人钱财的行为，其行为已经构成合同诈骗罪，对于被告人与他人的经济纠纷，公诉机关没有予以指控，不属于本案的审理范畴，且公诉机关也当庭表示将对已经经过民事诉讼程序，但可能涉嫌犯罪的其他事实予以调查，将另行处理。故对于辩护人的该辩护意见，本院不予支持。

被告人周某洪有前科劣迹，酌情对其从重处罚，辩护人认为被告人周某洪的前科不属于从重情节的意见，本院不予支持。

广西壮族自治区桂林市秀峰区人民法院依照《中华人民共和国刑法》第二百二十四条第一款第五项，第六十七条第三款，第六十四条，第五十二条，第五十三条之规定，作出如下判决：

一、被告人周某洪犯合同诈骗罪，判处有期徒刑三年三个月，并处罚金人民币2万元；

二、责令被告人周某洪退赔被害人蒋某某经济损失人民币20万元，退赔被害人张某某经济损失人民币10万元。

上诉人周某洪不服判决提起上诉，上诉称：对原判认定其犯合同诈骗罪无异议。但其与两被害人已和解，已退还部分钱款给二被害人。认为原判量刑过重，请求从轻处罚。

广西壮族自治区桂林市中级人民法院经审理认为，在案证据证实，被告人周某洪在没有取得A公司的股权及经营管理权的情况下，虚构事实，隐瞒真相，在与二被害人签订合同的过程中骗取了被害人的钱财，数额巨大，后经历被害人多次催要，仍拒不归还，该行为符合合同诈骗罪的构成要件。上诉人辩称与被害人有继续合作其他项目的行为及经济往来的事实，但该事实不影响对其已经构成合同诈骗罪的认定，且在案证据亦不能证实其与被害人之间的经济往来便系归还钱款的事实。故对该上诉理由，本院不予采纳。原判根据上诉人犯罪的事实、犯罪的性质、犯罪的情节，综合考量，依法对其所作的量刑适当，故上诉人周某洪提出原判量刑过重的上诉理由不能成立，本院不予支持。原判认定事实清楚，证据确实、充分，适用法律正确，审判程序合法。

广西壮族自治区桂林市中级人民法院依照《中华人民共和国刑事诉讼法》第二百三十六条第一款第一项之规定，作出如下裁定：

驳回上诉，维持原判。

【法官后语】

一、被告人周某洪是否具有非法占有被害人钱财的主观故意

根据我国刑法第二百二十四条的规定，行为人主观上具有“非法占有”的目的是构成合同诈骗罪的主观要件。如何认定行为人具有非法占有目的，一般可以从行为人的行为判断出来。综合全案证据，笔者认为案件被告人周某洪具有非法占有被害人钱财的主观故意。首先，被告人周某洪在明知自己没有能力支付A公司500万元的入股资金的情况下，制造其与A公司有关联的假象。其次，在没有取得A公

司的股权及经营管理权的情况下，对被害人谎称其有权转让A公司对桂林市B制品厂、桂林市C造纸厂旧房改造项目工程，并向被害人出示上述项目的部分审批材料以获取被害人的信任，与其签订合同。最后，在取得被害人的钱财后，用于偿还个人债务及个人消费挥霍，而且到期后经被害人多次催要，仍拒不归还。以上行为可以证实被告人周某洪具有非法占有被害人钱财的主观故意。

二、后续还钱行为，是否影响犯罪的构成

本案中，被告人（上诉人）及其辩护人辩称，在被指控事实发生后被告人与二被害人有继续合作其他项目的行为及经济往来的事实，案发前归还了二被害人12万元，被告人没有非法占有被害人财产的主观故意。后续还钱行为，能够影响犯罪的构成，笔者认为可从以下方面进行分析：一是被告人的此“还钱”行为是否与之前虚构事实、隐瞒真相骗取被害人钱财的行为相对应，即双方都明确归还的12万元是被告人欠被害人的保证金，而综合本案证据，这12万系被告人因其他经济往来支付给二被害人的。二是30万元保证金到期后二被害人多次向被告人催要，被告人拒不归还。直至案发前，二被害人仍在催讨。虽然被告人有之后的所谓与被害人继续合作项目的行为，但不影响被告人周某洪在本案中的主观故意。综上，笔者认为，在行为人实施诈骗之后，其后续的与被害人之间的项目合作或是经济往来的事实，如果与之前的诈骗行为没有关联，并不影响对其已经构成合同诈骗罪的认定。

三、其他案件经由民事程序处理，是否影响本案的处理

本案中，被告人的辩护人提出，被告人周某洪出于与本案同样的事由，与陈某某签订了合同，但是其与陈某某之间的纠纷通过民事程序进行了处理，那么本案也应属民事纠纷，该经由民事程序处理。笔者认为，人民法院作为司法机关，秉承“不诉不理”原则，刑事公诉案件的审理范畴只限于公诉机关指控的事实和证据。本案中，被告人周某洪主观上对被害人的钱财具有非法占有的故意，客观上实施了骗取二被害人钱财的行为，其行为已经构成合同诈骗罪。被告人与其他人的经济纠纷，并不影响对本案的认定。对于被告人与他人的经济纠纷，公诉机关没有予以指控，不属于本案的审理范畴，且公诉机关也当庭表示将对已经经过民事诉讼程序但可能涉嫌犯罪的其他事实予以调查，另行处理。

编写人：广西壮族自治区桂林市秀峰区人民法院　刘伟胜　何玉婷

46

电信网络诈骗集团犯罪中，从犯对其参与诈骗集团期间集团实施的犯罪行为承担共同的刑事责任

——袁某勇、陈某诈骗案

【案件基本信息】

1. 裁判书字号

四川省乐山市中级人民法院（2019）川11刑终105号刑事裁定书

2. 案由：诈骗罪

【基本案情】

2017年3月至9月，“乐哥”（男，台湾人，在逃）、“宝哥”（女，四川人，在逃）等人在柬埔寨王国拜林市组织被告人袁某勇、陈某等人成立诈骗集团，针对中国大陆公民实施电信诈骗。该诈骗集团实行集中管理，分工协作，全体成员集中生活、工作在相对封闭的住处即窝点，由“乐哥”“宝哥”“汤姆”等人担任管理者，下设电脑手和一线、二线、三线话务员等，其中电脑手负责维护网络、线路畅通并对使用的电话进行改号，一线话务员冒充被害人所在地的公安民警给被害人打电话，虚构被害人名下的银行卡涉嫌洗钱犯罪，以其应自证清白要接受某大城市公安局的调查为由，把电话转接至二线话务员；二线话务员使用改过号的电话再假冒该城市公安机关干警，恐吓被害人，或者通过微信、传真、虚假的“最高人民检察院”网站，向被害人展示“拘捕令”，并告知被害人其身份被用于洗钱，需配合检察机关工作以自证清白，又假意将电话转接到该城市人民检察院的三线话务员；三线话务员再假冒该城市检察院干警，诱骗被害人把钱存入所谓的“国家账户”，随后将款项转移提现。期间，袁某勇、陈某二次出境参与诈骗集团拨打电信诈骗电话。在窝点内，接受了该诈骗团伙统一的食宿安排和诈骗技术

培训，学习了统一的组织纪律和奖惩措施，拟定了自己的工作代号，二人均为一线话务员。

2017年8月至9月18日，该诈骗集团拨打诈骗电话207837条，骗取被害人廖某芬189800元、罗某鉴519791元、胡某琴9900元、毕某玉73960元、翟某云39900元、陈某萍4900元、罗某英55000元、张某玲426500元。期间，袁某勇、陈某在该诈骗集团参与拨打诈骗电话。

被告人袁某勇、陈某于2018年1月26日在G85渝昆高速收费站被设卡民警挡获。案发后陈某的亲属代为退缴违法所得3万元，并退赔被害人廖某芬2万元，公安机关已将违法所得扣押在案。

【案件焦点】

袁某勇、陈某在诈骗集团中是一线话务员，属于从犯，是否对参与期间集团的诈骗数额承担责任。

【法院裁判要旨】

四川省乐山市沙湾区人民法院经审理认为，被告人袁某勇、陈某以非法占有为目的，在境外结伙参加犯罪集团，利用互联网、电信等技术，冒充司法工作人员，通过拨打诈骗电话的手段参与骗取他人财物共计人民币1319751元，行为均构成诈骗罪，且属数额特别巨大。本案系共同犯罪，在共同犯罪中，二被告人起次要作用，均认定为从犯，依法应当从轻或者减轻处罚。二被告人归案后如实供述自己的罪行，自愿认罪，依法可以从轻处罚。被告人陈某归案后退缴部分违法所得、退赔了被害人部分损失，可酌情从轻处罚。根据二被告人犯罪的事实、犯罪的性质、情节和对于社会的危害程度，决定均减轻处罚。

关于被告人袁某勇辩解称不清楚诈骗集团骗取金额的意见，被告人袁某勇只是诈骗集团的一线话务员，不清楚犯罪集团犯罪所得金额亦属正常，本案犯罪金额系根据查明的事实和在案证据综合认定，其不清楚犯罪金额，不影响本案的定罪量刑。

四川省乐山市沙湾区人民法院依照《中华人民共和国刑法》第二百六十六条、第二十五条第一款、第二十六条第二款、第二十七条、第五十二条、第五十三条、第六十四条、第六十七条第三款之规定，判决如下：

一、被告人袁某勇犯诈骗罪，判处有期徒刑四年四个月，并处罚金人民币4万元；

二、被告人陈某犯诈骗罪，判处有期徒刑三年六个月，并处罚金人民币3万元；

三、扣押在案的违法所得人民币3万元，由扣押单位发还被害人；

四、责令被告人袁某勇、陈某退赔剩余涉案赃款，返还各被害人。

该判决作出后，被告人提起上诉，二审法院同意一审法院裁判意见，裁定维持原判，目前判决已生效。

【法官后语】

本案处理要点之一是从犯是否要对集团犯罪金额承担责任。该案中袁某勇个人诈骗金额不足5万元，其对个人骗取金额承担责任还是对参加犯罪集团期间，集团的犯罪数额承担责任。

一种观点认为，被告人在犯罪集团属于从犯，不应该对集团金额负责。根据刑法第二十六条、第二十七条的规定，只有主犯对所参与的或者组织、指挥的全部犯罪处罚。没有规定从犯对全部犯罪处罚，因此，以集团犯罪的数额处罚被告人有违罪刑法定原则。

另一种观点认为，根据《最高人民法院、最高人民检察院、公安部关于办理电信网络诈骗等刑事案件适用法律若干问题的意见》的规定："多人共同实施电信网络诈骗，犯罪嫌疑人、被告人应对其参与期间该诈骗团伙实施的全部诈骗行为承担责任"。实践中诈骗集团中分工负责各条线的情况，在表面上各个诈骗分子业务骨干都各自为战，如认为他们只应当对各自实施具体诈骗的被害人数额负责，则陷入了犯罪数额难以认定的局面。实际上，各业务员是彼此都在一个集团中，都受集团头头的统一领导，整个集团是一个共同体，行为人理应对自己参与期间的其他同伴犯罪所得负责。就本案而言，依据被害人的陈述、取款凭证和银行交易记录，结合案源IP及话单分析意见，被害人所接听的诈骗电话是源IP地址归属柬埔寨该诈骗集团窝点使用等证据，认定该诈骗集团的诈骗金额为1319751元。本案属于分工合作式的集团电信诈骗，各行为人共同组成诈骗集团，诈骗行为并非由一个行为人独自完成，而是由多名行为人互相分工、相互配合共同完成，事后以"工资""提成”等形式共同分赃。上诉人及其他同案人是在一个犯意之下的共同犯罪，应当按照共同犯罪的处罚原则，对所参与诈骗集团犯罪行为期间集团实施的犯罪行为承担共同的刑事责任。

本案采取后一种观点，作出了上述判决。

编写人：四川省乐山市沙湾区人民法院　陈永祥

（五）职务侵占罪

47

非“从事公务”的国有公司人员不应认定为国家工作人员

——张某职务侵占、非国家工作人员受贿案

【案件基本信息】

1. 裁判书字号

北京市第一中级人民法院（2019）京01刑初33号刑事判决书

2. 案由：职务侵占罪、非国家工作人员受贿罪

【基本案情】

1. 被告人张某于2015年至2017年，担任中国广播电影电视节目交易中心海外市场部销售业务员，利用其负责电视节目内容开发、合同管理、合作方公司版权费用结算的职务便利，采取伪造虚假付款变更函、补充协议等手段，欺骗中国国际电视总公司将本应支付给原浙江海宁冠亚文化传媒有限公司、拉风传媒股份有限公司等15家合作方公司的版权费人民币共计595万余元，支付至与其单位无合同关系的若干公司账户。张某非法占有其中款项共计人民币561万余元，用于其个人消费。

2. 被告人张某于2017年至2018年，代表中国国际电视总公司与霍尔果斯九色鹿影视传媒有限公司洽谈节目开发项目，利用其负责电视节目内容开发、合同管理、合作方公司版权费用结算的职务便利，向霍尔果斯九色鹿影视传媒有限公司相关负责人索取人民币8万元，并用于个人消费。

被告人张某于2018年2月5日主动到北京市公安局海淀分局投案，并如实供认了本案犯罪事实。案发后，张某亲属向中国国际电视总公司代为退还人民币20万余元，侦查机关追回赃款人民币7120元。本院审理期间，张某的亲属代被告人张某向法院退缴人民币5827874.5元。

【案件焦点】

被告人张某是否属于国家工作人员。

【法院裁判要旨】

北京市第一中级人民法院经审理认为，第一，国家工作人员的本质特征是“从事公务”。刑法第九十三条规定了四种不同类型的国家工作人员，但无论是哪种类型的国家工作人员，均明确规定其必须是从事公务的人员，才能被认定为具有国家工作人员的身份。

第二，从事公务是指代表国家履行组织、领导、监督、管理等职责。公务主要表现为与职权相联系的公共事务以及监督、管理国有资产的职务活动。国有公司与国家机关不同，国家机关的设立是为管理国家或行使国家权力，故一般情形下，国家机关的主要工作内容具有公共事务的属性。但在国有公司、企业中，除一些具有公共管理性质的特殊公司、企业外，公司、企业在市场中经营，参与市场竞争，其经营业务本身不具有公共管理性，故在国有公司、企业中从事经营业务的活动不必然具有公务的属性。国有公司中公务的本质应是对国有资产的监督、管理。如国有公司董事、经理、监事、会计、出纳人员等对国有资产行使监督、管理职权时，因具有为国家经营、管理国有资产的特征，才能被认定为从事公务。故一般在国有公司、企业中，认定国家工作人员的身份不能仅根据其是否从事公司、企业中的业务活动，而应具体考量其工作内容是否包含对国有财产的监督和管理。

第三，张某的职务内容不包含对国有资产的监督和管理，其在单位中的工作内容属于劳务而非公务。根据本案证据，张某所在单位的业务本身并不具有公共管理的性质。张某在单位中系普通员工，主要负责三个部分的工作。分别是负责海外部中国电视节目内容开发、采购；与合作方的版权费用结算；以及对节目开发合同收集、保存、调阅和信息录入公司管理系统。在上述三个工作职责中，张某均不具有任何决定权或者审批权，只负责将信息和材料上报领导审批决定，虽然张某在节目开发、采购方面客观上能起到一定筛选、建议的作用，但也是由其工作经验或者积累的业务资源形成的事实上的结果。故张某的工作职责不具有代表国家意志，对国有财产行使监督、管理的特征，其实质上仍然属于劳务。综上，张某的身份不应被认定为国家工作人员。对于被告人张某的辩解及其辩护人的此项辩护意见，本院予以采纳。

被告人张某身为公司中的工作人员，利用职务上的便利，将本单位财物非法占为己有，数额巨大，其行为已构成职务侵占罪；张某利用职务上的便利，索取他人财物，数额较大，其行为亦构成非国家工作人员受贿罪。张某所犯职务侵占罪、非国家工作人员受贿罪，依法均应予以惩处，实行数罪并罚。北京市人民检察院第一分院指控被告人张某犯罪的事实清楚，证据确实、充分，但指控罪名有误，本院予以纠正。张某具有自首情节，认罪悔罪，并在亲属的帮助下退赔了全部赃款，依法应对其从轻处罚。对张某的辩护人的相关辩护意见，本院予以采纳。但张某多次伪造合同、私刻印章，实施骗取单位钱款的行为，犯罪手段、情节亦较为严重，故在量刑时予以综合考虑。据此，判决：一、被告人张某犯职务侵占罪，判处有期徒刑七年，并处没收个人财产人民币20万元，犯非国家工作人员受贿罪，判处有期徒刑一年，决定执行有期徒刑七年六个月，并处没收个人财产人民币20万元；二、在案扣押及被告人亲属代为退赔的钱款中，人民币8万元予以没收，剩余款项发还中国广播电影电视节目交易中心。

【法官后语】

《中华人民共和国刑法》第八章规定的贪污贿赂罪，大部分罪名均要求构成犯罪的主体必须是国家工作人员，刑法第九十三条规定："本法所称国家工作人员，是指国家机关中从事公务的人员。国有公司、企业、事业单位、人民团体中从事公务的人员和国家机关、国有公司、企业、事业单位委派到非国有公司、企业、事业单位、社会团体从事公务的人员，以及其他依照法律从事公务的人员，以国家工作人员论。”即根据刑法的规定，按照行为人工作单位的属性，可以将国家工作人员分为四类：一是在国家机关中的人员；二是在国有公司、企业等非国家机关的国有单位中的人员；三是国家机关和其他国有单位委派到非国有单位的人员；四是其他依照法律拟制为具有国家工作人员身份的人员。但对于这四类人员，均要求从事的工作内容符合“从事公务”的性质。本案中，张某工作单位系国有公司，故讨论其是否具有国家工作人员身份的关键在于其是否属于“从事公务”的人员。

对于如何认定“从事公务”的性质，2003 年最高人民法院印发的《全国法院审理经济犯罪案件工作座谈会纪要》中规定，从事公务，是指代表国家机关、国有公司、企业、事业单位、人民团体等履行组织、领导、监督、管理等职责。公务主要表现为与职权相联系的公共事务以及监督、管理国有财产的职务活动。如国家机关工作人员依法履行职责，国有公司的董事、经理、监事、会计、出纳人员等管理、监督国有财产等活动，属于从事公务。那些不具备职权内容的劳务活动、技术服务工作，如售货员、售票员等所从事的工作，一般不认为是公务。

通过上述对“从事公务”的解释，可以分析得出结论，公务主要是指公共事务或者对国有财产的监督、管理的职务活动。在国有公司中，如果国有公司的业务与普通的市场环境下其他非国有公司、企业的业务相同，那么其只是国有财产参与市场经营的形式，该业务本身不具有公共事务的性质。这时，判断其职务活动是否属于从事公务，就要看其职务行为是否具有监督、管理国有财产的属性。一般情况下，这种监督、管理的属性必然要求其行为人具有一定的对国有财产的决定或者支配的职权，不具有这种职权性质的职务行为应当属于劳务性质。本案中，根据在案证据证实，张某仅负责公司具体的经营业务，其职务权限不涉及对国有财产的监督、管理属性，而该公司业务又不具备公共事务的特征。故本案中张某的身份不应被认定为国家工作人员，而应属于公司、企业工作人员。

编写人：北京市第一中级人民法院　江伟

48

基层组织工作人员协助人民政府从事行政管理工作的认定

——陈某等职务侵占案

【案件基本信息】

1. 裁判书字号

江苏省徐州市中级人民法院（2019）苏03刑终226号刑事裁定书

2. 案由：职务侵占罪

【基本案情】

江苏省徐州市泉山区人民法院经公开审理查明：2014年2月，在时任江苏省徐州市泉山区桃园街道办事处临黄社区地矿办工作人员被告人陈某的协调下，徐矿集团夹河煤矿与临黄社区签订《关于一次性终结补偿泉山区桃园街道办事处临黄社区采煤塌陷地复垦及农作物、附着物损失费用的协议》（以下简称《协议》），约定夹河煤矿补偿临黄社区集体所有的246.24亩因采煤造成塌陷地土地的复垦费用123.12万元、地力恢复费用40.464万元、复垦地内附着物补偿费用166.437万元，补偿费用共计330.021万元。该协议分别经徐矿集团、徐州市泉山区人民政府批准生效。上述款项由徐矿集团分批拨付至泉山区政府，泉山区政府分别于2014年6月3日、2014年8月5日分两笔拨付至临黄社区账户。

2014年6月至12月，被告人陈某与时任临黄社区党委书记的被告人张某、会计站站长祖某利用社区资金管理上的职务便利，多次挪用前述补偿费用共计213余元用于被告人陈某经营的工程支出，被告人张某、祖某在明知被告人陈某挪用钱款系用于个人经营的情况下，违规签批且未入账。后被告人陈某冒用村民名义伪造复垦费补偿明细单，被告人张某、祖某在明知被告人陈某伪造平账明细的情况下，对伪造的补偿明细单进行审批、入账，从而冲抵上述挪用款项。

2017年6月29日，被告人陈某因本案被抓获归案。徐州市泉山区人民检察院在办理该案对张某、祖某询问过程中，二人主动供述了犯罪事实，后徐州市泉山区人民检察院对二人立案侦查，并经电话通知将二人传唤到案。

2017 年 6 月 29 日、30 日，被告人陈某的妻子徐某玲共向临黄社区居委会退款 60 万元。2017 年 7 月 3 日，临黄社区居委会将 60 万元移交中共徐州市泉山区纪委暂扣。2017 年 9 月 25 日，徐某玲向徐州市泉山区人民检察院退缴案款 31 万元。

【案件焦点】

村民委员会、居民委员会等基层组织与原土地复垦义务人签订复垦协议，并按照协议收取、处分复垦费、补偿费的行为，是否属于协助人民政府从事复垦工作的行为。

【法院裁判要旨】

江苏省徐州市泉山区人民法院审查后认为，被告人陈某、张某、祖某身为居民委员会工作人员，利用职务上的便利，将本单位财物非法占为己有，数额巨大，其行为均构成职务侵占罪。公诉机关指控三被告人的基本犯罪事实清楚，但指控三被告人构成贪污罪的罪名不当，依法予以变更。

江苏省徐州市泉山区人民法院依照《中华人民共和国刑法》第二百七十一条第一款、第二十五条第一款、第六十七条第一款、第三款、第七十二条第一款、第七十三条第二款、第三款、第六十四条，《最高人民法院、最高人民检察院关于办理贪污贿赂刑事案件适用法律若干问题的解释》第十一条第一款，作出如下判决：

一、被告人陈某犯职务侵占罪，判处有期徒刑五年；

二、被告人张某犯职务侵占罪，判处有期徒刑三年，缓刑四年；

三、被告人祖某犯职务侵占罪，判处有期徒刑二年，缓刑三年；

四、被告人陈某违法所得 213 万元予以追缴，由扣押、保管机关发还徐州市泉山区桃园街道办事处临黄社区居民委员会。

一审宣判后，被告人均未提出上诉，江苏省徐州市泉山区人民检察院提起抗诉，认为原判决定性不当，应当认定为贪污罪。江苏省徐州市中级人民法院审理认为，因地下采矿等生产建设活动造成地表塌陷损毁土地的，按照“谁损毁，谁复垦”原则，应由生产建设单位负责复垦。但是不具备征收条件的煤矿企业采煤塌陷集体农用地，经煤矿企业与原集体经济组织签订复垦协议并按规定标准缴纳复垦费用，将复垦土地交由原集体经济组织复垦的，由原集体经济组织为复垦义务人。故本案中，临黄社区与原土地复垦义务人夹河煤矿签订复垦协议，已经成为复垦义务人，该行为系其自治范围内的经营、管理活动，陈某等人作为工作人员利用职务便利将集体账户中的复垦费、补偿费非法占为己有，数额巨大的，依法构成职务侵占罪。检察机关的抗诉理由，不能成立，应予驳回。

江苏省徐州市中级人民法院依照《中华人民共和国刑事诉讼法》第二百三十六条第一款第一项之规定，作出如下裁定：

驳回抗诉，维持原判。

【法官后语】

本案处理重点在于对被告人行为性质的认定。《全国人民代表大会常务委员会关于〈中华人民共和国刑法〉第九十三条第二款的解释》规定，村民委员会等村基层组织人员协助人民政府从事相关行政管理工作的公务时，利用职务上的便利，非法占有公共财物的，构成贪污罪。最高人民检察院关于贯彻执行《全国人民代表大会常务委员会关于〈中华人民共和国刑法〉第九十三条第二款的解释》规定，对村民委员会等村基层组织人员从事属于村民自治范围的经营、管理活动不能适用该解释的规定。由于村民委员会、居民委员会等基层组织既有自治范围的经营、管理活动，也有协助政府从事行政管理的活动，基层组织人员利用职务便利实施侵财犯罪的，应当从主体身份、财产性质等方面进行综合分析，准确界定行为性质，选择适当罪名打击犯罪。

《土地复垦条例》规定，地下采矿等造成地表塌陷的土地属于生产建设活动损毁土地，按照"谁损毁，谁复垦"的原则，由生产建设单位负责复垦。《关于调整采煤塌陷地征迁补偿标准的意见》（苏国土资规发〔2009〕2号）规定，煤矿企业采煤塌陷的集体农用地，不具备征收条件的，必须复垦为耕地或其他农用地。稳沉的采煤塌陷集体农用地交由原集体经济组织复垦的，煤矿企业应当与原集体经济组织签订复垦协议，按照规定标准确定复垦费用。本案中，夹河煤矿采煤造成临黄社区土地损毁，是复垦义务人，按照《关于调整采煤塌陷地征迁补偿标准的意见》规定，和夹河煤矿签订了《协议》，经双方上级批准同意后约定将土地复垦义务转移给临黄社区，并将之后可能发生的土地复垦费和补偿费按规定支付给临黄社区，临黄社区变为复垦义务人。

泉山区人民政府没有对涉案损毁土地进行征收，涉案资金性质系夹河煤矿基于该协议给予临黄社区的复垦、补偿费用，虽经泉山区人民政府转至临黄社区，但并非泉山区人民政府所有。涉案土地系夹河煤矿采煤造成损毁，故泉山区人民政府并非涉案损毁土地的复垦义务人，也没有委托临黄社区进行复垦工作的行为，故临黄社区接受夹河煤矿的补偿款项行为不是协助政府从事其他行政管理工作的行为。案发时，涉案资金已在临黄社区集体账户，如何使用是基层组织的自治行为。

三上诉人作为临黄社区的工作人员，并无协助人民政府从事其他行政管理工作之情形，不属于“其他依照法律从事公务的人员”。作为基层组织的工作人员，主观上具有非法占有集体组织财物的故意，客观上利用职务上的便利，将本单位款项借支后，使用虚假的骗票据冲抵，非法占为己有，数额巨大，行为依法构成职务侵占罪。

编写人：江苏省徐州市中级人民法院　庄彬

49

利用职务便利冒领渠道费用的刑法规制

——李某某职务侵占案

【案件基本信息】

1. 裁判书字号

北京市第二中级人民法院（2019）京02刑终539号刑事判决书

2. 案由：职务侵占罪

【基本案情】

北京市西城区人民法院经公开审理查明：2015年至2017年，李某某利用担任安×公司经理的职务便利，通过伪造的与融×公司签订的合作协议，骗取安×公司支付推荐服务费共计人民币270余万元，并将上述款项据为己有。案发前退还安×公司人民币113万余元。李某某于2017年12月4日自动投案。

【案件焦点】

李某某的行为是否构成职务侵占罪及其犯罪数额。

【法院裁判要旨】

北京市西城区人民法院经审理认为，被告人李某某利用职务上的便利，将本单位财物非法占为己有，数额巨大的行为，已构成职务侵占罪，依法应予惩处。北京市西城区人民检察院指控被告人李某某犯职务侵占罪成立。关于被告人李某某的辩解及其辩护人提出的公诉机关错误认定虚假合作协议的作用、涉案行为未给安×公司造成损失、李某某领取较高提成具有合理性，李某某不构成职务侵占罪的相关辩护意见，经查，在安×公司与融×公司的合作中，被告人李某某虚假告知融×公司不能支付推荐服务费，却又向安×公司提供了伪造的渠道合作协议，以融×公司名义要求支付服务费。安×公司据此支付的款项是基于虚假协议给予渠道公司的佣金或奖励，与李某某个人提成性质明显不同，李某某将此款项非法占为己有的行为，符合职务侵占罪的构成要件，故上述辩解及相关辩护意见，理由不足，不予采纳。关于辩护人针对指控数额提出的相关意见，经查，在李某某与安×公司的往来电子邮件中，有对融×公司应得业绩进行过确认。对于确认支付给融×公司，且银行交易记录显示相应钱款进入李某某或李某某控制的敖×账户的业绩，应当计入涉案金额。对于未在邮件中确认的业绩，虽李某某取得了相应钱款，但现有证据无法准确界定该业绩是给李某某团队的提成还是给融×公司的服务费，故相应数额予以扣除；对于2016年11月业绩中所涉宅基贷的6.2万元，因属于补贴广州之前业务渠道，亦不计入涉案金额。辩护人针对这两部分数额提出的扣除意见，予以采纳。其他辩护意见，理由不足，不予采纳。鉴于被告人李某某在案发前退赔部分赃款，可酌情从轻处罚。据此，本院依照《中华人民共和国刑法》第二百七十一条第一款、第六十四条之规定，判决如下：

一、被告人李某某犯职务侵占罪，判处有期徒刑六年；

二、责令被告人李某某退赔人民币1619060.85元，发还安×公司；

三、在案冻结的被告人李某某民生银行账户、敖×民生银行账户中的钱款，并入判决主文第二项执行；

四、在案扣押的安×公司印章一枚、安×公司佛山营业部印章一枚，予以没收，由扣押机关北京市公安局西城分局处理；扣押的银行卡四张，与本案无关，退回公诉机关处理。

李某某提出上诉，其认为：(1）一审认定其虚构理由向安×公司要求支付费用的事实不清，证据不足，安×公司给其的钱款属其业绩提成款。(2）要求安×公司将钱款打入个人账户是为了避税，同时也是为了方便其对团队进行二次分配。(3）一审认定其涉案金额270余万元的依据不足，计算有误。(4）即便其构成职务侵占罪，原判量刑过重。北京市第二中级人民法院经审理认为，(1）李某某的行为构成职务侵占罪；(2）安×公司支付的是渠道费，并非李某某的业绩提存款；(3）李某某的行为给安×公司造成了财产损失；(4）一审判决认定涉案数额正确，量刑适当。上诉人（原审被告人）李某某身为公司、企业人员，利用职务上的便利，将本单位财物非法占为己有，数额巨大，其行为已构成职务侵占罪，依法应予惩处。鉴于李某某在案发前退赔部分赃款，可酌予从轻处罚。北京市西城区人民法院根据上诉人李某某犯罪的事实、犯罪的性质、情节和对于社会的危害程度作出的判决，定罪及适用法律正确，量刑适当，责令退赔及对在案冻结、扣押物品的处理亦无不当，审判程序合法，应予维持。北京市第二中级人民法院依照《中华人民共和国刑事诉讼法》第二百三十六条第一款第一项之规定，裁定如下：

驳回上诉人李某某的上诉，维持原判。

【法官后语】

随着经济社会的快速发展，公司、企业在管理上开始面临越来越多的挑战。在与侵犯财产罪有关的案例当中，也出现了越来越多复杂的新情况、新问题，本案正是在这一背景下发生的，而控辩双方争议的焦点主要集中在是否构成犯罪，以及犯罪数额两个方面。

首先，在司法实践中，确定犯罪的逻辑顺序往往是先发现某种客体遭受侵害的事实，然后再查明是否是基于人的行为造成的这种侵害。李某某及其辩护人所称的安×公司没有实际财产损失，主要就是指该案没有客体遭到侵害，不是犯罪。从表面上来看，安×公司确实获得了推荐的客户并形成了业务、取得了业绩。但融×公司在李某某告知其安×公司不能向其支付费用后仍同意继续合作，因此安×公司本可以不用支付此笔渠道费，却因为李某某所拟定的虚假合同而支付了这笔钱，这就是安×公司的损失。扩展来看，财产权利是否遭到侵害不应仅从表面来判断，而应考量是否有实际上的损失。如果对方由于各种原因认可了以不支付的方式进行合作，但支付方并不知情，那么即使支付方在合作过程中基于对方的付出或自身的获利自愿支付了费用，也仍然要认定其实际上遭受了损失。

其次，在犯罪数额方面，本案将犯罪数额限定在李某某以融×名义领取的部分。安×公司认可融×公司作为渠道并向其发放费用，是基于该公司为发展客户所做出的工作和发生的成本。而本公司内部人员已有日常工资收入，因此其依托渠道的业绩提成与渠道费用本身有着本质区别。佛山营业部并不是直销机构，李某某作为佛山营业部经理，其所发展的业绩是否属于直销业绩应当由公司认可判断。李某某的邮件及聊天记录的内容中表现出其仅是融×公司意思的转达人，负责居中协调，代为领取推荐服务费。但由于李某某团队提成和给融×公司的渠道费用是统一发放的，仅通过李某某与安×公司邮件确认的方式才能区分，因此对于未在邮件中确认的钱款，一审法院在公诉机关指控的基础上予以了扣除，二审法院也确认了一审认定数额的正确性。扩展来看，若在案件中部分数额无法形成完整的证据链，则应从存疑有利于被告人的角度计算犯罪数额，在量刑情节存在合理怀疑时，作出有利于被告人的处理。

最后，对该案可能涉及的两种罪名进行进一步分析。融×公司与安×公司的合作，是通过李某某进行的，李某某作为安×公司此次业务执行的负责人向融×公司提出不支付推荐费，并利用融×公司的名义制作虚假公章和协议提供给安×公司，均是利用了其职务上的便利。安×公司认为已经向融×公司支付了渠道费，而融×公司选择向客户收取推荐费，最终双方达成合作。在安×公司将费用支付到由李某某控制的个人账户上之后，涉案财物实际上已被李某某所非法占有。因此，李某某是利用了职务上的便利侵占了安×公司的财物而非融×公司的财物。扩展来看，某一行为究竟是构成诈骗罪还是职务侵占罪，应当从该行为所侵占的财物归属及是否利用职务便利进行区分。

编写人：北京市西城区人民法院　孙皓宇

（六）挪用资金罪

50

公司股东挪用公司决定以其个人名义借得的用于公司经营、由公司还本付息的款项归个人使用，数额较大、超过三个月未还的，构成挪用资金罪

——林某伟挪用资金案

【案件基本信息】

1. 裁判书字号

福建省大田县人民法院（2019）闽0425刑初215号刑事判决书

2. 案由：挪用资金罪

【基本案情】

2012年6月至2014年7月，被告人林某伟任仙峰公司执行董事。其间，仙峰公司因经营需要，经董事会成员吴某洲、李某快和林某伟讨论决定，以林某伟出名、仙峰公司提供担保方式，于2012年7月23日向黄某仙、罗某福借款500万元，于2012年9月6日向罗某福、朱某云、罗某贞借款400万元。该900万元均由仙峰公司使用并支付利息。后因该二笔借款即将到期，经吴某洲、李某快和林某伟讨论，决定再次以林某伟出名、仙峰公司提供担保方式向林某惠借款650万元，用于归还上述向罗某福、黄某仙所借款项。

2013年7月1日、7月2日，林某惠按林某伟的指定，分别汇入林某珠账户580万元、汇入林某伟账户50万元（林某惠按约定的月利率3.5%扣除“月头息”

20万元，林某伟另汇款2.75万元至林某惠丈夫林某田账户，即林某伟实际只收到林某惠转账627.25万元)。7月2日，仙峰公司指定林某伟经手将该笔款项用于归还黄某仙400万元、归还罗某（罗某福儿子）250万元，仙峰公司并将该笔650万元的收入和支出在公司会计凭证上记账，林某伟、吴某洲、李某快及仙峰公司相关账务人员均在费用报销汇总单上签字确认。同年7月10日，仙峰公司将上述被林某惠扣除的“月头息”22.75万元及截至7月2日应支付给黄某仙、罗某福的利息17.2万元汇入林某伟指定的林某珠账户。后被告人林某伟未按照仙峰公司的指定，将上述667.2万元归还罗某福、黄某仙，而是于2013年7月2日至7月15日，将其中627.25万元分成32笔先后用于归还或支付其个人欠款本息及其他费用支出。

同年7月17日至8月27日，被告人林某伟陆续归还85万元给罗某，并于同年10月8日、10月9日、10月14日、10月18日、10月25日、10月28日分别归还黄某仙200万元、100万元、130万元、30万元、50万元、50万元，合计560万元，于2014年3月24日再归还罗某20万元。经统计，被告人林某伟在挪用上述款项后三个月内未归还的数额为535.937613万元。

另查明，仙峰公司按约定利率支付2013年8月至11月的利息给林某惠，并于2015年10月13日与林某惠就上述650万元借款签订债权确认暨还款承诺书。

2017年7月27日，仙峰公司在收到沙县人民法院判决其公司应对林某伟所欠罗某福、黄某仙等人的债务承担连带清偿责任的判决书后，以林某伟涉嫌犯罪向大田县公安局报案。2019年1月22日，林某伟在广东省深圳市龙岗区布吉街道某路90号某楼603房被深圳市公安局罗岗派出所民警抓获，到案后如实供述本人的犯罪事实，其近亲属在本院审理期间代为退出未归还的挪用款项2.2万元。

【案件焦点】

公司股东会决议以其股东名义向他人借得的、已入公司账户用于公司经营、由公司还本付息的款项，是否属于单位资金。

【法院裁判要旨】

福建省大田县人民法院经审理认为，被告人林某伟利用职务便利，挪用本单位资金归个人使用，合计人民币535.937613万元，数额巨大，超过三个月未还，其行为构成挪用资金罪。公诉机关指控的罪名成立。被告人林某伟到案后如实供述所犯罪行，依法可从轻处罚，且已归还全部挪用款项，可酌情从轻处罚。根据被告人的犯罪情节及悔罪表现，结合其所在社区实施社区矫正的建议，决定对其适用缓刑。

福建省大田县人民法院依照《中华人民共和国刑法》第二百七十二条第一款、第六十七条第三款、第七十二条第一款、第六十四条，《最高人民法院、最高人民检察院关于办理贪污贿赂刑事案件适用法律若干问题的解释》第六条、第十一条第二款的规定，判决如下：

一、被告人林某伟犯挪用资金罪，判处有期徒刑三年，缓刑三年；

二、被告人林某伟退出的所挪用资金 22000 元，依法返还仙峰公司。

【法官后语】

1. 公司股东会决议以其股东名义向他人借得的、已入公司账户用于公司经营、由公司还本付息的款项，属于单位资金。一是从实质上看，该款所有权归属公司所有。该款虽以仙峰公司的股东林某伟为借款人、仙峰公司担保的形式向他人借得，但实质上系仙峰公司借款、公司使用、公司承担还本付息义务的情况在借贷行为发生前借贷双方均知情且认可，故该笔借款的款项归属应采“实质说”标准，认定为公司资金。根据权利义务相统一的原则，偿还借款本息的义务由该公司承担，权益应当也要由该公司享有。这种“实质说”的标准，无论在民事审判实务操作中的“名为投资，实为借贷”案件还是刑事审判中“谁投资，谁拥有产权”的原则都能得到印证。特别是《最高人民法院、最高人民检察院关于办理国家出资企业中职务犯罪案件具体应用法律若干问题的意见》第七条第二款的规定：“是否属于国家出资企业不清楚的，应遵循‘谁投资、谁拥有产权’的原则进行界定。企业注册登记中的资金来源与实际出资不符的，应根据实际出资情况确定企业的性质。企业实际出资情况不清楚的，可以综合工商注册、分配形式、经营管理等因素确定企业的性质”，更是以规范性文件的形式直接确定了对公司资金、公司性质采“实质说”的标准。林某伟仅是涉案资金的出名借款人，客观上该笔资金由仙峰公司支付利息并在公司的财务账上以“收入”转为“还款”体现，即林某伟主观上认同涉案资金的使用权属于仙峰公司所有，且事后仙峰公司还与债权人林某惠就该笔资金的债权债务关系再次进行确认。因此，应认定仙峰公司对该笔资金具有完全的使用权和支配权，涉案资金为仙峰公司的资金。

二是从形式上看，该款已由公司实际控制。该款项已经入公司会计账目，应认定为公司实际控制了该笔资金。该款进入公司账户后，该公司享有对该笔款项的实际控制和使用权，在该笔款项的支出时，林某伟亦作为仙峰公司的法定代表人在费用报销汇总单上签字确认。根据刑法第九十一条第二款规定，在国家机关、国有公司、企业、集体企业和人民团体管理、使用或者运输中的私人财产，以公共财产论。故根据该款的精神，以实际控制和灭失风险承担主体为标准划分财产性质。故在该案中已实际入公司账户的款项无论其实际归属，均可以认定为公司款项。

三是从偿还义务上，该款最终的偿还义务人系仙峰公司。仙峰公司提供担保，除要承担担保责任外，林某伟偿还该借款后仍可根据约定对仙峰公司享有追偿权，最终仍由仙峰公司承担偿还义务。

综上，无论从实质上、形式上和偿还义务上来看，该款的所有权均归属仙峰公司所有。即便该款所有权人系林某伟，该款进入公司账户归公司支配后，该款亦应系公司资金，执行董事亦不得挪作个人之用。

2. 林某伟挪用公司资金归还个人欠款、支付于公司无关的费用，超过三个月未还，其行为构成挪用资金罪。林某伟身为仙峰公司股东、执行董事，利用其受公司指定经手归还公司债务的职务便利，将接收的公司资金未执行公司意志将资金用于归还公司债务，而是擅自挪用于归还其个人欠款或支付与公司无关的费用，超过三个月未还，侵犯了仙峰公司的资金使用权，其行为构成挪用资金罪。

编写人：福建省三明市大田县人民法院　叶聿僚

51

管理合作建房中挪用资金构成挪用公款还是挪用资金罪

——张某受贿、挪用资金案

【案件基本信息】

1. 裁判书字号

山东省淄博市中级人民法院（2019）鲁03刑终163号刑事裁定书

2. 案由：受贿罪、挪用资金罪

【基本案情】

山东省淄博市临淄区人民法院经公开审理查明：

一、挪用资金

2009年6月，淄博市民政局经研究决定，由淄博市民政局工会和圣亚房产合作建设淄博市民政局职工住房，并成立了专门的淄博市民政局基建项目部，经淄博市民政局和淄博市技师学院协调，淄博市技师学院的王某民、张某参与淄博市民政局基建项目工作，具体工作由淄博市民政局工会主席兼淄博市民政局基建项目部负责人吕某新安排。

2009年8月，淄博市民政局工会的吕某新和购房户代表王某民、张某签订《合作建设商品房协议书》，约定淄博市民政局工会提供楼座、相关配套及开发资质手续，购房户代表投入管理技术和项目主管人员，双方共同参与管理和原材料采购，共同组织项目建设，其中，9号楼以购房户代表张某、王某民为主操作，双方楼座款按各自面积比例据实分担，建安费、税金、服务性开支等费用由双方按各自比例出资。财务管理按照市民政局和圣亚房产共同建立的合作账户管理办法执行，双方各自住房实行自主定价，自主经营，自主分配。2011年12月30日，淄博市民政局工会吕某新与购房户代表张某协商将该协议终止。

1. 2010年9月，被告人张某在管理淄博市民政局阳光花园住宅楼建设项目部

9号楼工程过程中，利用管理该项目账户资金的职务便利，挪用该项目60万元购买淄博一诺地产开发有限公司的商铺一套，用于营利活动。2013年3月，将该商铺卖掉后将挪用的60万元资金归还，获利27.1792万元，被告人张某得款13.5896万元。

2.2011年3月至2011年7月，被告人张某在管理淄博市民政局阳光花园住宅楼建设项目部9号楼工程过程中，利用管理该项目账户资金的职务便利，先后三次挪用该项目600万元以个人名义借给山东宝阳投资担保有限公司使用，用于营利活动，赚取利息，共计获取利息8.3811万元，张某得款5.3811万元。

综上，被告人张某挪用数额为660万元。

二、受贿

1.2007年6月，被告人张某利用负责淄博市技师学院阳光花园住宅楼建设的职务便利，收受浩天公司总经理杨某山送给的宝来轿车一辆，为浩天公司谋取利益。经鉴定，该车当时价值为7.5164万元。

2.2009年下半年，被告人张某利用负责淄博市技师学院阳光花园住宅楼建设的职务便利，与该项目主要负责人王某民（另案处理）共同收受海汇公司经理李某友送给的好处费6万元，为海汇公司谋取利益，事后各分得3万元。

3.2010年9月，被告人张某与王某民在接受淄博市技师学院的安排帮助淄博市民政局管理阳光花园住宅楼建设的过程中，二人与该项目的主要负责人淄博市民政局工会主席吕某新（另案处理）共同利用吕某新的职务便利，收受浩天公司总经理杨某山送给的好处费37万元，为浩天公司谋取利益。吕某新分得15万元，王某民分得20万元、张某分得2万元。

综上，被告人张某受贿数额为50.5164万元。

【案件焦点】

本案挪用部分是构成挪用公款罪还是挪用资金罪。

【法院裁判要旨】

山东省淄博市临淄区人民法院经审理认为，被告人张某在管理淄博市民政局阳光花园住宅楼建设项目部9号楼工程过程中，利用管理该项目账户资金的职务便利，挪用所管理的资金660万元用于营利活动，数额巨大，其行为构成挪用资金罪。被告人张某作为国家工作人员与他人共同利用本人和他人的职务便利，收受他人财物50.5164万元，为他人谋取利益，其行为构成受贿罪。公诉机关指控的受贿罪名成立。被告人张某一人犯数罪，依法应当数罪并罚。被告人张某在受贿行为中，系起次要作用的从犯，对其受贿罪可以从轻处罚。被告人张某如实供述自己的全部受贿犯罪事实，系坦白，依法对受贿罪可从轻处罚。被告人张某系初犯，退回部分赃款赃物，可酌情从轻处罚。对辩护人发表的系初犯、退赃、受贿罪系从犯、坦白的辩护意见，本院予以采纳。

山东省淄博市临淄区人民法院依照《中华人民共和国刑法》第二百七十二条第一款、第三百八十五条第一款、第三百八十六条、第三百八十三条、第二十七条、第六十七条第三款、第六十九条、第五十二条、第五十三条、第六十一条、第六十四条之规定，判决如下：

一、被告人张某犯挪用资金罪，判处有期徒刑三年三个月，犯受贿罪，判处有期徒刑一年六个月，并处罚金人民币20万元，决定执行有期徒刑四年，并处罚金人民币20万元；

二、扣押在案车牌号为鲁CE××××的大众宝来车一辆，在案违法所得以及赃款共计人民币29626.98元予以没收，上缴国库，继续追缴剩余赃款人民币210080.02元后，上缴国库。

宣判后，张某不服提起上诉。山东省淄博市中级人民法院经审理认为，上诉人张某利用参与管理淄博市民政局阳光花园住宅楼建设项目部9号楼工程过程中，利用管理该项目账户资金的职务便利，挪用所管理的资金660万元用于营利活动，数额巨大，其行为已构成挪用资金罪。上诉人张某作为国家工作人员与他人共同利用本人和他人的职务便利，收受他人财物50.5164万元，为他人谋取利益，其行为已构成受贿罪。上诉人张某一人犯数罪，依法应当数罪并罚。原审判决认定事实清楚，证据确实、充分，定罪准确，量刑适当，审判程序合法。上诉人张某及其辩护人的上诉理由及辩护意见均不能成立，本院不予支持。

山东省淄博市中级人民法院依照《中华人民共和国刑事诉讼法》第二百三十六条第一款第一项之规定，裁定如下：

驳回上诉，维持原判。

【法官后语】

本案值得探讨的是被告人张某挪用部分是构成挪用公款罪还是挪用资金罪。

我国刑法第二百七十二条规定，公司、企业或者其他单位的工作人员，利用职务上的便利，挪用本单位资金归个人使用或者借贷给他人，数额较大，超过三个月未还的，或者虽未超过三个月，但数额较大，进行营利活动的，或者进行非法活动的，处三年以下有期徒刑或者拘役；挪用本单位资金数额巨大的，或者数额较大不退还的，处三年以上十年以下有期徒刑。国有公司、企业或者其他国有单位中从事公务的人员和国有公司、企业或者其他国有单位委派到非国有公司、企业以及其他单位从事公务的人员有前款行为的，依照本法第三百八十四条的规定定罪处罚。第三百八十四条规定，国家工作人员利用职务上的便利，挪用公款归个人使用，进行非法活动的，或者挪用公款数额较大，进行营利活动的，或者挪用公款数额较大、超过三个月未还的，是挪用公款罪，处五年以下有期徒刑或者拘役；情节严重的，处五年以上有期徒刑。挪用公款数额较大不退还的，处十年以上有期徒刑或无期徒刑。一种意见认为，淄博市民政局为了职工建房项目设立了淄博市民政局基建项目部，被告人张某虽然没有经过单位会议研究决定，但在淄博市民政局和淄博市技师学院的协调安排下，实际参与了淄博市民政局的基建工作，并从淄博市民政局基建项目部领取补助。淄博市民政局的基建工作系由淄博市民政局集体研究决定，并安排淄博市民政局工会具体办理，被告人张某本身系国有事业单位工作人员，经协调安排至淄博市民政局下设的基建项目部工作，仍然具有国家工作人员身份；淄博市民政局基建项目的工作由吕某新全面负责，王某民协助吕某新工作，被告人张某的工作由王某民具体安排，一般是处理项目上的具体事务，王某民证实其去淄博市民政局基建项目部工作，一方面让其帮助把关，另一方面也让其动员淄博市技师学院职工团购一部分房屋。淄博市民政局工会与张某、王某民签订了《合作建设商品房协议书》，约定对部分商品房由张某、王某民自主经营、自负盈亏，但被告人张某在监察机关供述称在其和王某民参与淄博市民政局基建项目部之初就想留下几套阁楼，也就是通过签订协议、压低成本把阁楼的钱省出来，而且该协议吕某新、被告人张某在监察机关均供述并未履行，也未经单位领导研究决定，事后亦未进行追认。《终止合同协议书》也在建设过程中因未按照约定条款履行协议，致使双方无法继续履行协议而终止，张某证实其在淄博市民政局基建项目部的实际工作是负责项目部的日常工作和房屋销售等工作，以及领导交办的其他工作。因此该协议实际上只是一个销售合同，且系以合法形式掩盖其想免费得到阁楼的目的，属于以合法形式掩盖非法目的，该协议无效，且不能否认被告人张某的国家工作人员身份；关于2024账户的资金性质问题，《中华人民共和国刑法》第九十一条规定，本法所称共财产，是指下列财产：（1）国有财产；（2）劳动群众集体所有的财产；（3）用于扶贫和其他公益事业的社会捐助或者转向基金的财产。在国家机关、国有公司、企业、集体企业和人民团体管理、使用或者运输中的私人财产，以公共财产论。2024账户是以圣亚房产的名义开具，系圣亚房产与淄博市民政局开具的共管账户，主要用于存放社会人员的购房款以及支付各类工程款等。王某民、张某对2024账户的管理职责来源于淄博市民政局基建项目部的授权，2024账户的资金虽系收取的社会人员购买房屋的专款，但该款项由淄博市民政局下设的淄博市民政局基建项目部管理、使用，并以淄博市民政局基建项目部的名义记账，属于在国家机关中管理、使用的私人财产，以公共财产论。公共财产包括国有财产、劳动群众集体所有财产、用于扶贫和其他公益事业的社会捐助或者专项基金的财产。因此2024账户中的财产属于其中的国有财产。综上，被告人张某作为淄博市民政局下设的临时机构，淄博市民政局基建项目部的工作人员，利用了其或他人管理基建项目部账户资金的职务便利，分四次挪用项目部管理的资金660万元，用于营利活动，情节严重，其行为构成挪用公款罪。

笔者认为，淄博市民政局为了职工建房项目设立了淄博市民政局基建项目部，被告人张某虽然没有经过单位会议研究决定，但在淄博市民政局和淄博市技师学院的协调安排下，实际参与了淄博市民政局的基建工作，并从淄博市民政局基建项目部领取补助，淄博市民政局的基建工作系由淄博市民政局集体研究决定，并安排淄博市民政局工会具体办理，被告人张某本身系国有事业单位工作人员，经协调安排至淄博市民政局下设的基建项目部工作，因此其在基建项目部的工作仍然具有国家工作人员身份；淄博市民政局基建项目的工作由吕某新全面负责，王某民协助吕某新工作，被告人张某的工作由王某民具体安排，一般是处理项目上的具体事务，王某民证实让其去淄博市民政局基建项目部工作，一方面让其帮助把关，另一方面也让其动员淄博市技师学院职工团购一部分房屋。对于淄博市民政局工会与张某、王某民签订的《合作建设商品房协议书》，约定对部分商品房由张某、王某民自主经营、自负盈亏，财务管理按市民政局与圣亚房产共同建立的合作账户管理办法执行。张某辩解均限定合同系个人行为，王某民辩解称利用业余时间对该项目把关管理；关于2024账户的资金性质问题，2024账户是圣亚房产的名义开具，系圣亚房产与淄博市民政局开具的共管账户，主要用于存放社会人员的购房款及支付各类工程款等，并以圣亚房产根据支款数额以基建项目部的名义记账。张某、王某民对社会人员销售的购房款也打入圣亚房产的2024账户，并以圣亚房产的名义开具单据。因此，现有证据不能证实2024账户内的资金均系公款。综上，被告人张某、王某民与淄博市民政局工会签订的《合作建设商品房协议书》确实存在，虽然被告人的初衷是为了通过降低成本的方式获取免费的房屋，但该协议系双方真实意思表示，也并不被法律所禁止，在案证据也证实确实存在向社会购房户销售房屋的情况，现有证据不能证实该行为出于领导委派，与其职务有关联。因此，被告人张某在管理2024账户的时候，既有淄博市民政局的基建项目中的国家工作人员身份，也有作为购房户代表利用合同获得的身份，该身份不能确定系国家工作人员身份。对于双方签订的合同即使在民事上不具备生效合同必备的要件，也仅在民事责任承担的问题上有所影响，并不能否认该合同是当事人真实意思的表示，不能否认被告人张某基于该合同在管理2024账户时的非国家工作人员身份、以及挪用的款项并非公款的性质，因此，被告人张某在挪用2024账户资金时既有国家工作人员身份也有非国家工作人员身份，对2024账户的管理职责不能区分是基建项目部的授权还是基于合同得到的管理职责，也不能区分2024账户的资金来源是公款还是资金性质，但该部分资金主要系购房户购买房子的款项，并非属于购房户代表张某、王某民个人所有，张某无权将该款项挪用用于个人营利活动，按照有利于被告人的原则，被告人张某利用职务便利，挪用资金用于营利活动，且数额巨大，其行为构成挪用资金罪。该案一、二审法院对被告人张某挪用部分以挪用资金罪定罪处罚具有事实和法律依据。

编写人：山东省淄博市临淄区人民法院　刘海红　高飞

（七）敲诈勒索罪

52

恶势力团伙的认定

——伍某聪敲诈勒索、寻衅滋事，李某福等寻衅滋事案

【案件基本信息】

1. 裁判书字号

广西壮族自治区百色市中级人民法院（2019）桂10刑终399号刑事裁定书

2. 案由：诈勒索罪、寻衅滋事罪

【基本案情】

广西壮族自治区百色市隆林各族自治县人民法院经公开审理查明：2017年至2018年，以被告人伍某聪为首的李某福、韦某、黄某强、许某德等人经常纠集在一起，无事生非，逞强耍横，共同故意实施肆意打砸他人财物、随意殴打他人、勒索他人财物、吃霸王餐、意图收取“保护费”等恶势力惯常实施的违法犯罪活动，严重影响社会秩序。

1. 2017年5月25日，被告人伍某聪伙同陆某福（已判决）等人到百色市右江区东笋路与建华路交界处的鑫龙汽车用品店，向被害人龙某索要“保护费”。同月27日17时许，陆某福、伍某聪等人按约定来到鑫龙汽车用品店索要“保护费”时，被守候在门外的民警抓获。

2. 2017年12月1日1时许，被告人伍某聪在田林县艾魅酒吧喝酒时，因向被害人农某敬酒遭到拒绝，伍某聪和李某福遂对农某进行殴打。经法医鉴定，被害人农某胸部损伤被评定为轻微伤。

3. 2018年3月27日13时许，被告人伍某聪、李某福等人帮罗某某找老板邓某讨要工钱。因邓某没有钱支付，被告人伍某聪、李某福等人遂强行将邓某拉上小轿车，伍某聪持电棒电击及殴打邓某，致使邓某鼻梁与眼角附近部位、身上多处软组织受伤。经法医鉴定，被害人邓某伤情为轻微伤。

4. 2018年6月25日3时许，被告人伍某聪、李某福等人为朋友到某酒店6010房找该住客讨说法。因该住客拒不开房门，被告人伍某聪、李某福等人用脚踹踢房门被保安吴某制止。被告人伍某聪、李某福随即对被害人吴某进行殴打。被害人吴某下到一楼服务台后又被被告人韦某从宾馆外面冲进来用脚踢踹，并推倒前台上的电脑。经法医鉴定，被害人吴某体表损伤未达到轻微伤评定标准。

5. 2018年7月15日晚，被告人伍某聪、李某福、韦某等人在某KTV波斯包厢喝酒唱歌。次日2时许，被告人伍某聪、李某福、韦某等人未结账便离开包厢。当走到电梯门口时，见被害人潘某从电梯走出来，李某福便以潘某骂他为由对潘某进行殴打，伍某聪、韦某等人见状便一起殴打潘某，致潘某头部和背部受伤。

6. 2018年8月12日晚，被告人伍某聪、韦某、李某福等人在某KTV雷诺包厢喝酒直至开心城娱乐会所打烊休息音乐自动停止，引发伍某聪等人不满。伍某聪、李某福、韦某、黄某强、许某德等人打砸包厢物品，并责令开心城老板当天18时之前封个红包道歉。经估价，被损毁的物品价值4911元人民币。

7. 2018年8月12日凌晨4时许，被告人伍某聪、韦某、黄某强、许某德等五人从田林县开心城来到财富商城新天地酒店，因伍某聪没有提供有效证件且没支付足够房费，被害人黄某拒绝开房。伍某聪、韦某、黄某强、许某德等人随即对黄某进行威胁和殴打直至黄某哭着求饶后才罢手。

【案件焦点】

各被告人在本案中是否属于恶势力。

【法院裁判要旨】

广西壮族自治区百色市隆林各族自治县人民法院经审理认为，被告人伍某聪、李某福、韦某为共同实施犯罪而经常纠集在一起，无事生非、逞强耍横，三人组成相对较为固定的成员在一定区域内多次实施违法犯罪活动，形成扰乱经济秩序和社会生活秩序的恶势力犯罪团伙，应从重处罚。伍某聪参与或者组织实施七起违法犯罪事实，李某福参与五起，被告人韦某参与三起，有随意殴打他人、故意毁坏财物、意图收取“保护费”、吃霸王餐、逞强好斗等涉恶行为，符合恶势力犯罪组织的构成。但被告人黄某强、许某德在本案中只参与实施违法犯罪行为二起，不符合恶势力惯常实施三起以上违法犯罪的行为特征，故该二被告人不属于恶势力犯罪团伙，公诉机关对二被告人属于恶势力犯罪团伙的指控不妥，应予纠正。

对于被告人伍某聪辩解称其在共同犯罪中不是首要分子，也不属于恶势力，被告人黄某强、许某德辩称其不构成寻衅滋事罪的辩解意见。经查，在案证据能够证实被告人伍某聪均参与本案七起共同违法犯罪，被告人伍某聪在其中担当组织、指挥的角色，起主要作用，是骨干成员。且有多位证人证言和被害人陈述以及被告人的供述能够相互印证各被告人的犯罪事实，故对各被告人及其辩护人的辩解意见均不予采纳。

广西壮族自治区百色市隆林各族自治县人民法院依照《中华人民共和国刑法》第二百七十四条、第二百九十三条第一款第一项、第三项、第四项、第二十三条、第二十五条第一款、第二十六条第一款、第四款、第二十七条、第四十五条、第四十七条、第五十二条、第五十三条、第六十一条、第六十二条、第六十九条第一款、第三款和《最高人民法院、最高人民检察院关于办理敲诈勒索刑事案件适用法律若干问题的解释》第一条，《最高人民法院、最高人民检察院关于办理寻衅滋事刑事案件适用法律若干问题的解释》第一条第一款、第二条第一款第一项、第四条第一款第一项、第二项、第六条的规定，判决如下：

一、被告人伍某聪犯敲诈勒索罪，判处有期徒刑一年零六个月，并处罚金5000元；犯寻衅滋事罪，判处有期徒刑四年零六个月。总和刑期有期徒刑六年，并处罚金人民币5000元。决定执行刑期有期徒刑五年零六个月，并处罚金5000元；

二、被告人李某福犯寻衅滋事罪，判处有期徒刑三年零六个月；

三、被告人韦某犯寻衅滋事罪，判处有期徒刑二年零十个月；

四、被告人黄某强犯寻衅滋事罪，判处有期徒刑二年零六个月；

五、被告人许某德犯寻衅滋事罪，判处有期徒刑一年零六个月；

六、责令被告人伍某聪、李某福、韦某、黄某强、许某德共同赔偿被害人经济损失4211元。

上诉人伍某聪、李某福、韦某、黄某强原审辩解提起上诉。广西壮族自治区百色市中级人民法院经审理认为，上诉人伍某聪等人以非法占有为目的，对他人实施威胁，强行索取钱财，数额较大，其行为已构成敲诈勒索罪；上诉人伍某聪、李某福、韦某、黄某强、原审被告人许某德随意殴打他人、任意损毁他人财物，情节恶劣，破坏了社会秩序，其行为已构成寻衅滋事罪。原判认定的事实清楚，证据确实、充分，定罪准确，量刑适当，审判程序合法。

广西壮族自治区百色市中级人民法院依照《中华人民共和国刑事诉讼法》第二百三十六条第一款第（一）项之规定，作出如下裁定：

驳回伍某聪、李某福、韦某、黄某强的上诉，维持原判。

【法官后语】

本案处理重点主要在于各被告人是否属于恶势力成员的问题。根据《最高人民法院、最高人民检察院、公安部、司法部关于办理黑恶势力犯罪案件若干问题的指导意见》第十四条规定，恶势力是指经常纠集在一起，以暴力、威胁或者其他手段，在一定区域或者行业内多次实施违法犯罪活动，为非作恶，欺压百姓，扰乱经济、社会生活秩序，造成较为恶劣的社会影响，但尚未形成黑社会性质组织的违法犯罪组织。恶势力一般为三人以上，纠集者较为固定，违法犯罪活动主要为敲诈勒索、故意毁坏财物、聚众斗殴、寻衅滋事等，同时还可能伴随实施开设赌场、组织卖淫、强迫卖淫、贩卖毒品、运输毒品、制造毒品、抢劫、抢夺、聚众扰乱社会秩序、聚众扰乱公共场所秩序、交通秩序以及聚众“打砸抢”等。

恶势力犯罪特征表现为：有三名以上的组织成员，有明显的首要分子，重要成员较为固定，组织成员经常纠集在一起，共同故意实施三次以上恶势力惯常实施的犯罪活动或者其他犯罪活动。

本案中，2017年至2018年，伍某聪、李某福、韦某经常纠集在一起，其中伍某聪、李某福为纠集者，形成了包括韦某为积极参与者的较为固定的组织，该三人采用暴力、威胁等手段对被害人龙某、农某、邓某、吴某、黄某、潘某等人实施敲诈勒索、寻衅滋事等多起违法犯罪行为，为非作恶，欺压百姓，扰乱了当地正当的生产、生活秩序，造成较为恶劣的社会影响。伍某聪、李某福、韦某等人的行为符合恶势力的组织特征、行为特征和危害特征，应认定为恶势力。但对于那些虽然积极参与该组织实施的犯罪行为，但达不到三次以上的成员，则不应认定为恶势力团伙。

值得注意的是，《最高人民法院、最高人民检察院、公安部办理黑社会性质组织犯罪案件座谈会议纪要》中对办理恶势力案件再次明确，要结合组织化程度的高低、经济实力的强弱、有无追求和实现对社会的非法控制等特征，对黑社会性质组织与恶势力团伙加以正确区分，防止出现对案件“降格”处理或是“拔高”认定的问题。同时要准确查明恶势力团伙的具体违法犯罪事实，构成什么罪就要依法按照该罪定罪量刑，并按照共同犯罪的相关规定严格区分主从犯，按照罪责刑相适应原则，依法惩处。

编写人：广西壮族自治区百色市中级人民法院　卢荣旗　许斯雯

53

敲诈勒索罪中被害人产生恐惧心理及行为人构罪的认定

——李某敲诈勒索案

【案件基本信息】

1. 裁判书字号

广西壮族自治区百色市中级人民法院桂10刑终191号刑事裁定书

2. 案由：敲诈勒索罪

【基本案情】

广西壮族自治区百色市田东县人民法院经公开审理查明：被告人李某经过踩点，通过到家门口送威胁信件的方式向被害人罗某喜、鲍某索要钱款，后因被害人报警而未得逞。具体如下：

1. 2018年10月10日至11月7日，被告人李某先后将九封敲诈勒索信放到被害人罗某喜位于田东县平马镇上法教师村的家门口，以向纪委举报罗某喜违法、违纪问题为由要求罗某喜于约定的时间将280万元~300万元不等的现金拿到田阳县那满镇魁星庙后面、田东县平马镇中山路关帝庙门口、田东县十万吨炼油厂门口、田东旧火车站门口等地方给他，并在罗某喜家门烧纸进行恐吓。

2. 2018年11月1日，李某将两封敲诈勒索信分别放到被害人鲍某位于田东县平马镇食品公司的家门口、鲍某岳母黄某月位于田东县平马镇中和路的家门口，以向纪委举报鲍某违法、违纪问题为由，要求鲍某于约定的时间将380万元现金拿到田阳县那满镇魁星庙后面给他，并在鲍某的住所门口烧纸进行恐吓。

【案件焦点】

1. 敲诈勒索案中，行为人投匿名信、在被害人家门口烧符纸的行为是否足以让被害人内心产生恐惧或者恐吓心理的判断；2. 在被害人没有交付财物的情况下，其行为是否构成敲诈勒索罪。

【法院裁判要旨】

广西壮族自治区百色市田东县人民法院经审理认为，对于被告人李某及其辩护人谈某机提出本案不构成敲诈勒索罪的辩解辩护意见，综合评判如下：敲诈勒索罪是指以非法占有为目的，对他人使用威胁或要挟方法，强行索取他人财物数额较大的行为。成立敲诈勒索罪的要件是行为人是否具有以非法占有他人财物的目的并采用了威胁、要挟手段。本案中，从主观方面看，被告人与两位被害人素不相识，以匿名信的形式无理由、无担保甚至不露面向对方借300万元巨款，不符合正常民间借贷的常理，可知被告人主观上具有非法占有的目的；从客观方面看，被告人采取踩点、蹲守、开车跟踪至被害人住处并多次投放匿名信，以及匿名信中均以举报对方违纪违法、“以后你家会发生很多事情”相威胁，并在被害人家门口烧纸以作恐吓，可知其客观上已采取了威胁、要挟手段，而被害人是否因此产生恐惧、害怕心理而交付财物，不影响本罪的构成，如已交付财物则构成犯罪既遂。同时，向纪检监察部门举报违纪违法行为，是公民的法定权利，但滥用举报权利诬告陷害他人情节严重的，也应以诬告陷害罪追究刑事责任。另，根据《最高人民法院、最高人民检察院关于办理敲诈勒索刑事案件适用法律若干问题的解释》第五条的规定：“敲诈勒索数额较大，行为人认罪、悔罪，退赃、退赔，并具有下列情形之一的，可以认定为犯罪情节轻微，不起诉或者免予刑事处罚，由有关部门依法予以行政处罚：（一）具有法定从宽处罚情节的；（二）没有参与分赃或者获赃较少且不是主犯的；（三）被害人谅解的；（四）其他情节轻微、危害不大的。”而本案也不属于以上法律规定的犯罪情节轻微案件。故对该辩解辩护意见本院不予采纳。

对于辩护人谈某机提出，李某在东兰县有新的犯罪事实，建议本案由检察院补充起诉，合并审理的辩护意见，经查，本案定罪、量刑有关的事实已基本查清，李某在东兰县新的犯罪事实，不属于《最高人民法院关于适用〈中华人民共和国刑事诉讼法〉的解释》[①] 第二百三十四条规定的“与定罪、量刑有关的新的事实”，对于漏罪，应根据刑法第七十条规定另案判决，把前后两个判决所判处的刑罚，数罪并罚。

广西壮族自治区百色市田东县人民法院依照《中华人民共和国刑法》第二百七十四条、第二十三条、第六十五条第一款、第六十七条第三款、第五十二条、第五十三条、《最高人民法院、最高人民检察院关于办理敲诈勒索刑事案件适用法律若干问题的解释》第一条、第三条、第八条之规定，判决如下：

被告人李某犯敲诈勒索罪，判处有期徒刑七年，并处罚金人民币 50000 元。

李某持原审辩解提起上诉。广西壮族自治区百色市中级人民法院经审理认为，上诉人及辩护人提出的不构成敲诈勒索罪的上诉理由和辩护意见均向一审法院提出过，原判对李某的行为构成敲诈勒索罪的理由已经根据本案的事实及证据作了充分的阐述。原审法院根据李某犯罪的事实、性质、情节及对于社会的危害程度作出的判决，定罪及适用法律正确，量刑适当，审判程序合法，应予维持。

广西壮族自治区百色市中级人民法院依照《中华人民共和国刑事诉讼法》第二百三十六条第一款第一项，作出如下裁定：

驳回上诉，维持原判。

【法官后语】

本案中，行为人李某以举报为名，通过把匿名信件投放到被害人家门口及在家门口烧符纸，在此之前还进行蹲点、跟踪的事实，各方对此并无争议。

本案的争议焦点在于行为人投匿名信、在被害人家门口烧符纸的行为是否足以让被害人内心产生恐惧或者恐吓心理的判断，以及被害人没有交付财物的情况下，

---

① 此处指最高人民法院于 2012 年 12 月 20 日发布的《关于适用〈中华人民共和国刑事诉讼法〉的解释》（法释〔2012〕21 号），已被《最高人民法院关于适用〈中华人民共和国刑事诉讼法〉的解释（2021）》废止。

其行为是否构成敲诈勒索罪。

笔者认为在本案中，行为人通过多次投放匿名信，信中还有恐吓的言语，且投放匿名信的地点还包括被害人的亲戚家，从被害人的角度出发，行为人显然是对被害人的情况了如指掌，此外行为人到被害人家门口焚烧符纸且均未被抓获，虽然比起常见的敲诈勒索手段显得较为温和，但持续给被害人造成心理压迫、精神处于高度紧张状态，在此处应该理解为“软暴力”，其所产生的效果显然不比常见的手段差，应该理解为被害人产生恐惧或恐吓心理。应该指出，虽然被害人产生恐惧或恐吓心理正是行为人所追求的，但每个人的生活经历、社会经历不同，产生恐惧的来源也不同，被害人是否产生恐惧或恐吓心理并不以行为人的意志而转移，因此本案中认定被害人是否产生恐惧或恐吓心理应侧重从常人及被害人的角度予以考虑。

关于被害人没有交付财物，是否影响对行为人定性问题，笔者认为，敲诈勒索罪中处分财物有两层方面的意思表示，一是交付财物，二是拒绝交付财物。本案中行为人以投匿名信及烧符纸的方式索要财物，被害人虽产生恐惧心理但并未交付财物而是选择报警，行为人的行为已构成敲诈勒索罪，被害人没有交付财物系因行为人意志之外的原因未能得逞，应认定为犯罪未遂。

编写人：广西壮族自治区百色市田东县人民法院　农艳婷

54

财产类犯罪中非法占有目的的认定

——劳某敲诈勒索案

【案件基本信息】

1. 裁判书字号

广西壮族自治区钦州市中级人民法院（2019）桂07刑终41号刑事判决书

2. 案由：敲诈勒索罪

【基本案情】

2017年9月至2018年8月，被告人劳某以灵山县那隆镇路司村委会平塘村生产队长的身份，先后数次向灵山县新金鸡石场敲诈钱财。具体如下：1. 2017年9月的一天，被告人劳某电话联系石场股东劳某沛，称其刚当选为平塘村生产队长，要求石场给点好处费，否则就会有村民到石场闹事为由，向石场敲诈了人民币3000元。2. 2017年11月的一天，被告人劳某电话联系了石场的股东劳某沛和韩某，同样以上述理由，向石场敲诈了人民币5000元。3. 2018年1月的一天，平塘村村民以石场运输石料的道路占用了其0.085亩土地为由，拦截途径该处的运输石料的货车。后被告人劳某代表平塘村村民与石场进行协商，要求石场以每年租金15000元租用该0.085亩土地，租金则通过公益事业费的名义给付平塘村作为祭祖费用。石场被迫答应了被告人劳某等平塘村村民的要求，于2018年1月18日向以劳某为代表的平塘村村民支付人民币15000元。4. 2018年6月的一天，被告人劳某以其作为平塘村生产队长，如果不给钱就会有村民闹事为由向石场索要每个月人民币1000元的好处费，2018年6月27日，劳某从石场敲诈了人民币6000元。5. 由于平塘村村民索要钱款不成，2018年8月17日至20日，被告人劳某伙同他人带领平塘村村民以石场的生产导致平塘村村民的田地出现塌陷为由，前往石场阻扰生产，关闭石场的供电，阻拦进出石场运输石料的货车，使得石场不能正常生产经营。后石场迫于无奈，为了恢复生产，向劳某表示可以给与劳某及相关村民一定的费用，要求村民停止阻扰石场的正常生产经营。劳某表示同意，但因故劳某没有前往石场领取该笔钱款。

【案件焦点】

以明显不符合市价的租金签订租赁合同的行为是否可以推定为敲诈勒索罪。

【法院裁判要旨】

广西壮族自治区钦州市灵山县人民法院经审理认为，被告人劳某以其是灵山县那隆镇路司村委会平塘村（以下简称平塘村）生产队长的身份，先后五次以不给钱就会有村民阻扰石场经营等不同理由向灵山县新金鸡石场敲诈钱财人民币3000元、5000元、15000元、6000元及60000元，其中前四次已经既遂。依照《中华人民共和国刑法》第二百七十四条、第二十三条的规定，判决如下：

一、被告人劳某犯敲诈勒索罪，判处有期徒刑二年，并处罚金人民币10000元；

二、责令被告人劳某退赔人民币29000元给灵山县新金鸡石场。

宣判后，劳某不服，提出上诉。钦州市中级人民法院认为劳某利用其灵山县那隆镇路司村委会平塘村生产队长的身份，先后三次以不给钱就会有村民阻扰石场经营等不同理由向灵山县新金鸡石场敲诈钱财5000元、6000元及60000元，其中前2次已经既遂，数额为11000元，60000元属于未遂。关于上诉人是否具有敲诈勒索石场15000元的问题，钦州市中级人民法院认为2018年石场与村民签订年租金15000元租用0.085亩土地，双方签署有《协议书》，是双方真实意思表示，且有24名村民代表的签字，并约定每年支付15000元作为公益事业使用，根据现有证据无法证实该笔资金是劳某个人具有非法占有的目的，使用威胁手段获取财物的事实。广西壮族自治区钦州市中级人民法院依照《中华人民共和国刑事诉讼法》第二百三十六条第一款第三项和《中华人民共和国刑法》第二百七十四条、第二十三条、第五十二条、第五十三条、第六十一条、第六十四条的规定，判决如下：

一、撤销广西壮族自治区灵山县人民法院（2019）桂0721刑初266号刑事判决第一项、第二项，即被告人劳某犯敲诈勒索罪，判处有期徒刑二年，并处罚金人民币10000元；责令被告人劳某退赔人民币29000元给灵山县新金鸡石场；

二、上诉人劳某犯敲诈勒索罪，判处有期徒刑一年六个月，并处罚金6000元；

三、责令上诉人劳某退赔11000元给灵山县新金鸡石场。

【法官后语】

本案中签订租赁合同的行为是否可以推定为敲诈勒索罪或者说在主观上均具有非法占有为目的?

首先，根据我国刑法第二百七十四条之规定，敲诈勒索公私财物，数额较大或者多次敲诈勒索的，处三年以下有期徒刑、拘役或者管制，并处或者单处罚金……司法实践中，多数情况下只要被告人对他人实施暴力、威胁或者要挟行为进而限制被害人处分财产自由的，从而获得的财产，就认定为敲诈勒索罪，而不考虑行为人在主观罪过形态背后是否具有非法占有这一目的。从财产类犯罪的主观方面来看，该类犯罪的行为人主观上必须具有侵犯他人财产的故意，并且在取得型财产犯罪类型上必须同时具有非法占有他人财产这一主观目的，即行为人在未经权利人授权的情况下，意图排除占有人的占有（此时包括非法占有人），将他人的财物作为自己的财物加以管理和控制，意图取得事实上的支配权，并遵循财物可能具有的用途和价值对该财物进行利用和处分的意思。行为人主观上是否具有非法占有为目的是区分罪与非罪、此罪与彼罪的关键性因素。敲诈勒索罪作为财产类犯罪的一种，虽然在主观上表现为直接侵犯他人财产的故意，但其更强调的是以非法占有为目的，换句话说敲诈勒索罪在主观上其实更看重的是对意欲占有财产的排他性和利用性。在该案中，对劳某的行为定敲诈勒索罪是没有任何异议的，问题的关键在于敲诈勒索数额的认定，即是不是涉及的每一笔金钱数额都具有非法占有为目。一审法院认为石场与村民签订租金15000元租用0.085亩土地也属于被告人劳某敲诈勒索的范畴，权衡的主要依据是租地合同的价格明显高于市场价格，再结合被告人之前的几次敲诈勒索行为，可以推定该租赁合同也存在敲诈勒索的嫌疑，故将此租赁合同认定为被告人披着合法“外衣”的敲诈勒索行为。当判断的目光流转于事实与行为人主观心理之间时，刑法对非法占有目的所描述的情形就是其中必不可少的媒介。对于所谓的“租金”是否属于敲诈勒索的数额范畴，不能仅从客观外部行为进行直接推断，更要注重行为人主观上是否具有非法占有为目的的考量。就该合同而言，现有证据无法证明合同一方当事人受到威胁或者要挟等情况，即无法证明劳某等村民具有非法占有他人财产的目的，该协议是平等民事主体自愿合法的一种行为，不应纳入刑法的调整范围，否则就会陷入“刑法万能主义”的怪圈，有违刑法谦抑性原则；退一步来说，即使可以结合之前的行为认定劳某等村民在主观上具有非法占有他人财产的目的，但在客观上劳某等人并没有实施恐吓、要挟等行为，即便石场一方对之前的敲诈行为存在害怕心理，但根据主客观相一致原则以及存疑有利于被告人原则，现有证据的推定尚达不到排除合理怀疑的程度，故劳某不应对该笔“租金”负刑事责任。相反，如果签订合同时村民一方有欺诈、胁迫的手段、乘人之危以及存在显失公平情形，使石场在违背真实意思情况下订立合同的，石场可以请求人民法院或者仲裁机构变更或者撤销，而不是将该类合同纳入刑事管理范畴。

其次，对“非法”性的理解与认定。财产类犯罪的本质是对财产所有权及其他本权的侵害，根据刑法所保护的法益，对“非法”二字的理解取决于行为人的行为是否侵害了刑法所保护的法益，如果行为人的行为并没有侵害刑法所保护的法益，则行为人对他人财产的占有就不具有“不法性”；如果行为人没有合法根据而占有他人财产或者没有合法根据使他人财产转移给自己或者第三人，并且具有占有他人财产的目的，此时就应当认定行为人的占有目的具有非法性。这里所说的合法根据，一般是指符合有关财产法的根据。就本案而言，劳某代表村民领取15000元土地租金完全属于履行民事合同的行为，即使该合同可能存在一些瑕疵（可撤销或可变更），但并不违反刑法对财产法益的保护，在刑法大框架的前提下并不具有“非法性”，故不能认定行为人的行为对他人的财产具有非法占有的目的。

就签订租赁合同这一行为而言，劳某在主观上并不具有非法占有他人财产的目的，客观上并没有实施威胁或者恐吓等行为，故对于以明显高于市价的价格签订合同的行为不能认定为敲诈勒索罪的范畴。

编写人：广西壮族自治区灵山县人民法院　范云鸿

55

敲诈勒索所得财物用于集体公益事业仍构成敲诈勒索罪

——农远甲等敲诈勒索案

【案件基本信息】

1. 裁判书字号

广西壮族自治区崇左市中级人民法院（2020）桂14刑终25号刑事裁定书

2. 案由：敲诈勒索罪

【基本案情】

广西壮族自治区崇左市凭祥市人民法院经审理查明：被告人农远甲、农某章、农某伙、农某全均为天等县东平乡南务村南利屯村民。2005年8月13日，梁某某、张某某、刘某等人经时任屯长农某某1、农某某2等11名屯干部和村民代表签字同意，承包该屯地名为“坑大”“坑小”“坑苗”等荒山荒坡约350亩用于种植速生桉，承包期限16年。2011年7月，承包方对种植的速生桉进行砍伐过程中，被南利屯部分村民以修建林道的泥土冲入田地及毁坏山上少量松木为由要求赔偿。经协商，梁某某等人赔偿该屯3.5万元。2012年5月22日，梁某某、张某某、刘某将所承包的350亩林地使用权及林地上速生桉的所有权转让给农某某3、陈某某、洪某3人。时任南利屯屯长农某某4、副屯长农某某5在双方签订的转让合同书上签字同意并加盖公章。2015年11月14日，洪某等人将该林地的速生桉林木转让给黄某某采伐销售，双方约定洪某需协助办理相关的砍伐手续及保证采伐得以顺利进行，否则承担相应的赔偿责任。林业部门随后在南利屯公示黄某某的砍伐申请后，被告人农远甲、农某章、农某伙、农某全等人向东平林业站提出异议，并以梁某某等人承包林地租金太低、少算面积、擅自转包及破坏生态为由，要求补偿。还跟时任屯长农某某4、副屯长农某某5、继任屯长农某某6提出要等拿到补偿款后才能给洪某等人盖章办理砍伐手续。由于农远甲等人提出只愿意与梁某某等原承包方“谈判”，为了能够办理砍伐手续，洪某等人请求梁某某协助。2016年6月，双方协商时农远甲等人要求梁某某给予20万元补偿才同意村委盖章，未达成一致意见。一个月后，农远甲等人将补偿金额提高到30万元，梁某某方未同意。同年11月27日，农远甲等人进一步提高了补偿金额至35万元，梁某某一方被迫同意。双方前往信用社转账途中，农远甲等人又提出增加1万元作为往来路费开支，梁某某方同意，但由于信用社已经下班未能转账。2017年3月31日，农远甲等人提出要赔偿金额要40万元，若梁某某方不接受以后不再商谈。为了避免更大的损失，梁某某、洪某一方被迫同意。随后农远甲等人以受南利屯全体村民委托的名义，与刘某、梁某某签订了一份《补偿协议书》。次日，梁某某将40万元转至农远甲账户后（该40万元实际由黄某某支付，从洪某的转让费中扣除），洪某才得以办理林木采伐许可证并进行砍伐。转账到农远甲账户的40万元人民币，经村民同意用于南利屯道路、学校、宗庙的修建和聚餐等项目开支，其中已开支335495元，剩余64505元暂存于被告人农远甲账户中。

【案件焦点】

以签订的《土地承包合同》无效为由，向被害人索要赔偿款，并用于村集体公益事业，是否构成敲诈勒索罪。

【法院裁判要旨】

广西壮族自治区崇左市凭祥市人民法院经审理认为，被告人农远甲等几人敲诈勒索他人财物，数额特别巨大，其四人之行为均已构成敲诈勒索罪。公诉机关指控被告人农远甲等的犯罪事实清楚，证据确实、充分，指控罪名成立。被告人农远甲等在共同犯罪中分工协作，均系主犯，应按其参与的全部犯罪予以处罚，但被告人农远甲作用相对于其他被告人要大，量刑时应予以考虑；被告人农远甲被动归案后，如实供述自己的罪行，是坦白，依法可以从轻处罚；其他被告人自动投案后如实供述自己的罪行，是自首，依法可以减轻处罚。

广西壮族自治区崇左市凭祥市人民法院依照《中华人民共和国刑法》第二百七十四条、第二十五条第一款、第二十六条第一款、第四款、第五十二条、第五十三条、第六十四条、第六十七条第一款、第三款，《最高人民法院关于适用财产刑若干问题的规定》第二条第一款，作出如下判决：

一、被告人农远甲犯敲诈勒索罪，判处有期徒刑十年，并处罚金人民币30000元；

二、被告人农某章犯敲诈勒索罪，判处有期徒刑五年，并处罚金人民币10000元；

三、被告人农某伙犯敲诈勒索罪，判处有期徒刑五年，并处罚金人民币10000元；

四、被告人农某全犯敲诈勒索罪，判处有期徒刑五年，并处罚金人民币10000元；

五、对扣押在案的农远甲账户中的64505元，发还给被害人洪某；

六、继续追缴农远甲、农某章、农某伙、农某全违法所得人民币335495元，发还给被害人洪某。

农远甲、农某章、农某全提出的上诉意见中，均认为：梁某某等人转让承包合同不合法，上诉人没有以非法占有为目的，所谓敲诈得到款项是双方协商由承包商补偿给村里的补偿款，上诉人从中没有获得个人利益，其行为不构成犯罪。

农某伙提出的上诉意见是：其参与的是索要35万没有成功那次，后面的40万其没有参与，其没有获得个人利益，家庭困难，希望二审法院改判减轻处罚。

农远甲的辩护人提出：（1）农远甲没有以非法占有他人财产的事实，不构成敲诈勒索罪；（2）涉案金额是4万元不是40万元；（3）农远甲有投案自首情节。

农某全的辩护人认为：一审判决事实不清、证据不足，农某全的行为不构成敲诈勒索罪。

广西壮族自治区崇左市中级人民法院经审理认为，上诉人敲诈勒索他人财物，数额特别巨大，其行为均已构成敲诈勒索罪。原判定性准确。本案涉及的《土地承包合同》无论效力如何，都不能用非法的手段处理。如果认为合同没有效力或者不公平，应该通过协商或者司法途径解决。以拿不到所谓的补偿款就不给盖章办理砍伐手续是非法的。上诉人辩称的承包方给的钱是双方经过协商由承包方支付的补偿款。本案中，上诉人等索要的所谓补偿款，从开始的20万元逐步提高到40万元，每次“谈判”只要对方提出异议下次就提高数额，与对方的“谈判”根本没有诚意，步步紧逼，随意提高数额，根本没有谈判协商的余地，无论是开始的20万元还是最后的40万元，均不是被害人自愿给付的，都是被胁迫的结果，明显属于敲诈勒索。至于农某伙提出的没有参与全部谈判不应认定其敲诈勒索数额为40万元的意见，以及农远甲的辩护人提出的涉案数额应是4万元的意见，经查，本案是上诉人一伙的共同犯罪行为，无论敲诈所得多少，均是其共同追求的结果，不违背其中哪个人的意愿。共同犯罪造成的结果，共犯要共同承担。至于家庭困难，这不属于量刑考虑的因素。关于农远甲的辩护人提出的农远甲有自首情节的意见，辩护人也承认农远甲是公安人员传唤到派出所的，既然是公安人员传唤去的派出所，那就没有主动性，也就不存在自动投案的基础。上诉人及其辩护人的意见均与事实和法律不符，不能采纳。综上，原审判决认定事实清楚，审判程序合法，适用法律正确，量刑适当，应予维持。

广西壮族自治区崇左市崇左市中级人民法院依照《中华人民共和国刑事诉讼法》第二百三十六条第一款第一项，作出如下裁定：

驳回上诉，维持原判。

【法官后语】

本案中，无论被告人还是辩护人均持一个观点，那就是被告人的行为不构成敲诈勒索罪。因为索要的财物用于村集体公益事业支出，被告人对索要的财物没有“据为己有”的意思，不符合敲诈勒索罪中“非法占有”的意思表示。确实，敲诈勒索罪作为“侵犯财产”的罪名，要求行为人主观上是以“非法占有”为目的。但是“非法占有”不等于“本人占有”。敲诈勒索所得财物非“本人占有”依然构成敲诈勒索罪。

根据我国刑法第二百七十四条的规定，敲诈勒索公私财物，数额较大或者多次敲诈勒索的，即可根据数额及情节处以刑罚。按照刑法理论，所谓敲诈勒索罪，是指以非法占有为目的，对被害人实施威胁或者要挟的方法，强行索取公私财物，数额较大或多次强行索取的行为。从刑法规定以及刑法理论上的“以非法占有为目的”，并没有限定为“以本人非法占有为目的”。既然如此，“以非法占有为目的”当然包含以“第三者非法占有为目的”。行为人无论是为了“本人非法占有”还是为了“第三者非法占有”，均不影响对法益的侵犯程度，符合刑法上的“非法占有”意思表示。从刑法的目的来看，被害人的合法财产是受刑法保护的，不能因被告人是为了第三者或者小集体的利益而实施了敲诈勒索的行为，其行为就不受刑法评价，被害人的财产就不受刑法保护。

本案中，受害人与村集体签订了为期16年的《土地承包合同》。合同履行过程中签订了《补充协议》，受害人就履行《土地承包合同》给村民造成的损失一次性补偿3.5万元。之后经村委同意，土地进行了转包。截至案发，《土地承包合同》已实际履行近12年。而农远甲等四人以《土地承包合同》租金太低、面积少算、擅自转包及破坏生态为由，向被害人索要财物。这一理由本身就不成立。在索要财物过程中，又以不协助办理林木砍伐手续为要挟不断提高索要金额，最终将索要金额推到40万元，达到刑法第二百七十四条规定“数额特别巨大”的标准。农远甲等人索要财物既无事实基础，又无法律基础，虽然敲诈所得财产用于本屯集体公益事业，但本屯集体占有的结果与行为人的行为有着直接的联系，侵犯了被害人的合法权益，这一行为要受刑法评价。

综上，敲诈勒索所得的财物，让第三方占有或者用于村集体公益事业，构成敲诈勒索罪。

编写人：广西壮族自治区崇左市凭祥市人民法院　何海梅

56

恶势力中“软暴力”行为的准确认定

——商某等敲诈勒索案

【案件基本信息】

1. 裁判书字号

北京市第三中级人民法院（2019）京03刑终809号刑事裁定书

2. 案由：敲诈勒索罪

【基本案情】

北京市朝阳区人民法院审理查明：被告人商某分别伙同彭某、李某、柳某华、焦某阳、张某然于2017年8月至2018年5月，在北京市朝阳区与杜某、佘某等13名被害人签订借款协议及房屋租赁协议，并恶意垒高借款金额、制造银行流水、平账，后故意制造违约事由，组织多人对被害人及其家属住宅反复进行滋扰、哄闹、言语威胁、辱骂、阻挠营业，强迫被害人交付砍头息、管理费及违约金等多项费用，并采取堵锁眼、换锁芯、墙上喷漆、强吃强住、在街上张贴寻人启事等方式，涉案金额共计400余万元，其中，犯罪既遂金额160余万元，导致部分被害人被迫搬迁、无法维系正常生活、经营，甚至卖房还“债”。

【案件焦点】

被告人商某等人实施的堵锁眼、换锁芯、墙上喷漆、强吃强住等行为可否认定为恶势力中的“软暴力”行为。

【法院裁判要旨】

北京市朝阳区人民法院经审理认为，被告人商某伙同彭某、李某、柳某华、焦某阳、张某然，以非法占有为目的，假借民间借贷之名，签订虚假借款协议、恶意垒高借款金额、制造资金走账流水、肆意认定违约，通过言语威胁、上门滋扰生事、强行入住被害人家中等“软暴力”手段向13名被害人或近亲属强索“债务”，致使被害人及其近亲属基于恐惧心理支付钱款，数额特别巨大，六被告人的行为触犯了刑法，均已构成敲诈勒索罪。被告人商某、彭某、李某、柳某华、焦某阳、张某然在借贷行业内长期、多次实施违法犯罪活动，为非作恶，欺压百姓，有的被害人及其家人甚至被迫卖房还“债”，六被告人的行为给被害人造成巨大经济损失，扰乱经济、社会生活秩序，造成较为恶劣的社会影响，已形成恶势力犯罪团伙。依照《中华人民共和国刑法》第二百七十四条、第二十五条第一款、第二十六条、第二十七条、第二十三条、第五十二条、第五十三条、第五十五条第一款、第五十六条第一款、第四十五条、第四十七条、第六十一条、第六十四条，判决如下：

一、被告人商某犯敲诈勒索罪，判处有期徒刑十四年，罚金人民币50万元，剥夺政治权利三年；

二、被告人李某犯敲诈勒索罪，判处有期徒刑十二年，罚金人民币40万元，剥夺政治权利二年；

三、被告人彭某犯敲诈勒索罪，判处有期徒刑十一年六个月，罚金人民币30万元，剥夺政治权利二年；

四、被告人柳某华犯敲诈勒索罪，判处有期徒刑八年，罚金人民币20万元，剥夺政治权利一年；

五、被告人焦某阳犯敲诈勒索罪，判处有期徒刑四年六个月，罚金人民币10万元；

六、被告人张某然犯敲诈勒索罪，判处有期徒刑三年六个月，罚金人民币10万元；

七、责令被告人商某、李某、彭某、柳某华、焦某阳、张某然退赔与其犯罪相关的被害人的经济损失。

一审宣判后，被告人商某等提出上诉。二审法院同意一审法院裁判意见，裁定驳回商某等人的上诉，维持原判。

【法官后语】

本案的焦点问题是被告人商某等人实施的堵锁眼、换锁芯、墙上喷漆、强吃强住等行为可否认定为恶势力中的“软暴力”行为，对此，直接关系到案件的定性及恶势力的认定。

根据《最高人民法院、最高人民检察院、公安部、司法部关于办理实施“软暴力”的刑事案件若干问题的意见》的相关规定，恶势力中“软暴力”的成立要求满足以下条件：其一，多次实施滋扰、纠缠等特定行为；其二，行为不直接施以暴力，但以暴力为后盾；其三，具有一定的组织性；其四，造成足以影响、限制人身自由、危及人身财产安全的危害后果。

本案中，被告人商某等人实施了以下行为：

首先，被告人商某等人在不到一年时间内实施了数十次的滋扰、哄闹、阻挠营业，强迫被害人交付违约金，并采取堵锁眼、换锁芯、墙上喷漆、强吃强住、在街上张贴寻人启事等方式，对被害人及其家属形成心理强制。虽然此类行为没有直接造成被害人的身体创伤，但商某等人依托恶势力犯罪组织强大的势力和影响力持续对被害人形成威慑，致使其生活、生产、经营受到严重影响，最终达到与暴力手段同样严重的危害后果。

其次，被告人商某等人的行为虽然没有直接施加于被害人躯体，造成明显、可观可感的危害后果，但暴力手段对“软暴力”手段仍具有决定性、支配性的保障作用。“软暴力”与暴力在法益侵害方面具有同质性，并具有随时适用暴力的可能性，被告人以组织的威慑力和强制力通过群体性的行为持续对被害人及其家属实施滋扰、纠缠、强吃强住等行为，足以限制被害人的人身自由并侵害其财产权益。

再次，几名被告人以商某设立在朝阳区建外SOHO的不具备资质的公司为据点，在商某的指挥、领导下分工协作、密切配合共同实施违法犯罪行为，组织具有相对稳定性和独立性，组织成员包括纠集者、骨干成员等，如商某为纠集者，在犯罪组织中起组织、策划、指挥作用，李某、彭某积极参与犯罪行为，在寻找被害人、诱使或威胁被害人签订虚假借款协议、故意制造银行流水、索取“债务”过程中起主要作用，系犯罪组织的骨干成员，几名被告人结为较为固定的犯罪组织，且组织成员远超3人，6名被告人在10个月时间内实施了数十次的违法犯罪行为，对被害人生活、工作及社会管理秩序侵害严重。

最后，被告人商某等人以追逐经济利益为目的，通过套路贷的方式以合法之名行非法之实，利用合同漏洞、故意制造违约事项等迫使被害人支付高额违约金或退租，造成的危害后果包括部分被害人被迫搬家、部分被害人被迫卖房、部分被害人被迫交付巨额"债务"，严重影响被害人正常的生活及经营，并拉低周边群众对居住环境、办公环境的信任感。

故综合考虑到被告人实施行为的危害后果、人员组织性、行为方式、次数等，将被告人商某等的行为认定为恶势力中的"软暴力"是恰当的。

编写人：北京市东城区人民法院　石魏

57

"黑中介"人员实施软暴力行为的定性

——刘某1等敲诈勒索案

【案件基本信息】

1. 裁判书字号

北京市第三中级人民法院（2019）京03刑终73号刑事裁定书

2. 案由：敲诈勒索罪

【基本案情】

北京市朝阳区人民法院经公开审理查明：2016年11月，被告人刘某1、刘某2共同出资购得通达置地公司的营业执照后，合谋通过强迫客户交纳本来无须交纳的费用以及制造客户"违约"来获取非法利益。被告人刘某1、刘某2先后纠集了被告人刘某3、刘某4、刘某5、刘某6、李某以上述公司的名义，并使用伪造的"通达置地房公司财务专用章"从事房屋租赁中介活动。被告人刘某1、刘某2将位于北京市朝阳区某路4号院等地的多套房源交由被告人刘某3、刘某6对外出租。在被害人按照合同约定将租金、押金、管理费等款项打入被告人李某的银行账户并入住租赁房屋后不久，被告人刘某4、刘某5等人便以语言威胁、辱骂、骚扰等方式强迫被害人交纳物业费、供暖费、中介费等额外费用，若不交纳就构成"违约"，必须搬离所居住的房屋。被害人被迫搬离后理应退还的剩余款项亦会被强行扣除。有的被害人即使交纳了额外费用，仍会被刘某1、刘某2等人以各种理由认定为

"违约"。截至2017年9月案发时，种某等25名被害人被强行收取或者因"违约"被强行扣除的钱款共达人民币30万余元，其中被告人刘某3、刘某5的参与金额为28万余元，被告人刘某4的参与金额为26万余元，被告人刘某6的参与金额为4万余元。2017年9月11日，被告人刘某1、刘某2、刘某3、刘某5、刘某6、李某被抓获归案；9月13日，被告人刘某4被抓获归案。

【案件焦点】

"黑中介"人员以非法占有为目的，与被害人签订房屋租赁合同后，实施威胁、滋扰等软暴力行为强行收取不合理费用，或者强行终止合同并迫使被害人搬出房屋，后拒不退还应退钱款，从而获利的行为之定性。

【法院裁判要旨】

北京市朝阳区人民法院经审理认为，被告人刘某1等七人以非法占有为目的，用签订房屋租赁合同的形式掩盖其非法的目的，采用言语威胁等软暴力方式强迫被害人缴纳额外费用，或者强迫被害人搬离并拒不退还应退钱款，足以使被害人产生恐慌进而形成心理强制，被害人基于心理强制缴纳额外的费用或放弃应当退还的费用，从中获利，其中刘某1、刘某2、刘某3、刘某4、刘某5、敲诈勒索数额巨大，刘某6敲诈勒索数额较大，七被告人的行为均已构成敲诈勒索罪。

北京市朝阳区人民法院依照《中华人民共和国刑法》第二百七十四条、第六十一条、第二十五条第一款、第二十六条第一款、第四款、第二十七条、第六十七条第三款、第四十五条、第四十七条、第五十六条第一款、第五十五条第一款、第五十二条、第五十三条、第六十四条及《最高人民法院、最高人民检察院关于办理敲诈勒索刑事案件适用法律若干问题的解释》第一条、第八条的规定，作出如下判决：

一、被告人刘某1犯敲诈勒索罪，判处有期徒刑七年，剥夺政治权利一年，罚金人民币7万元；

二、被告人刘某2犯敲诈勒索罪，判处有期徒刑七年，剥夺政治权利一年，罚金人民币7万元；

三、被告人刘某3犯敲诈勒索罪，判处有期徒刑四年，罚金人民币4万元；

四、被告人刘某4犯敲诈勒索罪，判处有期徒刑四年，罚金人民币4万元；

五、被告人刘某5犯敲诈勒索罪，判处有期徒刑四年，罚金人民币4万元；

六、被告人刘某6犯敲诈勒索罪，判处有期徒刑二年，罚金人民币2万元；

七、被告人李某犯敲诈勒索罪，判处有期徒刑一年六个月，罚金人民币2万元；

八、在案款项发还相应的被害人；

九、在案物品一并处理。

一审宣判后，公诉机关未抗诉，七被告人以定性错误及量刑过重，提出上诉。北京市第三中级人民法院审理后，认为一审所作出的判决事实清楚，证据确实、充分，定罪及适用法律正确，量刑适当，审判程序合法，应予维持。对于各上诉人再予从轻处罚的请求，不予支持。北京市第三中级人民法院依照《中华人民共和国刑事诉讼法》第二百三十六条第一款第一项之规定，作出如下裁定：

驳回七被告人的上诉，维持原判。

【法官后语】

本案系北京市法院审理的第一起“黑中介”恶势力犯罪案件，公诉机关最初按照强迫交易罪起诉。第一次开庭审理后，合议庭认为公诉机关指控罪名不当，后与公诉机关沟通，变更指控罪名为敲诈勒索罪。关于被告人行为的定性，在案件审理过程中，存在构成强迫交易罪、寻衅滋事罪和敲诈勒索罪三种不同意见。经审理，笔者认为构成敲诈勒索罪，具体理由如下：

一、“黑中介”人员实施的行为属于软暴力行为

《最高人民法院、最高人民检察院、公安部、司法部关于办理实施“软暴力”的刑事案件若干问题的意见》（以下简称《意见》）第二条第一款规定了“软暴力”违法犯罪手段通常的表现形式，该条对“软暴力”的违法犯罪手段采取了列举式的规定，在用语上采用“包括但不限于”的表述。认定列举之外的行为是否是软暴力应重点把握软暴力行为具有“滋扰”性的核心特征，同时判断与列举的行为是否能够进行同质的评价。

从事“黑中介”的人员与租客签订租赁合同收取费用，在租客入住不久后，强迫租客缴纳额外费用，如果租客拒绝缴纳，就恶意制造违约事由，采取恐吓、威胁、断水断电、堵锁眼、往房间里倾倒垃圾等一系列滋扰手段强迫租客缴纳违约金

或强迫租客搬离。足以使他人产生恐惧、恐慌进而形成心理强制，租客不堪其扰被迫搬离或缴纳额外费用或索要押金不能，使其遭受财产损失。严重扰乱了正常的房屋租赁市场的经营秩序，给承租人的经济、生活造成了恶劣的影响。本案中，七被告人实施的行为属于“软暴力”，符合“软暴力”的认定标准。

二、“黑中介”人员实施软暴力构成敲诈勒索罪

强迫交易、寻衅滋事、敲诈勒索等是近年来恶势力犯罪的形式，对受害人及其周围的群众造成了强烈的心里恐吓和震慑的效果，具有很大的社会危害性。行为手段上具有相似性，准确把握行为人主观上是否以非法占有为目的，成为定性的关键。

（一）不构成强迫交易罪

强迫交易罪下，行为人主观上欲通过强迫交易行为牟取经公平交易无法得到的利益或支付通过公平交易无法成交的低价，构成强迫交易罪的前提是存在实质性的交易；客观上，行为人采用暴力、威胁等手段，而暴力、威胁等手段要与交易存在关联。

就本案而言，“黑中介”已经形成了固定的行业模式，被告人以非法获取经济利益为目的，与被害人签订合同的目的并不是满足租客的租房需求，其实质是掩盖非法占有他人财产的目的，被告人一方不以交易为目的，不具有租赁服务的意图，不存在实质性的交易行为，不符合强迫交易罪的特征。从罪责刑相适应的角度，本案被告人社会危害性大，违法所得数额高，以强迫交易罪定罪处罚明显偏轻。

（二）不构成寻衅滋事

刑法第二百九十三条规定构成寻衅滋事罪的四种情形，其中强拿硬要型的寻衅滋事，往往表现为行为人违背他人意志在逞强斗狠、寻求精神刺激的心理支配下，采取一定程度的胁迫、威胁等手段，强行索取他人的公私财物（财产性利益），具有无因性。强拿硬要型寻衅滋事罪中，行为人客观上是通过侵害公民公私财物（财产性利益）的所有权和公民的人身权来实现其要横逞强的主观心态，妨害社会管理秩序达到情节严重的标准。

本案中，被告人刘某1等人从事“黑中介”的行业，其直接目的是占有和索取他人的财产，虽然在手段行为上有要横立棍、无赖下作的做派，但主观目的是掩盖

其想直接向他人占有和索要财产的目的，不是事出无因，而是“有备而来”。不符合寻衅滋事罪的构成。

（三）构成敲诈勒索罪

《意见》第八条以非法占有为目的，采用“软暴力”手段强行索取公私财物，同时符合《中华人民共和国刑法》第二百七十四条规定的其他犯罪构成要件的，应当以敲诈勒索罪定罪处罚。

1. 敲诈勒索罪新型犯罪构成

从主观方面来看：“黑中介”人员以提供房屋租赁中介服务为名，实质上是以非法占有为目的，意图侵占租客的财产。从客观方面来看：相对于一般敲诈勒索行为，“黑中介”人员只是借用了市场交易的形式外观，实质上仍是通过软暴力手段足以使被害人产生恐惧、恐慌进而形成心理强制，非自愿地处分财产，侵犯的仍然是公民的合法财产。由此可见，“黑中介”行为中，敲诈勒索的行为模式出现了新的变化，其行为模式为：以非法占有为目的（起意）→制造“交易”行为→对方基于交易约规则给付财产→行为人采取软暴力手段→对方产生心理强制→对方基于恐惧、恐慌、不堪滋扰等心理强制处分财产→行为人或第三人取得财产→对方遭受财产损失，但实质与一般的敲诈勒索罪无异。

2. “处分财产”作扩大性解释

需要指出的是，本案中，受害人基于恐惧处分财产，其中“处分财产”的含义应做扩大性的解释。被害人处分财产不仅包括通过现实交付的方式向对方交付财物，也包括放弃对行为人的债权请求权。被告人对被害人先前给付的房租押金，不予退还，是典型的侵犯性不当得利，被害人对于这部分的财产依法享有不当得利返还请求权，而基于被告人的胁迫、恐吓行为，被害人处分财产的方式是放弃了不当得利返还请求权，仍然是处分了自己财产并遭到财产损失。

如前文所述，七被告人的在行为逻辑结构上符合敲诈勒索的犯罪构成，属于侵犯财产的犯罪，以被害人被强行收取或者因“违约”被强行扣除的钱款认定犯罪数额，以此确定量刑档次，符合罪刑相当的原则。

编写人：北京市朝阳区人民法院　付想兵　刘杰

（八）拒不支付劳动报酬罪

58

拒不支付劳动报酬罪中拒不支付行为的认定

——谯某某拒不支付劳动报酬案

【案件基本信息】

1. 裁判书字号

陕西省西乡县人民法院（2020）陕 0724 刑初 3 号刑事判决书

2. 案由：拒不支付劳动报酬罪

【基本案情】

陕西省西乡县人民法院经公开审理查明：万信公司（法人谯某某，自然人独资，现公司已注销）于 2016 年 7 月 15 日与西乡广电网络支公司签订施工合同，在西乡县城区及乡镇从事光缆线路、有线电视电缆分配网等工程，并于 2017 年续签施工合同。后谯某某分别找杨某某、朱某某、李某某、秦某某、赵某某、钟某某、李某某、李某 8 名工人到其所承建的工程务工，工程结束后，劳动者多次联系谯某某讨要工资未果，2018 年 7 月谯某某告诉 8 名工人，西乡广电网络支公司没有按期给自己拨付工程款，自己垫资太大，而且自己施工亏损没有钱给其支付工资，并给其打下欠条，随后谯某某离开西乡前往深圳。之后，杨某某等 8 名劳动者多次打电话问谯某某讨要工资，谯某某电话能够接通但无人接听，后杨某某等 8 名劳动者联系不到谯某某后前往西乡县人社局劳动监察大队进行投诉。

西乡县人社局劳动监察大队受理后，于 2019 年 5 月 17 日以短信形式向谯某某手机号 1770916××××发送短信，通知其于 2019 年 5 月 20 日到西乡县人社局劳动监察大队接受询问。2019年5月21日西乡县人社局劳动监察大队以短信形式向西乡县万信通信科技有限公司法人代表谯某某下发"陕西省劳动保障监察责令改正决定书"，要求其在7日内向杨某某、钟某某、朱某某等8人依法全额支付工资。谯某某收到短信，但改正期限到期后，谯某某未向杨某某、钟某某、朱某某等8人支付工资，也没有向西乡县人社局劳动监察大队说明情况。其间，2019年5月19日，谯某某从深圳回到西乡与其妻张小某协议离婚，并约定债务归谯某某所有，后谯某某又于5月28日离开西乡前往深圳。

经调查，谯某某与西乡广电网络支公司签订施工合同后，西乡县广电网络支公司按照合同约定施工费在竣工验收后依据结算单分期向谯某某拨付工程款，截至2019年9月，共向其支付工程款54.51667万元，其中2017年支付37.5166万元，2018年支付12万元，2019年支付5万元，西乡广电网络支公司向谯某某支付的工程款足以支付其所拖欠的杨某某、钟某某、朱某某等8人工资，但谯某某仍以自己施工亏损为由，拒不向杨某某、朱某某等8名工人支付78245元工资，其中拖欠赵某某4200元；拖欠杨某某16000元；拖欠李某某7450元（有欠条1000元，口述6450元）；拖欠朱某某3550元；拖欠秦某某5000元；拖欠李某某7815元；拖欠李某13780元；拖欠钟某某2017年、2018年1、2月工资合计20450元。2019年11月18日谯某某到案后，经协调西乡广电网络支公司将谯某某工程尾款6.67156万元汇入西乡县公安局涉案资金专户，并由西乡县公安局联系赵某明等人发放谯某某所拖欠的工资。剩余的11529.4元由谯某某母亲交于西乡县公安局，除李某某外现已将谯某某拖欠的农民工工资全部发放到位。因李某某目前仍在云南务工，其工资由西乡县公安局暂存，待其返乡后由西乡县公安局发放。

【案件焦点】

拒不支付劳动报酬罪犯罪中，如何认定被告人拒不支付劳动报酬的行为。

【法院裁判要旨】

陕西省西乡县人民法院经审理认为，被告人谯某某有能力支付而不支付劳动者劳动报酬且以逃避、藏匿的方法逃避支付劳动者报酬，数额较大，经政府有关部门责令支付仍不支付，其行为已构成拒不支付劳动报酬罪。公诉机关指控被告人谯某某的犯罪事实清楚，罪名成立，对其应当以拒不支付劳动报酬罪予以刑罚处罚，量刑建议适当，予以采纳。被告人谯某某到案后认罪认罚，可从轻处罚；系初犯，支付拖欠的工资款，酌情从轻处罚，对辩护人合理的辩护意见采纳。依照《中华人民共和国刑法》第二百七十条、第五十二条、第五十三条第一款、第六十七条第三款，《中华人民共和国刑事诉讼法》第二百零一条之规定，判决如下：

被告人谯某某犯拒不支付劳动报酬罪，判处有期徒刑六个月，并处罚金3000元（刑期从判决执行之日起计算，判决执行以前先行羁押的，羁押一日折抵刑期一日，即自2020年1月7日起至2020年5月24日止。罚金限判决生效后十日内缴纳）。

判决后，被告人未上诉、检察院未抗诉，判决已经生效。

【法官后语】

本案中被告人拒不支付劳动报酬的行为认定，是保护劳动者合法权益、打击犯罪分子违法犯罪行为的关键。经政府有关部门责令支付仍不支付的，这里的“政府有关部门”，一般是指地方政府劳动行政部门，即劳动和社会保障部门。这里的“责令支付仍不支付”，是指经政府劳动行政部门责令支付（一次）仍没有支付的情况。根据劳动法第九十一条的规定，用人单位违反劳动法的规定，拒不支付劳动者工资的，政府劳动行政部门有权责令其支付。即用人单位具有克扣或者无故拖欠劳动者工资、拒不支付劳动者延长工作时间工资报酬、低于当地最低工资标准支付劳动者工资、解除劳动合同后，未依照劳动法规定给予劳动者经济补偿的侵害劳动者合法权益情形之一的，由劳动行政部门责令支付劳动者的工资报酬、经济补偿，并可以责令支付赔偿金。以转移财产、逃匿等方法逃避支付劳动者的劳动报酬或者有能力支付而不支付劳动者的劳动报酬，数额较大，经政府有关部门责令支付仍不支付的，处三年以下有期徒刑或者拘役，并处或者单处罚金；造成严重后果的，处三年以上七年以下有期徒刑，并处罚金。单位犯前款罪的，对单位判处罚金，并对其直接负责的主管人员和其他直接责任人员，依照前款的规定处罚。有前两款行为，尚未造成严重后果，在提起公诉前支付劳动者的劳动报酬，并依法承担相应赔偿责任的，可以减轻或者免除处罚。

实践中应当注意以下几个方面：(1) 正确区分刑事犯罪与民事纠纷的界限。既不能都以犯罪处理，造成打击面过宽，也不能都以民事纠纷处理，使犯罪分子得不到应有的惩罚。(2) 严格把握以下三个界限：第一，正确区分拒不支付劳动报酬的犯罪行为和一般欠薪行为。对于因用人单位在经营中遇到困难、资金周转不开或经营不善等原因而暂时无法支付劳动者劳动报酬，主观上并不具有故意或恶意的，不宜将其纳入刑法调整的范围。劳动者可以通过现行法律规定的救济途径去维护其合法权益；第二，对有能力支付而不支付复杂情况的判定和把握；第三，应严肃执法，当严则严，该宽则宽。(3) 虽然将拒不支付劳动报酬的行为规定为犯罪，但并不影响劳动者按照劳动管理等法律，通过行政民事等途径追讨劳动报酬，维护自己的合法权益。

编写人：陕西省西乡县人民法院　程谞涛

图书在版编目（CIP）数据

中国法院2021年度案例．刑事案例．三，侵犯公民人身权利、民主权利罪、侵犯财产罪／国家法官学院，最高人民法院司法案例研究院编．—北京：中国法制出版社，2021.4

ISBN 978－7－5216－1717－7

Ⅰ.①中…　Ⅱ.①国…②最…　Ⅲ.①刑事犯罪－汇编－中国　Ⅳ.①D920.5

中国版本图书馆CIP数据核字（2021）第045807号

策划编辑：李小草（lixiaocao2008@sina.cn）

责任编辑：韩璐玮　白天园　　　　封面设计：温培英　李宁

中国法院2021年度案例．刑事案例三

ZHONGGUO FAYUAN 2021 NIANDU ANLI. XINGSHI ANLI SAN

编者/国家法官学院，最高人民法院司法案例研究院

经销/新华书店

印刷/三河市紫恒印装有限公司

开本/730毫米×1030毫米　16开　　　　印张/14　字数/179千

版次/2021年4月第1版　　　　2021年4月第1次印刷

中国法制出版社出版

书号ISBN 978－7－5216－1717－7　　　　定价：53.00元

北京西单横二条2号

邮政编码100031　　　　传真：010－66031119

网址：http://www.zgfzs.com　　　　**编辑部电话：010－66011862**

市场营销部电话：010－66033393　　　　**邮购部电话：010－66033288**

（如有印装质量问题，请与本社印务部联系调换。电话：010－66032926）

中国法院2012～2021年度案例系列

国家法官学院　最高人民法院司法案例研究院　编

简便易用、权威实用——打造“好读有用”的案例

1. 权威的作者：国家法官学院自2012年起推出《中国法院年度案例》丛书，至今已有10年，旨在探索编辑案例的新方法、新模式，以弥补当前各种案例书的不足。自2020年起，丛书由国家法官学院与最高人民法院司法案例研究院共同编辑，每年年初定期出版。

2. 强大的规模：2012、2013年各推出15本，2014年推出18本，2015年推出19本，2016年推出20本，2017年推出21本，自2018年起推出23本，含传统和新近的所有热点纠纷，这些案例是从全国各地法院收集到的上一年度审结的近万件典型案例中挑选出来的，具有广泛的选编基础和较强的代表性。

3. 独特的内容：不再有繁杂的案情，高度提炼案情和裁判要旨，突出争议焦点问题。不再有冗长的分析，主审法官撰写“法官后语”，展现裁判思路方法。

4. 数据库增值服务：2021年继续推出数据库增值服务，凡购买本书，扫描前勒口二维码，即可在本年度免费使用往年同类案例数据库，并可免费下载民法典全文及新旧对照。

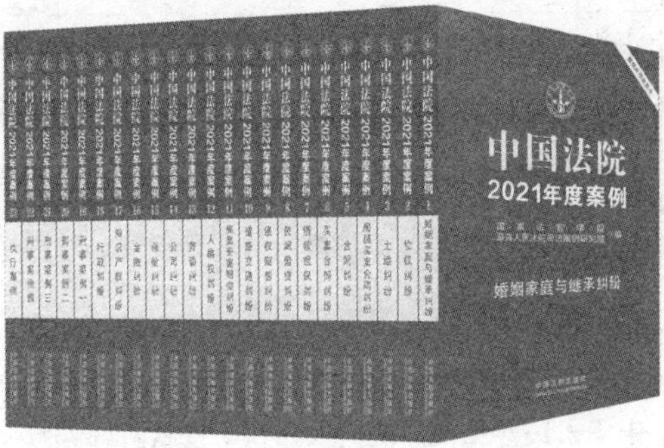

1. 婚姻家庭与继承纠纷
2. 物权纠纷
3. 土地纠纷（含林地纠纷）
4. 房屋买卖合同纠纷
5. 合同纠纷
6. 买卖合同纠纷
7. 借款担保纠纷
8. 民间借贷纠纷
9. 侵权赔偿纠纷
10. 道路交通纠纷
11. 雇员受害赔偿纠纷（含帮工受害纠纷）
12. 人格权纠纷（含生命、健康、身体、名誉、姓名、肖像、一般人格权纠纷）
13. 劳动纠纷（含社会保险纠纷）
14. 公司纠纷
15. 保险纠纷
16. 金融纠纷
17. 知识产权纠纷
18. 行政纠纷
19. 刑事案例一
20. 刑事案例二
21. 刑事案例三
22. 刑事案例四
23. 执行案例

最高人民法院指导性案例裁判规则理解与适用系列

公司卷二	98 元	物权卷	88 元
公司卷（第三版）（上下册）	139 元	婚姻家庭卷（第二版）	68 元
民事诉讼卷（第二版）（上下册）	145 元	合同卷四（第二版）	98 元
侵权赔偿卷二	69 元	合同卷三（第二版）	98 元
侵权赔偿卷一	69 元	合同卷二（第二版）	108 元
房地产卷	98 元	合同卷一（第二版）	108 元
劳动争议卷	58 元	担保卷（第二版）（上下册）	139 元

民法典时代

民法典新规则案例适用	108 元
中华人民共和国民法典释义与案例评注：总则编	125 元
中华人民共和国民法典释义与案例评注：物权编	156 元
中华人民共和国民法典释义与案例评注：人格权编	65 元
中华人民共和国民法典释义与案例评注：婚姻家庭编	68 元
中华人民共和国民法典释义与案例评注：继承编	65 元
中华人民共和国民法典释义与案例评注：侵权责任编	108 元
中华人民共和国民法典释义与案例评注：合同编	246 元
中华人民共和国民法典总则编释义	158 元
中华人民共和国民法典合同编释义	228 元
中华人民共和国民法典人格权与侵权责任编释义	158 元
中华人民共和国民法典婚姻家庭编与继承释义	98 元
中华人民共和国民法典物权编释义	138 元（估）

最高人民法院知识产权要案典丛

最高人民法院知识产权要案典丛·综合卷	258 元
最高人民法院知识产权要案典丛·著作权卷	78 元
最高人民法院知识产权要案典丛·专利卷	405 元
最高人民法院知识产权要案典丛·商标卷	239 元